高等职业教育会计专业系列教材

“互联网+”教材

ERP财务业务一体化教程

（用友U8V10.1财务及供应链）

主　编　毛金芬　陆正艳

副主编　徐倩骅　杨宇明　李　丽

南京大学出版社

内容提要

本书以突出实战为主导思想，以一个企业单位的经济业务为原型，涉及最新"营改增"以及薪资"个人所得税"调整的业务，重点介绍了信息化环境下财务、供应链业务的处理方法和处理流程，全书共提供了117个操作录屏，以二维码的形式呈现在书中，同时书中为使用者提供了实验账套，每个实验既可以环环相扣，又可独立操作，适应了不同层次的教学需求。

本书共分八个项目，项目一、项目二介绍了用友 ERP U8V10.1 管理软件的账套创建与管理、基础信息设置；项目三介绍了总账的系统初始设置、总账管理系统日常业务处理；项目四介绍了供应链系统的初始设置，包括存货、采购、销售以及应收应付系统初始设置，同时介绍了各模块的的日常业务处理；项目五介绍了供应链系统的日常业务处理；项目六与项目七介绍了固定资产管理系统业务处理和薪资管理系统业务处理业务；项目八介绍了期末业务处理、报表管理系统业务处理、财务分析。

本书既可作为应用型本科、高等职业院校经济管理类相关专业的教学用书，也可作为会计技能大赛的辅导用书。

图书在版编目(CIP)数据

ERP 财务业务一体化教程：用友 U8V10.1 财务及供应链/毛金芬，陆正艳主编. —南京：南京大学出版社，2020.12
ISBN 978-7-305-21419-6

Ⅰ. ①E… Ⅱ. ①毛… ②陆… Ⅲ. ①财务软件—教材
Ⅳ. ①F232

中国版本图书馆 CIP 数据核字(2019)第 039070 号

出版发行　南京大学出版社
社　　址　南京市汉口路 22 号　　　邮　　编　210093
出 版 人　金鑫荣

书　　名　**ERP 财务业务一体化教程**(用友 U8V10.1 财务及供应链)
主　　编　毛金芬　陆正艳
责任编辑　尤　佳　　　编辑热线　025-83592315

照　　排　南京开卷文化传媒有限公司
印　　刷　南京人文印务有限公司
开　　本　787×1092　1/16　印张 13.25　字数 331 千
版　　次　2020 年 12 月第 1 版　2020 年 12 月第 1 次印刷
ISBN 978-7-305-21419-6
定　　价　39.00 元

网　　址：http://www.njupco.com
官方微博：http://weibo.com/njupco
官方微信号：njupress
销售咨询热线：(025)83594756

前　言

EPR 财务业务一体化教程(用友 U8V10.1 及供应链)从企业应用的实际出发,遵循由浅入深、循序渐进的原则,力求通俗易懂,便于操作。读者可以通过一个个实验亲自体验 ERP 财务、供应链系统的功能,掌握其功能特点及应用方式,提高信息化环境下的业务处理能力。

本书共分八个项目,项目一至项目二介绍了用友 ERP U8V10.1 管理软件的使用基础一账套创建与管理、基础信息设置;项目三介绍了总账的系统初始设置、总账管理系统日常业务处理;项目四介绍了供应链系统的初始设置,包括存货、采购、销售以及应收应付系统初始设置,同时介绍了各模块的的日常业务处理;项目五介绍了供应链系统的日常业务处理;项目六与项目七介绍了固定资产管理系统业务处理和薪资管理系统业务处理业务;项目八介绍了期末业务处理、报表管理系统业务处理、财务分析。

本书在编写上具有以下特点:

1. 内容更新快。为适应营改增及个税的需要,书中提供了最新“营改增”以及个税调整业务。并根据 2018 年 6 月财政部关于修订财务报表格式的通知文件:财会【2018】15 号,对财务报表编制与处理进行了补充说明。

2. 实战性强。本书模拟某公司的业务数据进行编写,业务内容除了以文字表述外,同时配以原始票据形式呈现,通过实例,可以融会贯通地学习财务信息系统,能够更好地培养学生的业务操作能力。

3. 内容实践性强,体现教赛融合。本书编写时深入企业获取了实验素材,从而使本书内容能与实践接轨,同时根据会计技能比赛的内容,对业务题进行了融合。

4. 课程资源信息化。为适应移动互联时代需求,书中案例均提供了操作录屏,以二维码的形式呈现在书中。另外教材资源还提供了电子教学资源、账套等。丰富的资源为教师和学生提供了全面教学支持。

本书由江苏信息职业技术学院毛金芬、陆正艳担任主编,江苏信息职业技术学院徐倩骅、杨宇明、李丽担任副主编。全书共分八个项目,具体编写分工如下:项目一、项目二、项目三、项目四、项目八由毛金芬编写,项目五由陆正艳编写,项目六由徐倩骅编写,项目七由杨宇明、李丽编写。

由于编者的经验和水平有限,加之编写时间仓促,书中仍可能存在疏漏之处。恳请各相关教学单位主和读者在使用过程中给予关注并提出改进意见,以便今后不断完善。

编　者

2020年11月

目　录

项目一　系统管理

项目一
任务操作视频

任务一　增加用户

【任务要求】

- 登录系统管理
- 增加用户

【任务资料】

江苏金腾商业设备有限公司(简称金腾公司)增加用户信息如表 1-1 所示,请以"系统管理员 admin"身份登录系统管理,增加用户及权限。

表 1-1　用户信息表

编　码	用户姓名	部　门
001	钱　飞	总经办
002	李　健	财务部
003	周　游	财务部
004	王金铭	财务部
005	郑　川	采购部
006	李　娜	销售部
007	王　伟	生产部

【任务准备】

以 Admin 系统管理员身份登录增加操作员。系统启用日期 2018 年 1 月 1 日。

【任务指导】

1. 登录系统管理

(1) 执行"开始"→"所有程序"→"用友 U8V10.1"→"系统管理"命令,打开"系统管理"窗口。

(2) 执行"系统"→"注册"命令,打开"登录"窗口

(3) 在"登录"窗口中输入计算机名称或者服务器;输入操作员名称"admin";密码为空;选择系统默认账套"default",单击"登录"按钮,以系统管理员身份进入系统管理,如图 1-1 所示。

图1-1 “系统登录”窗口

指导提示:

◆ 系统管理员的初始密码为空。在教学过程中,由于多人共用一套系统,为避免由于他人不知道系统管理员密码而无法以系统管理员身份登录系统管理的情况出现,请不要给系统管理员设置密码。

◆ 设置系统管理员密码的操作步骤是:在系统管理员登录系统管理对话框中选中“修改密码”复选框,单击“登录”按钮,打开“设置用户密码”对话框,在“新密码”和“确认新密码”文本框均输入新密码,最后单击“确定”按钮,返回系统管理。

2. 增加用户

(1) 以系统管理员的身份进入系统管理,执行“权限”→“用户”命令,打开“用户管理”窗口,如图1-2所示。

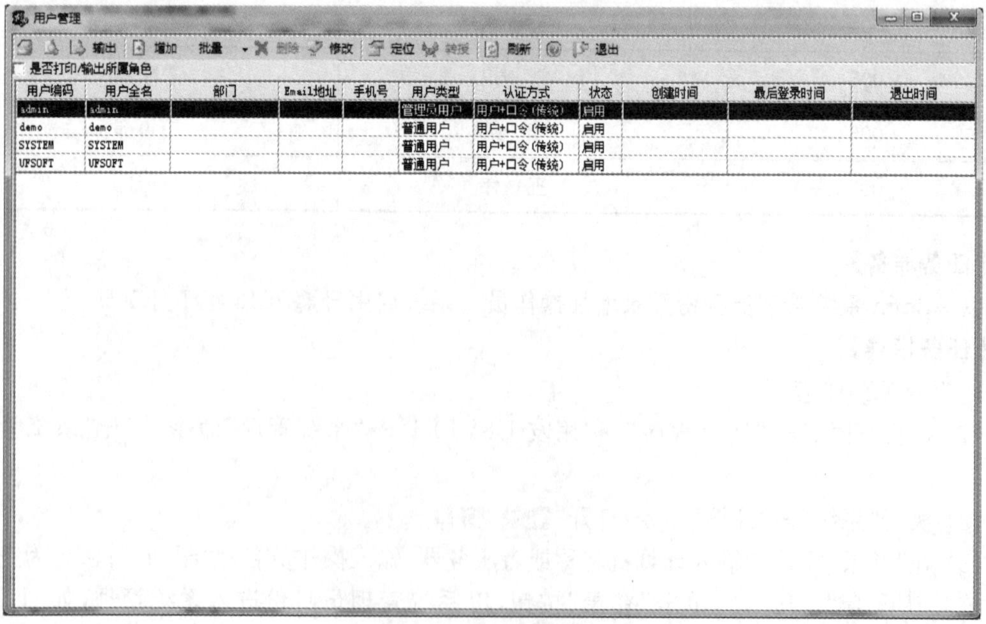

图1-2 “用户管理”窗口

(2) 单击“增加”按钮，打开“操作员详细列表”窗口，录入编号“001”、姓名“钱飞”、所属部门“总经办”，所在角色列表中选中“账套主管”前的复选框，如图 1-3 所示。

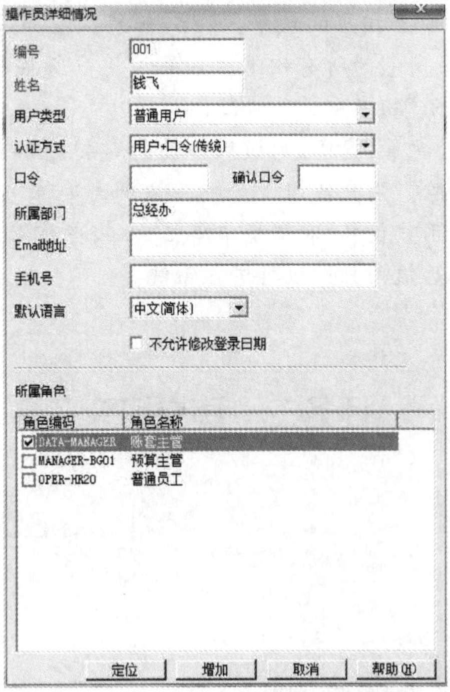

图 1-3　“操作员详细情况”窗口

(3) 单击“增加”按钮，按表 1-1 资料依次设置其他操作员。设置完毕后单击“取消”按钮退出，如图 1-4 所示。

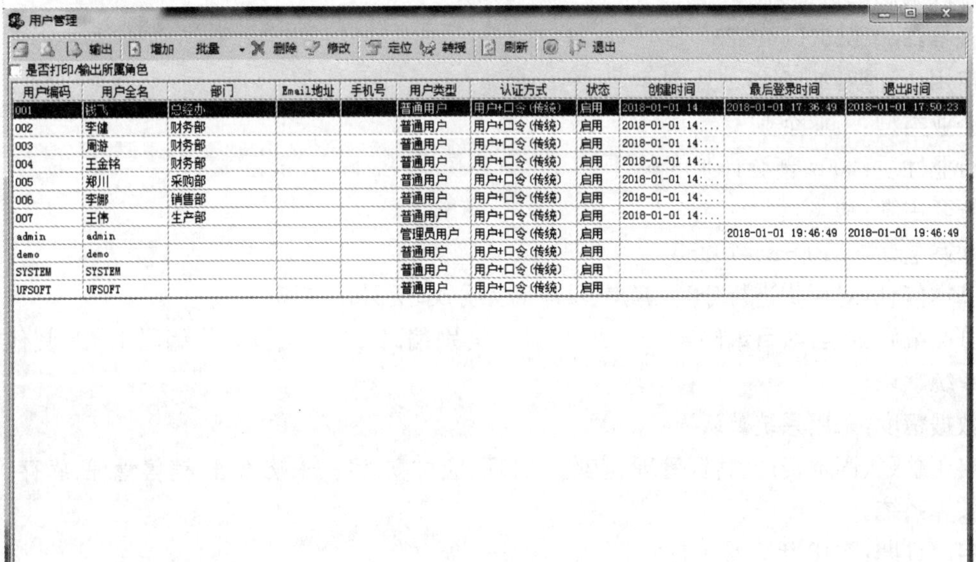

图 1-4　“用户管理”窗口

指导提示：

◆ 在增加用户时可以直接指定用户所属角色。如：李金泽的角色为“账套主管”，由于系统中已经为预设的角色赋予了相应的权限，因此，如果在增加用户时就指定了相应的角色，则其就自动拥有了该角色的所有权限。如果该用户所拥有的权限与该角色的权限不完全相同，可以在“权限”功能中进行修改。

◆ 如果已设置用户为“账套主管”角色，则该操作员也是系统内所有账套的账套主管。

◆ 用户启用后将不允许删除。用户使用过系统又被调离单位，应在“用户管理”窗口中单击“修改”按钮，在“修改用户信息”对话框中单击“注销当前用户”按钮，最后单击“修改”按钮返回系统管理。此后该用户无权再进入系统。

任务二　建立账套

【任务要求】

- 建立账套

【任务资料】

账套号：108

单位名称：江苏金腾商业设备有限公司

单位简称：金腾公司

单位地址：无锡市经济开发区惠民路 1 号

法人代表：钱飞

邮政编码：214100

税号：320205600549925

启用会计期：2018 年 1 月 1 日

企业类型：工业企业

行业性质：2007 新会计制度科目

账套主管：钱飞

联系电话：0510－84479252

基本信息：对存货进行分类，客户、供应商无分类，无外币核算

分类编码方案：科目编码 4－2－2－2，收发类别编码 1－2，结算方式编码 1－2，其他编码采用系统默认。

数据精度：采用系统默认

启用总账、固定资产、薪资管理、应收款管理、应付款管理、采购管理、销售管理、库存管理、存货核算系统。

启用日期：2018 年 1 月 1 日

【任务准备】

以 Admin 系统管理员身份登录建立账套。

【任务指导】

（1）以系统管理员身份注册进入系统管理，执行“账套”→“建立”命令，打开“创建账套”窗口，选择“新建空白账套”，单击“下一步”按钮，如图 1－5 所示。

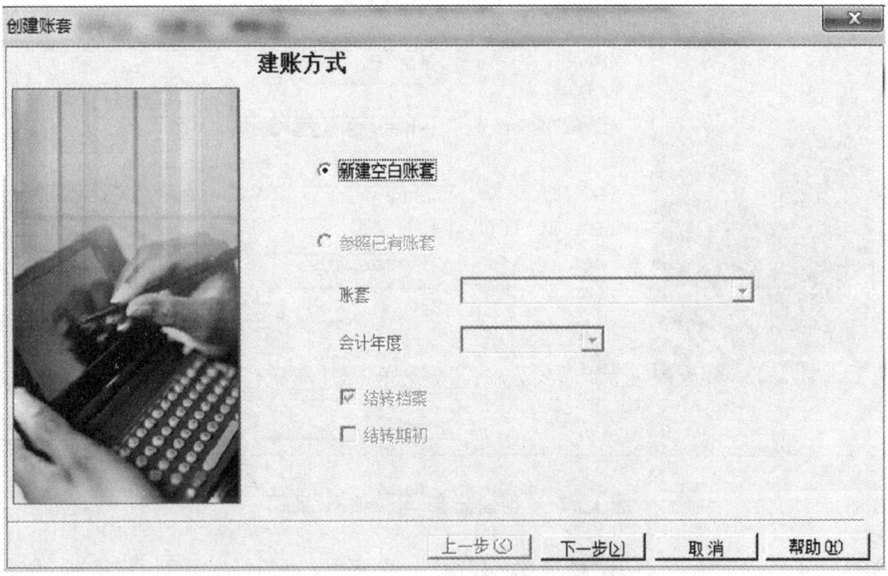

图 1－5　“创建空白账套-建账方式”窗口

（2）在“账套信息”窗口中，输入账套号“108”，账套名称“江苏金腾商业设备有限公司”及启用会计期“2018 年 1 月”，如图 1－6 所示。

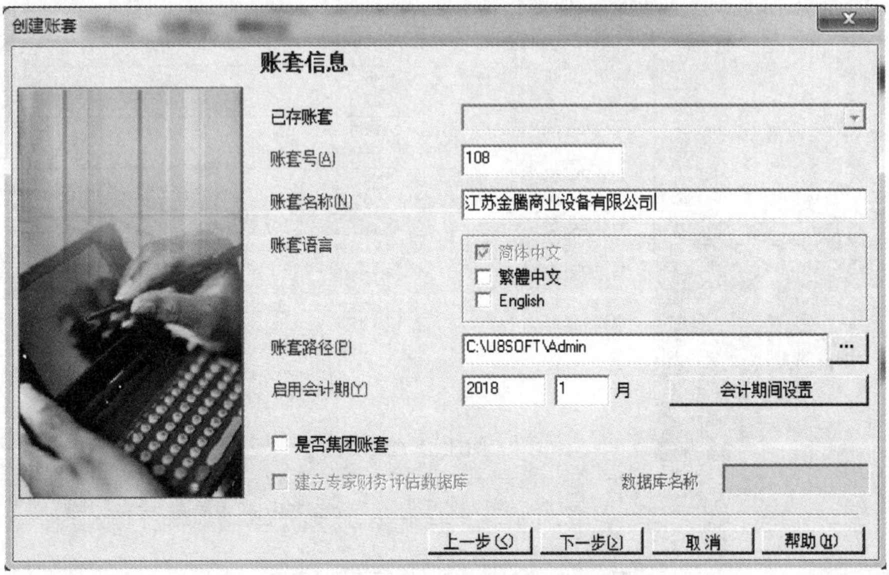

图 1－6　“创建账套-账套信息”窗口

（3）单击“下一步”按钮，打开“单位信息”窗口，依次输入单位名称、单位简称、单位地址等信息，如图 1－7 所示。

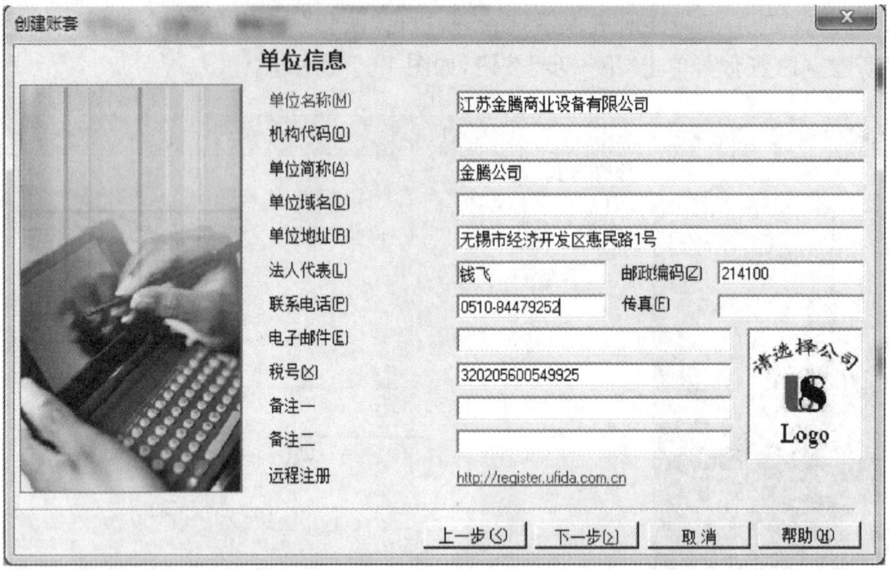

图 1-7 “创建账套-单位信息”窗口

(4) 单击“下一步”按钮,打开“核算类型”窗口,选择“工业”企业类型,行业性质选择“2007 新会计制度科目”,从“账套主管”下拉列表中选择“001 钱飞”,勾选“按行业性质预置科目”复选框,如图 1-8 所示。

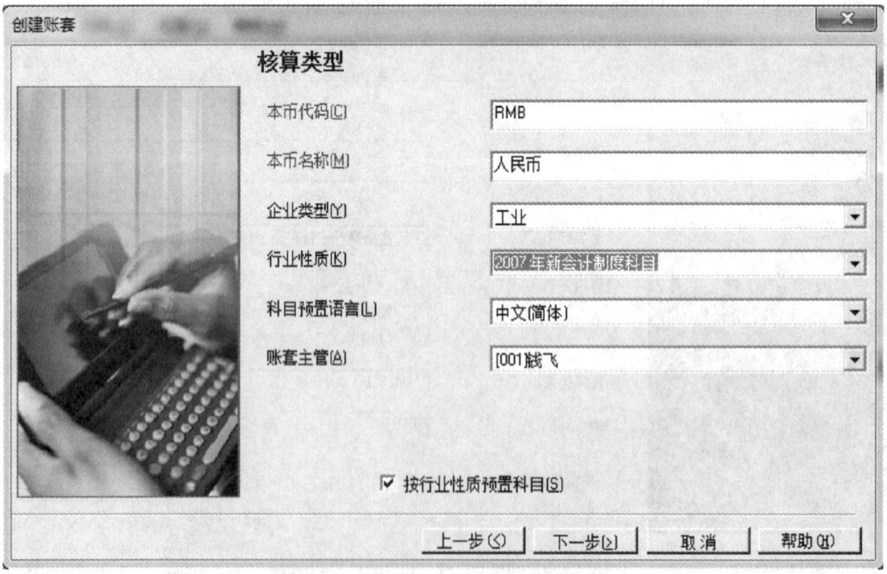

图 1-8 “创建账套-结算类型”窗口

(5) 单击“下一步”按钮,打开“基础信息”窗口,勾选“存货是否分类”,取消“客户是否分类”,取消“供应商是否分类”,如图 1-9 所示。

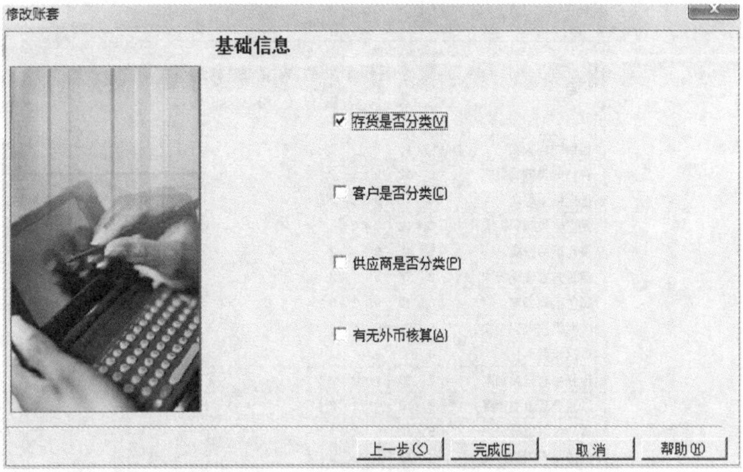

图 1－9　“创建账套-基础信息”窗口

(6) 单击“下一步”按钮，打开“账套建立-开始”窗口，如图 1－10 所示。

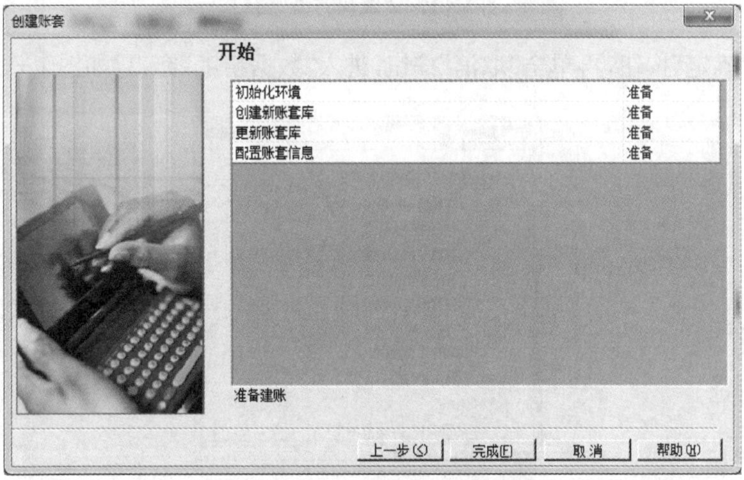

图 1－10　“创建账套-开始”窗口

(7) 单击“完成”按钮，弹出系统提示“可以创建账套了吗?”，单击“是”，如图 1－11 所示。

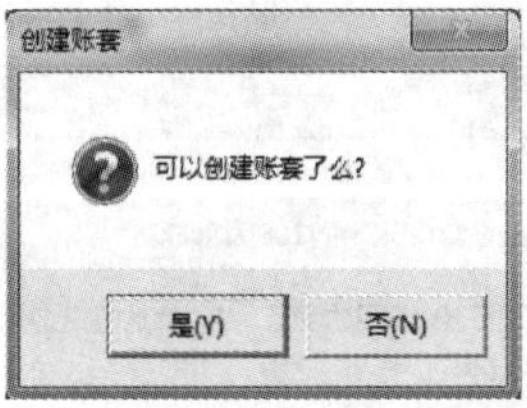

图 1－11　“创建账套提示”窗口

(8) 系统自动进行创建账套的工作。建账套需要一段时间，请耐心等候。建账完成后，自动打开“编码方案”窗口，按账套资料修改分类编码方案，科目编码 4－2－2－2，收发类别编码 1－2，结算方式编码 1－2，其他编码项目采用系统默认。如图 1－12 所示。

编码方案
项目 最大级数 最大长度 单级最大长度 第1级 第2级 第3级 第4级 第5级 第6级 第7级 第8级 第9级
科目编码级次 13 40 9 2 2 2
存货分类编码级次 8 12 9 2 2 2 2 3
部门编码级次 9 12 9 1 2
地区分类编码级次 5 12 9 2 3 4
费用项目分类 5 12 9 1 2
结算方式编码级次 2 3 3 1 2
货位编码级次 8 20 9 2 3 4
收发类别编码级次 3 5 5 1 2
项目设备 8 30 9 2 2
责任中心分类档案 5 30 9 2 2
项目要素分类档案 6 30 9 2 2
客户权限组级次 5 12 9 2 3 4
供应商权限组级次 5 12 9 2 3 4
存货权限组级次 8 12 9 2 2 2 2 3
确定(O)
取消(C)
帮助(P)

图 1-12 “编码方案”窗口

(9) 单击“确定”按钮,再单击“取消”按钮,进入“数据精度”窗口,如图 1-13 所示。

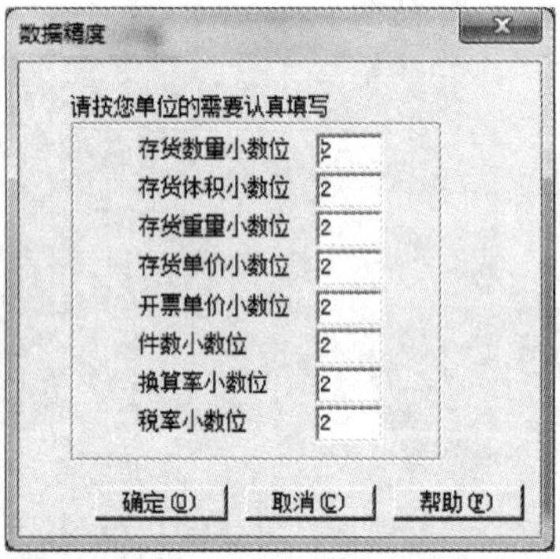

图 1-13 “数据精度”窗口

(10) 默认系统预置的数据精度的设置,单击“取消”按钮,系统提示“108 建账成功”,如图 1-14 所示。

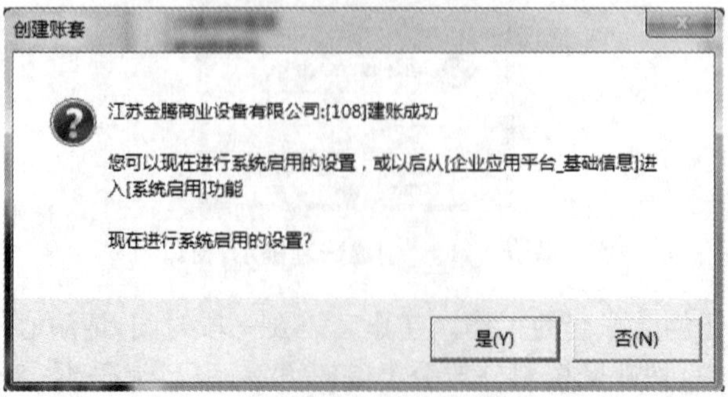

创建账套
江苏金腾商业设备有限公司:[108]建账成功
您可以现在进行系统启用的设置，或以后从[企业应用平台_基础信息]进入[系统启用]功能
现在进行系统启用的设置?
是(Y)
否(N)

图 1-14 “建账成功系统”窗口

(11) 单击“是”按钮，打开“系统启用”窗口，依次启用“总账”“固定资产”“薪资管理”“应收款管理”“应付款管理”“采购管理”“销售管理”“库存管理”“存货核算”，启用日期为 2018 年 1 月。如图 1-15 所示。单击“退出”按钮。

图 1-15　“系统启用”窗口

(12) 结束建账过程，系统弹出“请进入企业应用平台进行业务操作!”提示，如图 1-16 所示。

图 1-16　“系统管理提示”窗口

指导提示：

- ◆ 账套号是账套的唯一标识，可以自行设置 3 位数字，但不允许与已存在账套的账套号重复，账套号设置后将不允许修改。
- ◆ 账套名称是账套的另外一种标识方法，它将与账套号一起显示在系统正在运行的屏幕上。账套名称可以自行设置，并可以由账套主管在修改账套功能中进行修改。
- ◆ 系统默认的账套路径是用友 U8V10.1 的安装路径，可以进行修改。
- ◆ 建立账套时系统会将启用会计期自动默认为系统日期，应注意根据所给资料修改，否则将会影响到企业的系统初始化及日常业务处理等内容的操作。
- ◆ 编码方案的设置，将会直接影响到基础信息设置中相应内容的编码级次及每级编码的位长。
- ◆ 删除编码级次时，必须从最后一级向前依次删除。
- ◆ 如果选择单击“否”按钮，则先结束建账过程，之后再在企业应用平台中的基础信息中进行系统启用。

任务三　设置用户权限

【任务要求】

● 设置用户权限

【任务资料】

2018年1月1日,江苏金腾商业设备有限公司(简称金腾公司)的用户及相关权限信息表如表1－2所示,请以"系统管理员admin"身份登录"系统管理"为七位用户授权,同时以账套主管"001钱飞"的身份登录企业应用平台取消"仓库""科目""工资权限"及"用户"的记录级数据权限控制。

表1－2　用户权限分工表

编　码	用户姓名	部　门	岗　位　任　务
001	钱飞	总经办	账套主管,负责公司系统运行环境的建立,以及各项初始设置工作
002	李健	财务部	负责总账管理系统的凭证审核、凭证查询、记账、期末对账结账工作、UFO报表
003	周游	财务部	核算会计,负责填制记账凭证、凭证查询、记账、账表、期末、应收应付款管理(不含卡片编辑)、固定资产管理、薪资管理、存货核算管理
004	王金铭	财务部	出纳,负责应收应付款管理(应收付款单填制即卡片编辑、收付款单填制即卡片编辑、选择收款和选择付款权限)、应收应付款票据管理、总账凭证的出纳签字和出纳所有权限
005	郑川	采购部	采购管理所有权限
006	李娜	销售部	销售管理所有权限
007	王伟	生产部	库存管理所有权限,公共单据所有权限

【任务准备】

以Admin系统管理员身份登录设置用户权限。

【任务指导】

(1) 在系统管理中执行"权限"→"权限"命令,打开"用户权限"窗口

(2) 在右边的下拉列表中选中"108江苏金腾商业设备有限公司"账套

(3) 在左侧的用户列表中,选中"001钱飞"用户,显示该用户拥有本账套所有权限,如图1－17所示。

(4) 在"用户权限"窗口中,选中"002李健"用户,单击"修改"按钮,在右侧窗口中,单击转开"财务会计"→"总账",选中"总账"的"审核凭证""查询凭证""记账""对账""结账",单击选中"UFO报表",如图1－18所示,单击"保存"按钮。

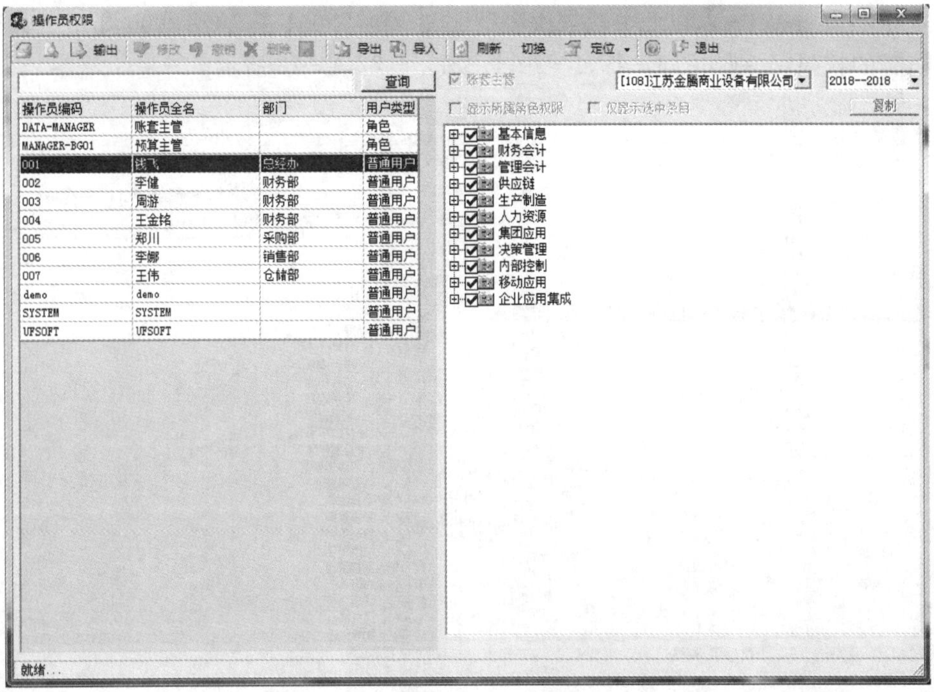

图 1-17　“001 钱飞用户权限”窗口

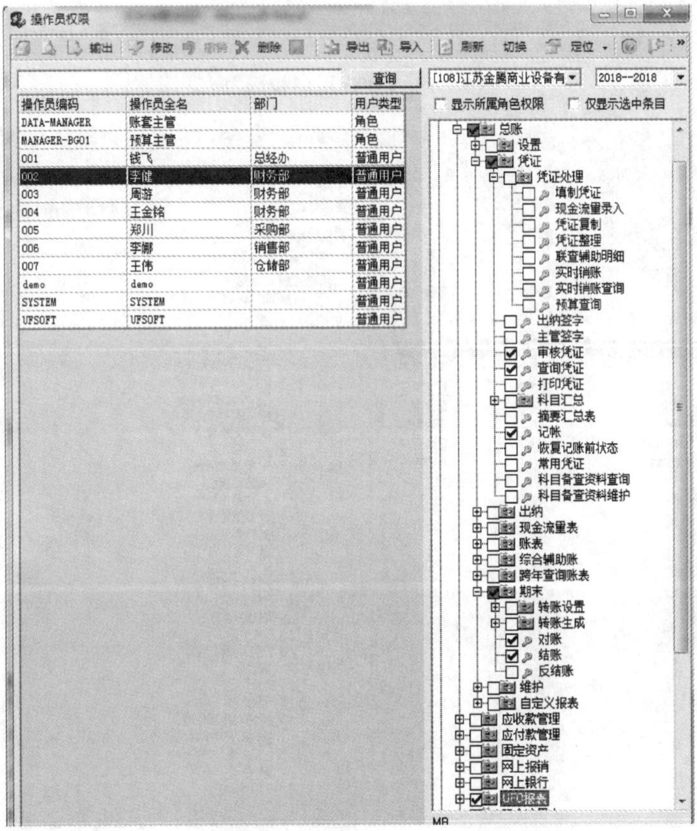

图 1-18　“002 用户权限”窗口

(5) 依照资料表 1-2,以此方法依次设置"003 周游""004 王金铭""005 郑川""006 李娜""007 王伟"的权限,分别如图 1-19,1-20,1-21,1-22,1-23 所示。

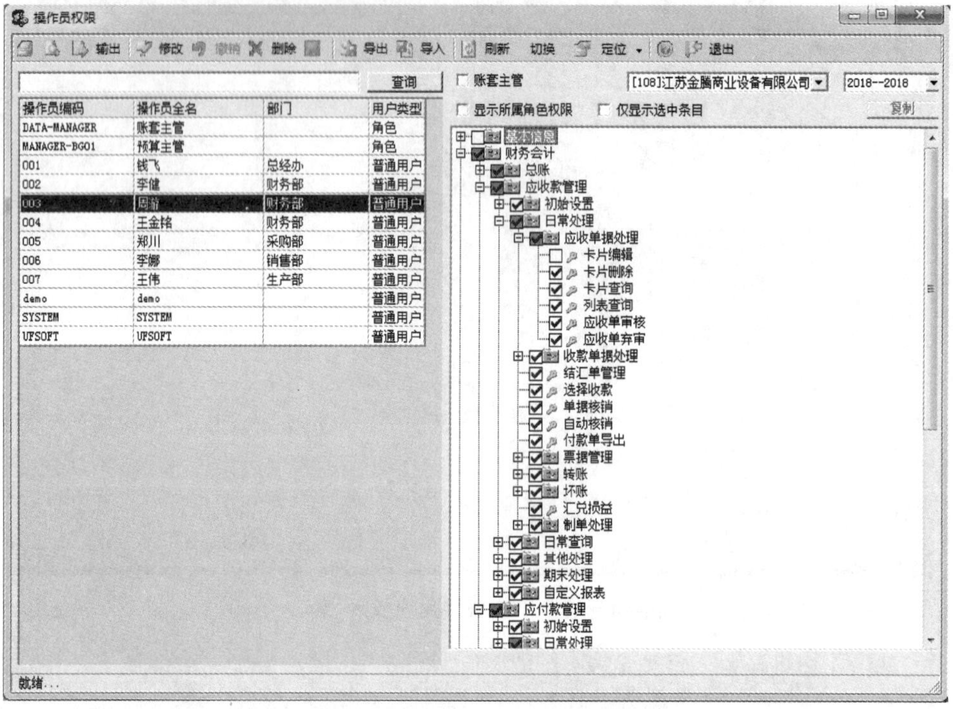

图 1-19 "003 用户权限"窗口

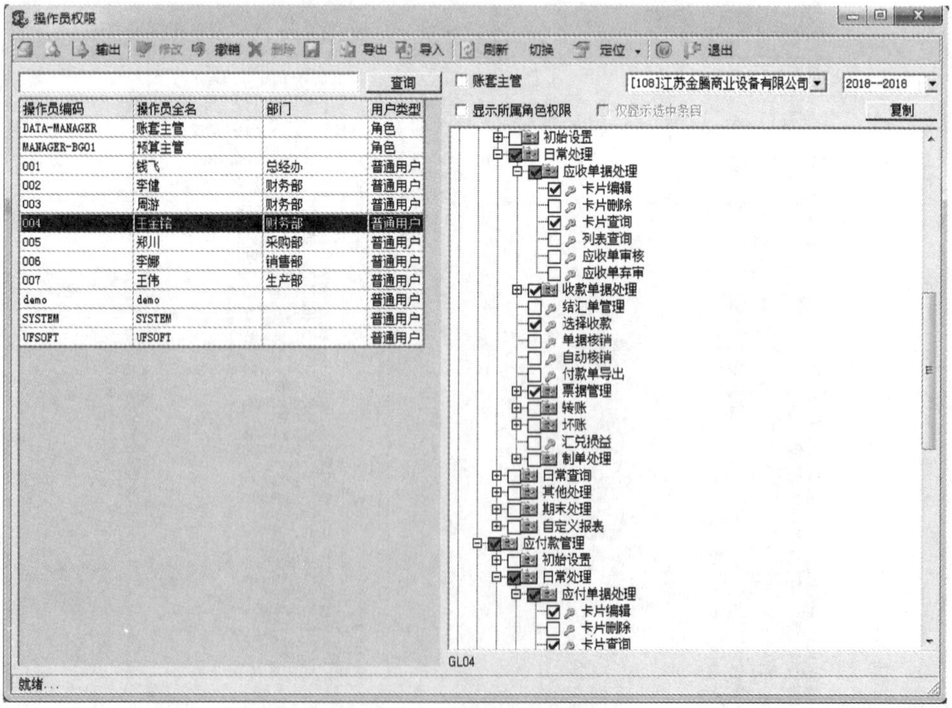

图 1-20 "004 用户权限"窗口

图 1－21　“005 用户权限”窗口

图 1－22　“006 用户权限”窗口

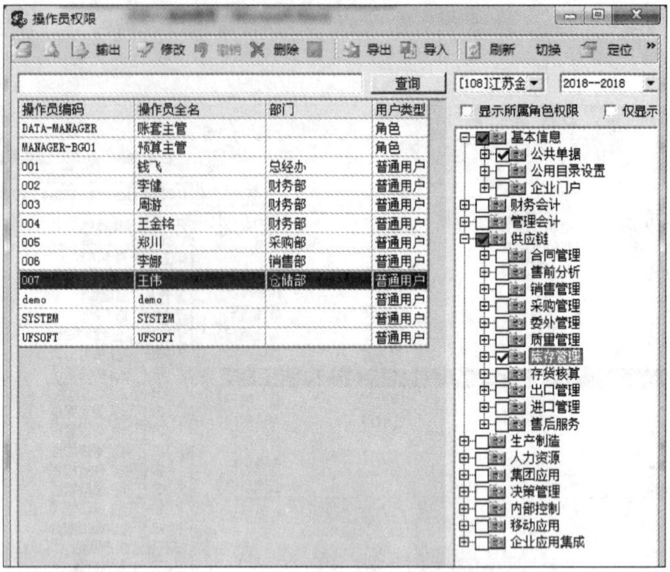

图 1-23 "007 用户权限"窗口

(6) 以账套主管"001 钱飞"身份登录企业应用平台,执行"系统服务"→"权限"→"数据权限控制设置"命令,打开"数据权限控制设置"窗口。取消"仓库""工资权限""科目"及"用户"前的"是否控制"选项,单击"确定"按钮,如图 1-24 所示。

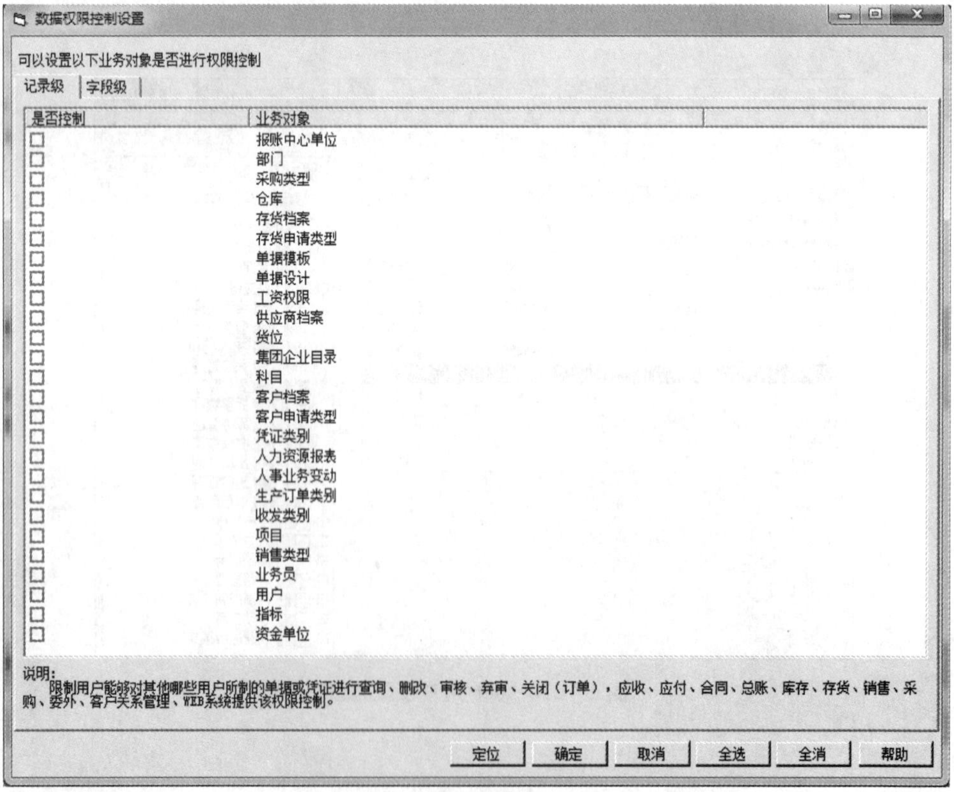

图 1-24 "数据权限控制设置"窗口

指导提示:

◆ 只有系统管理员(admin)才有权限设置或取消账套主管。而账套主管只有权对所辖账套进行用户的权限设置。

◆ 设置权限时应注意分别选中"账套"及相应的"用户"。

◆ 账套主管拥有该账套的所有权限,因此无须为账套主管另外赋权。

任务四　账套管理

【任务要求】

- 账套备份
- 账套引入
- 账套修改

【任务资料】

1. 2018年1月1日,输出"[108]江苏金腾商业设备有限公司"账套至"C:108账套备份1"文件夹中保存。

2. 2018年1月1日,将"[108]江苏金腾商业设备有限公司"账套引入至"C:U8SOFTAdmin"文件夹中。

3. 2018年1月1日,账套主管"001钱飞"登录"系统管理"修改"[108]江苏金腾商业设备有限公司"账套的基础信息中心有供应商分类。

【任务准备】

以Admin系统管理员身份登录备份账套。

【任务指导】

1. 账套备份:

(1) 在C盘中新建"108账套备份"文件夹,再在"108账套备份"文件夹中新建"1"文件夹。

(2) 以系统管理员身份登录"系统管理"。

(3) 执行"账套"→"输出"命令,打开"账套输出"对话框。单击"账套号"栏的下三角按钮,选择"108江苏金腾商业设备有限公司",在输出文件位置选择"C:108账套备份1"如图1-25所示。

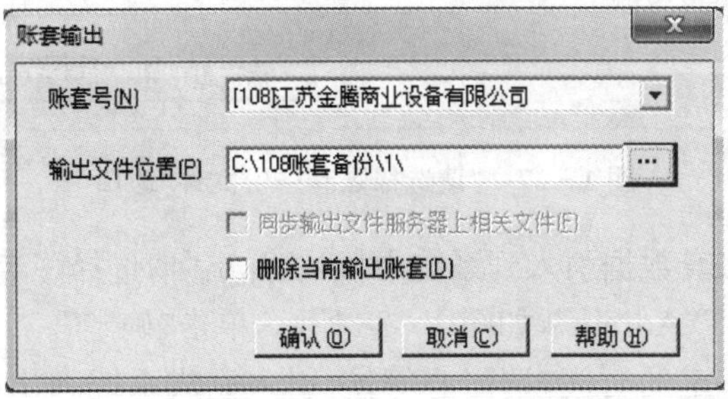

图1-25　"账套输出"窗口

(4) 单击“确定”按钮,系统进行账套数据输出,完成后,弹出提示“输出成功”,如图1-26所示。单击“确定”按钮返回。

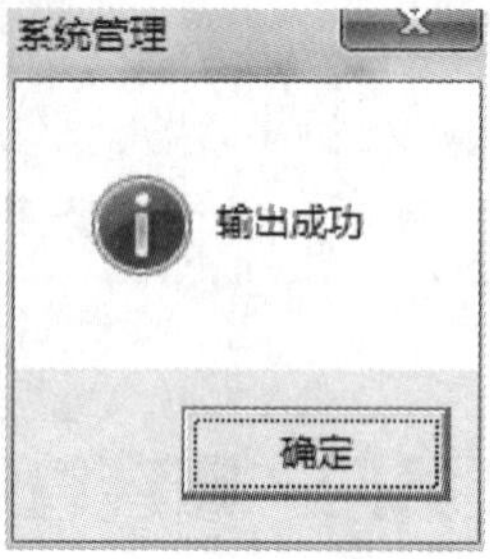

图1-26 “输出成功”窗口

2. 账套引入:

(1) 以系统管理员的身份登录“系统管理”。

(2) 执行“账套”→“引入”命令,打开“请选择账套备份文件”窗口,请选择将要引入的账套数据,如图1-27所示,单击“确定”按钮。

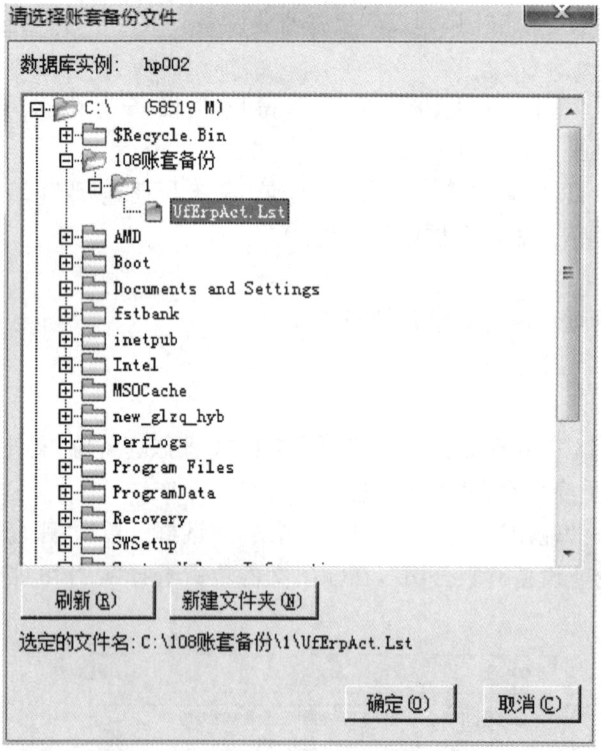

图1-27 “请选择账套备份文件”窗口

(3) 系统会自动将账套数据引入到系统中,系统弹出“请选择账套引入的目录”窗口,选择引入目录为“C:\U8SOFT\Admin”,如图1-28所示,单击“确定”。

(4) 引入账套需要一定的时间,请耐心等候,引入完成系统弹出提示“账套[108]引入成功”如图1-29所示,单击“确定”按钮。

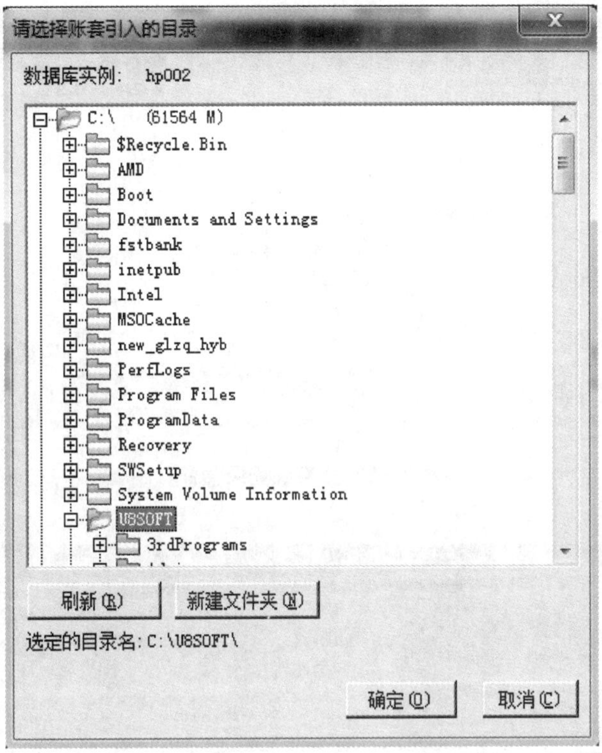

图 1-28　“请选择账套引入的目录”窗口

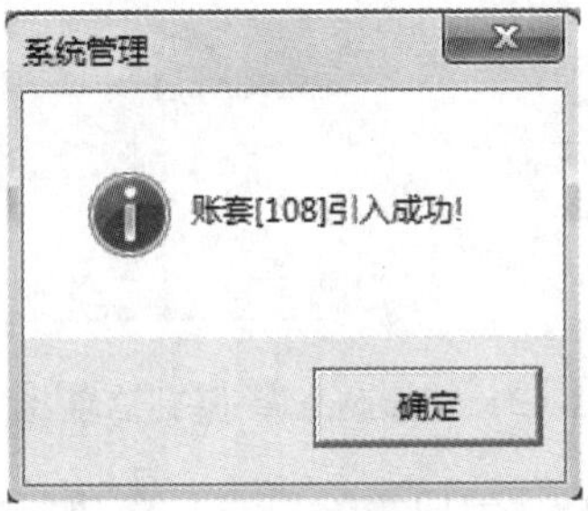

图 1-29　“引入成功!”窗口

3. 账套修改:

(1) 执行“系统”→“注册”命令,打开“系统管理”窗口。

(2) 输入用户“001(或钱飞)”,单击“账套”栏的下三角按钮,选择“108(default)江苏金腾商业设备有限公司”,操作日期为“2018-01-01”如图 1-30 所示。

(3) 单击“登录”按钮,以账套主管身份登录系统管理。

(4) 执行“账套”→“修改”命令,打开“修改账套”窗口。

(5) 单击“下一次”按钮,打开“单位信息”对话框。

(6) 单击“下一步”按钮,打开“核算类型”对话框。

(7) 单击“下一步”按钮,打开“基础信息”对话框,单击选中“客户是否分类”“供应商是否分类”前的复选框。如图 1-31 所示。

图 1-30 "系统登录"窗口

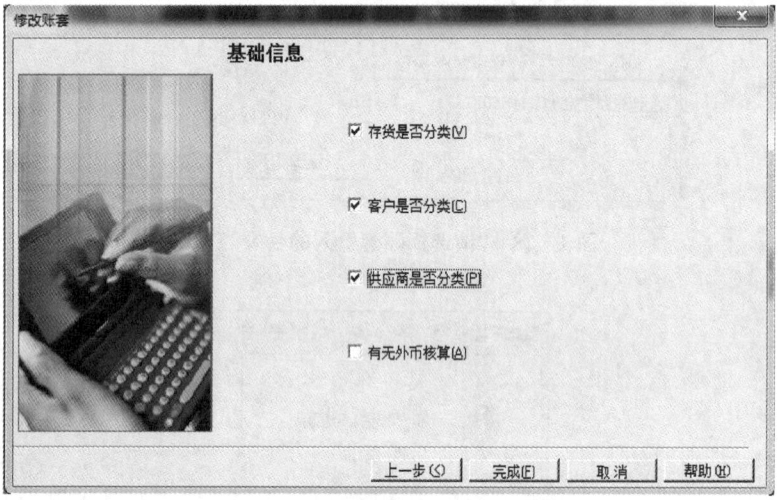

图 1-31 "修改账套-基础信息"窗口

(8) 单击"完成"按钮,系统弹出"编码方案"窗口,修改"客户分类编码级次"为"1-2-3","供应商分类编码级次"为"1-2-3"。

(9) 单击"确定"按钮,再单击"取消"按钮,系统弹出"数据精度"窗口,单击"取消"按钮,系统弹出"修改账套成功"窗口,如图 1-32 所示。

图 1-32 "修改账套成功提示"窗口

指导提示：

- ◆ 利用账套输出功能还可以进行"删除账套"的操作。方法是在账套输出对话框中选中"删除当前输出账套"复选框，单击"确认"按钮，系统在删除账套前同样要进行账套输出，当输出完成后系统提示"真要删除该账套吗?"，单击"是"按钮则可以删除该账套。
- ◆ 只有系统管理员(admin)有权进行账套输出。
- ◆ 正在使用的账套可以进行账套输出而不允许进行账套删除。
- ◆ 备份账套时应先建立一个备份账套的文件夹，以便将备 份数据存放在目标文件夹中。

项目二　基础信息设置

任务一　机构人员信息设置

项目二
任务操作视频

【任务要求】

- 设置部门档案
- 设置人员类别
- 设置人员档案

【任务资料】

2018 年 1 月 1 日,账套主管"001 钱飞"登录企业应用平台,相关信息如表 2－1～表 2－3 所示。

表 2－1　部门档案

部门编号	名　称
1	总经办
2	财务部
3	采购部
4	销售部
5	生产部

表 2－2　人员类别

人员类别编码	人员类别名称
1011	企业管理人员
1012	销售人员
1013	采购人员
1014	生产人员

表 2－3　人员档案

职员编号	职员名称	性别	所属部门	是否操作员	是否业务员	人员类别
001	钱　飞	男	总经办	是	是	管理人员
002	李　健	男	财务部	否	是	管理人员

续表

职员编号	职员名称	性别	所属部门	是否操作员	是否业务员	人员类别
003	周　游	男	财务部	否	是	管理人员
004	王金铭	女	财务部	否	是	管理人员
005	郑　川	男	采购部	否	是	采购人员
006	李　娜	女	销售部	否	是	销售人员
007	王　伟	男	生产部	否	是	生产人员

【任务准备】

以 001 钱飞账套主管身份登录设置机构人员档案。

【任务指导】

1. 设置部门档案：

(1) 在“基础设置”选项卡中，执行“基础档案”→“机构人员”→“部门档案”命令，打开“部门档案”窗口。

(2) 单击“增加”按钮，输入“部门编码”为“1”，“部门名称”为“总经办”，如图 2－1 所示。

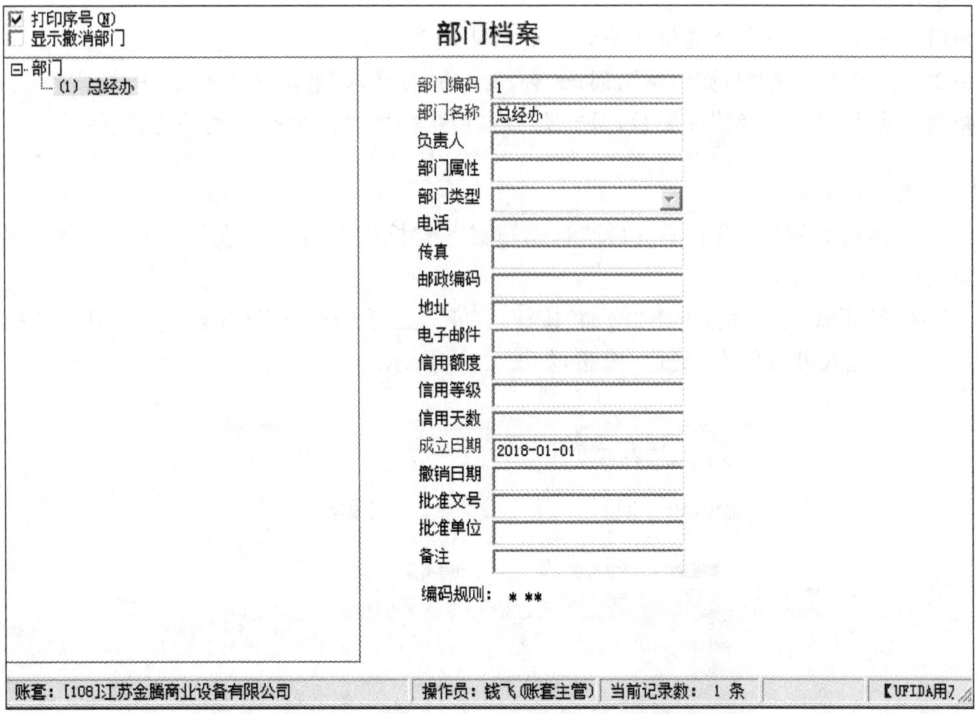

图 2－1　“部门档案 1”窗口

(3) 单击“保存”按钮。以此方法依次输入其他部门档案，操作结果如图 2－2 所示。

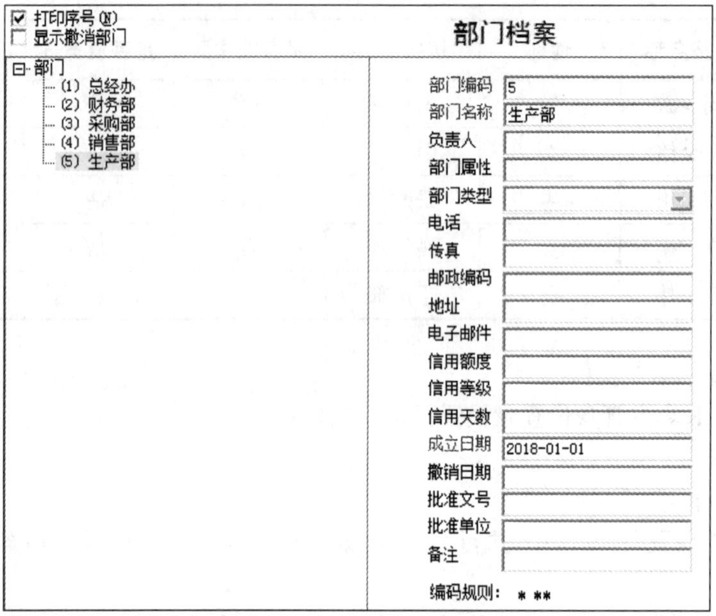

图2-2 "部门档案2"窗口

指导提示:

◆ 部门编码必须符合在分类编码中定义的编码规则。

◆ 由于此时还未设置"人员档案",因此,部门中的"负责人"暂时不能设置,如果需要设置,必须在完成"人员档案"设置后,再回到"部门档案"中以修改的方式补充设置。

2. 设置人员类别:

(1) 在"基础设置"选项卡中,执行"基础档案"→"机构人员"→"人员类别"命令,打开"人员类别"窗口。

(2) 选择"正式工"类别,单击"增加"按钮,在正式工下增加"档案编码"为"1011","档案名称"为"企业管理人员",单击"确定"按钮,如图2-3所示。

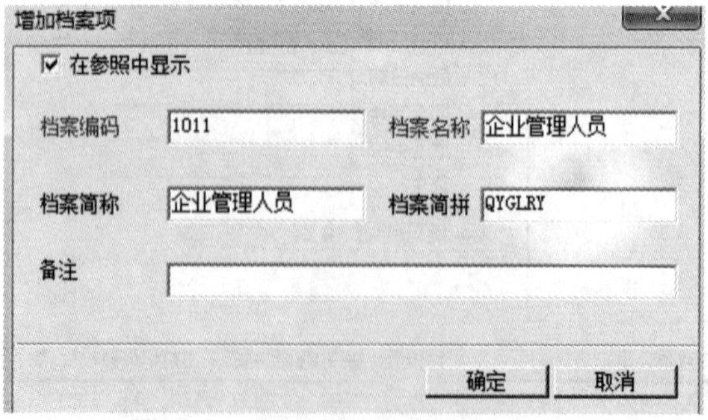

图2-3 "增加档案项"窗口

(3) 以此增加其他人员类别,结果如图2-4所示。

图 2－4　“人员类别”窗口

指导提示：

◆ 人员类别名称可以修改，但是已经使用的人员类别名称不能删除。

3. 设置人员档案：

(1) 在“基础设置”选项卡中，执行“基础档案”→“机构人员”→“人员档案”命令，打开“人员列表”窗口。

(2) 单击左侧窗口中“部门分类”下的“总经办”。

(3) 单击“增加”按钮，在“人员编码”栏录入“001”，“人员名称”栏录入“钱飞”，“性别”录入“男”，“所属部门”选择“总经办”，“雇佣状态”为“在职”，单击选中“是否操作员”前的复选框，单击选中“是否业务员”前的复选框，“人员类别”选择“企业管理人员”。如图 2－5 所示。

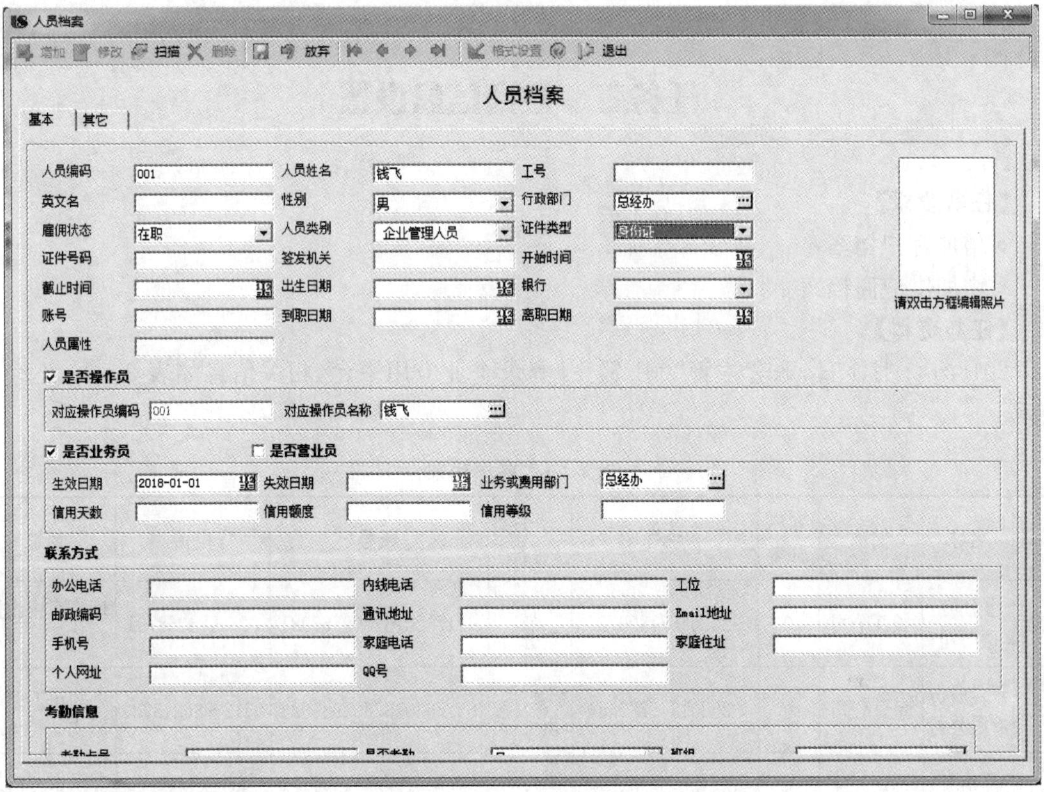

图 2－5　“人员档案”窗口

(4) 单击“保存”,系统跳出“人员信息已改,是否同步修改操作员的相关信息”,单击“是”。以此方法依次输入其他人员档案,操作结果如图 2-6 所示。

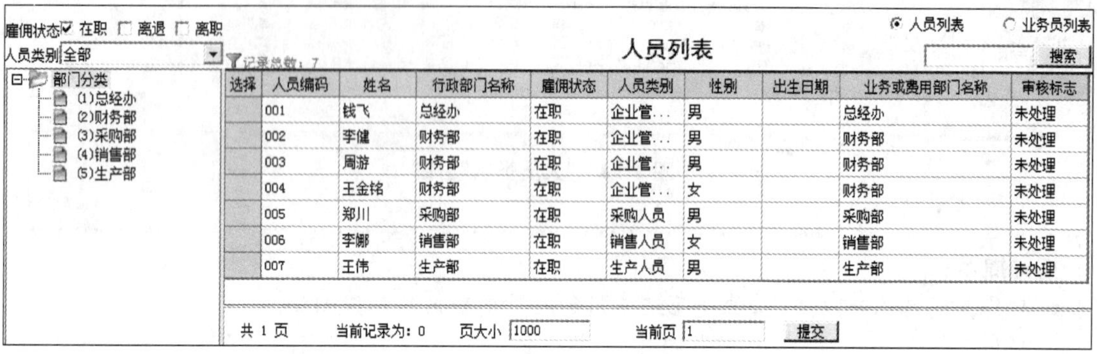

选择	人员编码	姓名	行政部门名称	雇佣状态	人员类别	性别	出生日期	业务或费用部门名称	审核标志
	001	钱飞	总经办	在职	企业管...	男		总经办	未处理
	002	李健	财务部	在职	企业管...	男		财务部	未处理
	003	周游	财务部	在职	企业管...	男		财务部	未处理
	004	王金铭	财务部	在职	企业管...	女		财务部	未处理
	005	郑川	采购部	在职	采购人员	男		采购部	未处理
	006	李娜	销售部	在职	销售人员	女		销售部	未处理
	007	王伟	生产部	在职	生产人员	男		生产部	未处理

图 2-6 “人员类别”窗口

指导提示:

◆ 此处的人员档案应该包括企业所有员工。

◆ 人员编码必须唯一,行政部门只能是末级部门。

◆ 如果该员工需要在其他档案或者其他单据的“业务员”项目中被参照,需要选中“是否业务员”选项。

任务二 客商信息设置

【任务要求】

- 增加客户档案
- 增加供应商档案

【任务资料】

2018 年 1 月 1 日,账套主管“001 钱飞”登录企业应用平台,相关信息如表 2-4、表 2-5 所示。

表 2-4 客户档案

编号	名称	简称	客户分类	税号	开户银行	账号	电话	地址
01	长江有限公司	长江公司	0	320205671890785	工行南京分行	6217620187809567981	025-84268791	南京市中山路11号
02	星月股份有限公司	星月公司	0	320201845730684	工行苏州分行	6217620187809985622	0512-86243723	苏州市大明路21号
03	广信有限公司	广信公司	0	320203012670269	工行北京分行	6217620187809654313	010-83765467	北京市明清路30号

表 2－5　供应商档案

编号	名称	简称	供应商分类	税号	开户银行	账号	电话	地址
01	华龙钢管有限公司	华龙公司	0	320206732431647	工行上海分行	6217620187809786322	021－82678372	上海市黄浦路53号
02	蓝海钢条有限公司	蓝海公司	0	320205649398826	工行杭州分行	6217620187809658213	0571－82436757	杭州市江城路129号
03	红心方钢有限公司	红心公司	0	320204327653469	工行常州分行	6217620187809967848	0519－86732501	常州市东方东路305号

【任务准备】

以001钱飞身份登录设置客商信息。

【任务指导】

1. 增加客户档案：

(1) 在“基础设置”选项卡中，执行“基础档案”→“客商信息”→“客户分类”，单击“增加”按钮，输入“分类编码”为“0”，“分类名称”为“无分类”，单击“保存”按钮，再单击“退出”按钮。如图2－7所示。

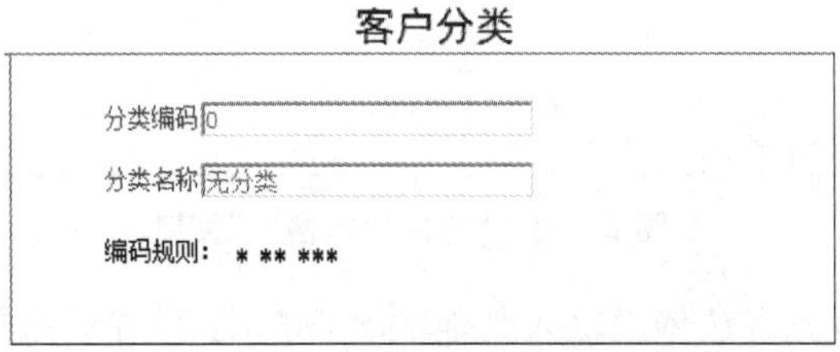

图 2－7　“客户分类”窗口

(2) 在“基础设置”选项卡中，执行“基础档案”→“客商信息”→“客户档案”命令，打开“客户档案”窗口。

(3) 点击“无分类”，单击“增加”按钮，打开“增加客户档案”窗口。按照表格中的资料，依次输入“名称”“简称”“客户分类”“税号”“电话”以及“地址”，如图2－8、图2－9所示。

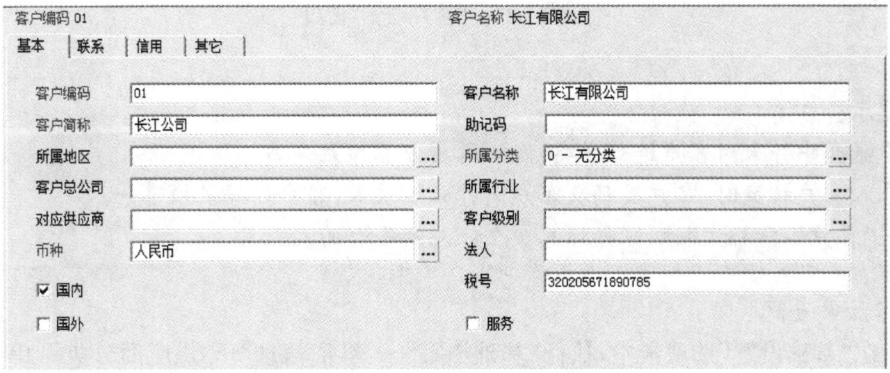

图 2－8　“客户档案-基本”窗口

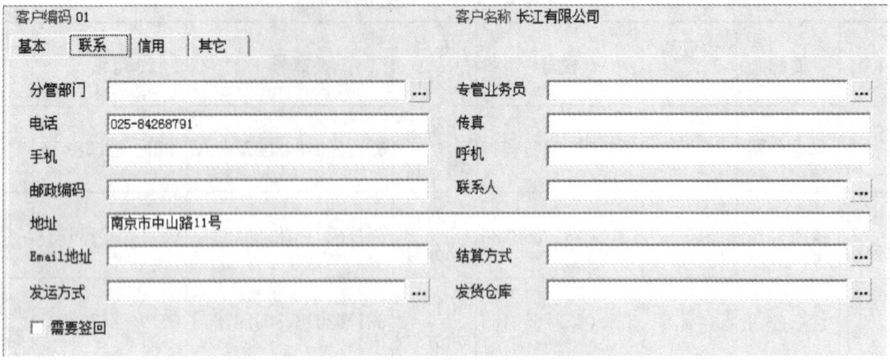

图 2-9 “客户档案-联系”窗口

(4) 单击“银行“按钮,打开”客户银行档案“窗口,单击”增加“按钮,输入”客户银行档案“,单击”保存“按钮”,再单击“退出”按钮。如图 2-10 所示。

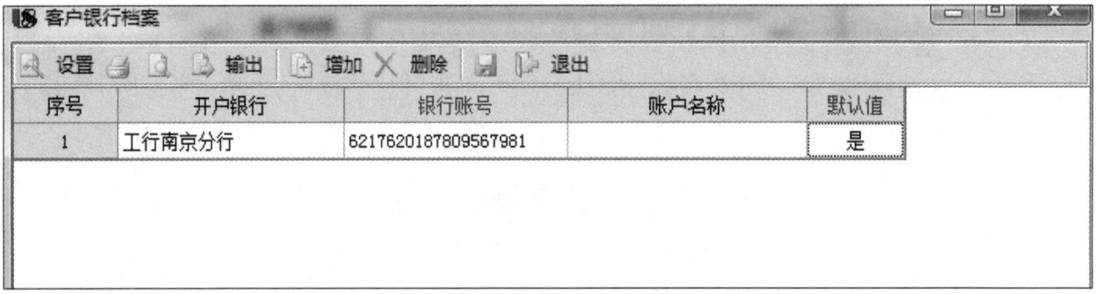

图 2-10 “客户银行档案”窗口

(5) 依据表 2-4,以此方法依次输入其他的客户档案,操作结果如图 2-11 所示。

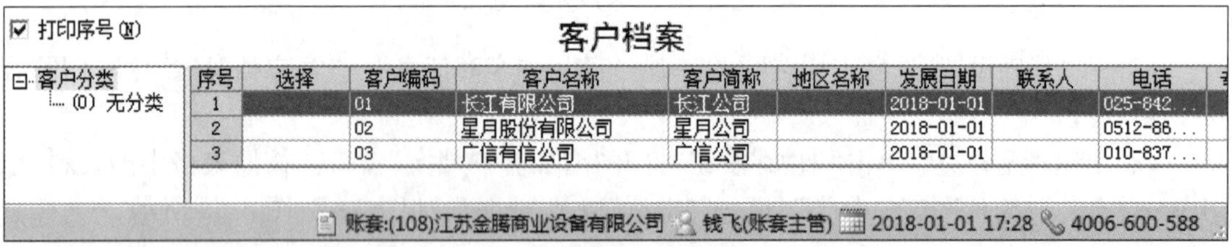

图 2-11 “客户档案”窗口

指导提示:

◆ 由于账套中并未对客户进行分类,因此所属分类为无分类。

◆ 在录入客户档案时,客户编码及客户简称必须录入,客户编码必须唯一。

◆ 录入“客户银行档案”时,银行标志在企业应用平台的左上角。

2. 增加供应商档案:

(1) 在“基础设置”选项卡中,执行“基础档案”→“客商信息”→“供应商分类”,单击“增加”按钮,输入“分类编码”为“0”,“分类名称”为“无分类”,单击“保存”按钮,再单击“退出”按钮。

如图 2－12 所示。

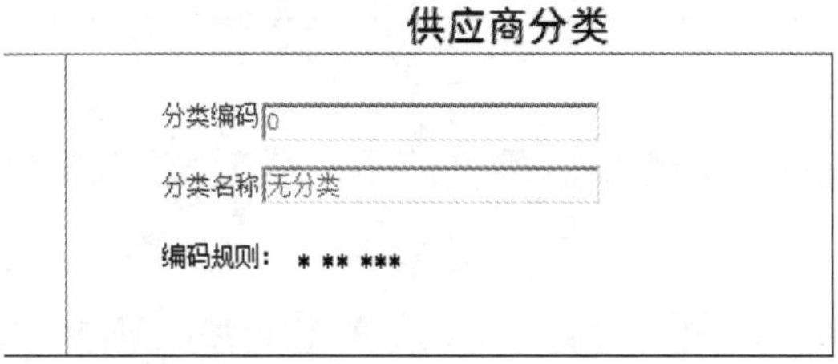

图 2－12　“供应商分类”窗口

(2) 在“基础设置”选项卡中，执行“基础档案”→“客商信息”→“供应商档案”命令，打开“供应商档案”窗口。

(3) 单击“增加”按钮，单开“增加供应商档案”窗口。

(4) 按资料表 2－5，依次输入“供应商编码”“供应商名称”“供应商简称”“所属分类”“税号”等相关信息。单机“保存”按钮，如图 2－13、图 2－14 所示。

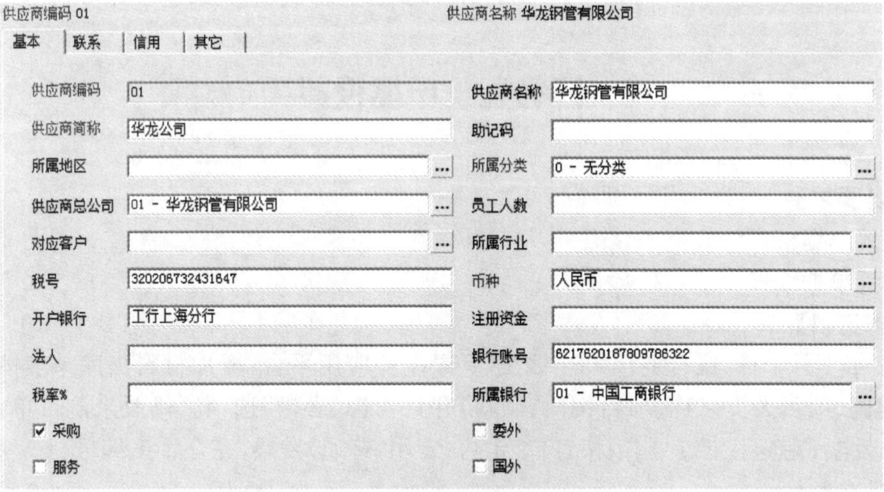

图 2－13　“供应商档案-基本”窗口

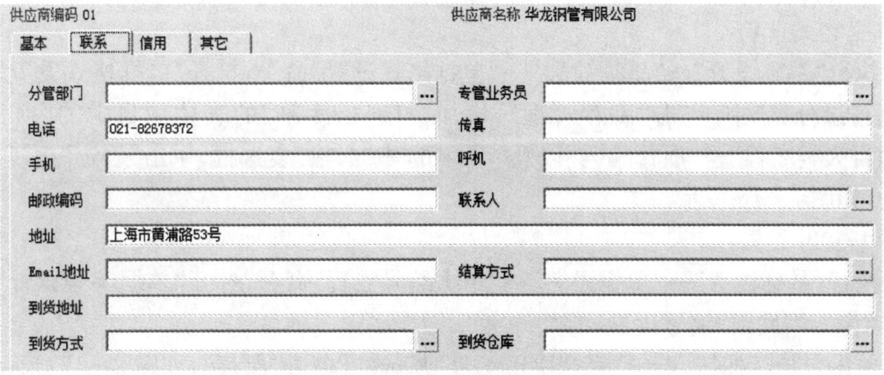

图 2－14　“供应商档案-联系”窗口

(5) 以此方法依次输入其他的供应商档案。操作结果如图 2-15 所示。

图 2-15 “供应商档案”窗口

指导提示：

◆ 由于账套中并未对供应商进行分类,因此所属分类为无分类。

◆ 在录入供应商档案时,供应有编码及供应商简称必须录入.供应商编码必须唯一。

◆ 录入“供应商银行档案”时,银行标志在企业应用平台的左上角。

任务三　单据设置

【任务要求】

- 设置单据格式
- 设置单据编号

【任务资料】

2018 年 1 月 1 日,账套主管“001 钱飞”登录企业应用平台,增加材料出库单表体项目:项目大类编码、项目大类名称、项目编码、项目,并且勾选“必输”选项。修改采购订单,采购(专用,普通)发票,完全手工编号;销售订单,销售(专用,普通)发票,完全手工编号。

【任务准备】

以 001 钱飞身份登录设置单据格式、单据编号。

【任务指导】

1. 单据格式设置:

(1) 执行“基础设置”→“单据设置”→“单据格式设置”命令,打开“单据格式设置”窗口,在“U8 单据目录分类”中,点击“库存管理”,增加“材料出库单”的表体项目中的“项目大类编码”→“项目大类名称”→“项目编码”以及“项目”选中“必输”复选框,单击“确定”按钮,单击“保存”按钮。如图 2-16 所示。

2. 单据编号设置:

(1) 执行“基础设置”→“单据设置”→“单据编号设置”命令,打开“单据编号设置”窗口,单击打开“销售专用发票”编号设置。

(2) 单击“修改”按钮,选中“完全手工编号”复选框,单击“保存”,如图 2-17 所示。

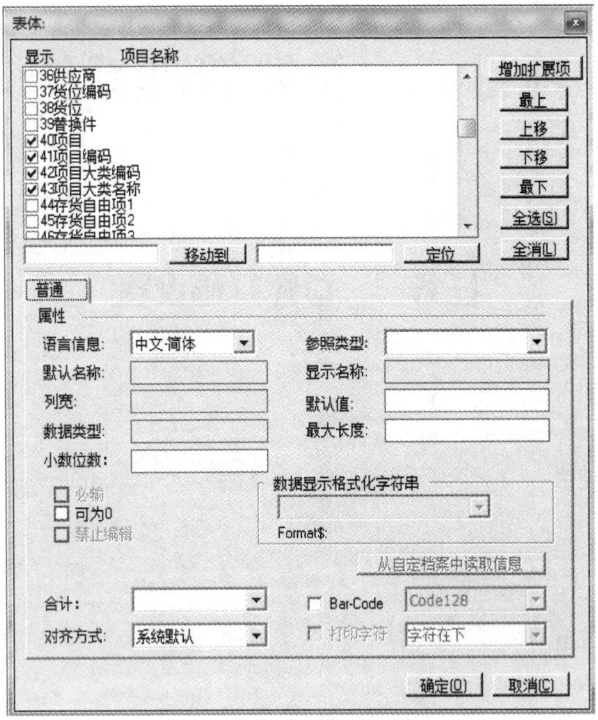

图 2－16　“单据格式设置-表体”窗口

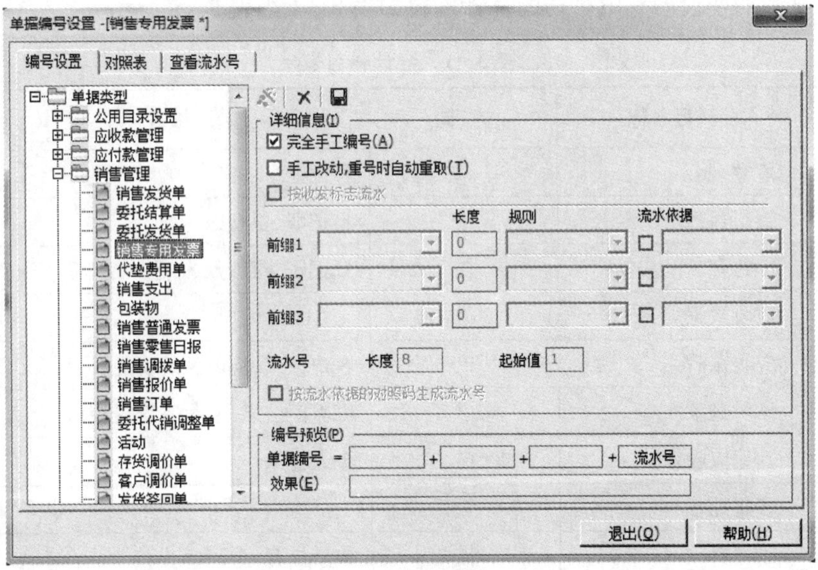

图 2－17　“单据编号设置”窗口

(3) 以此方法修改“销售普通发票”“销售订单”“采购专用发票”“采购普通发票”“采购订单”的编号方式为“完全手工编号”。

(4) 单机“保存”按钮。

项目三　总账管理系统

任务一　总账基础设置

项目三
任务一操作视频

【任务要求】

- 设置会计科目
- 设置指定会计科目
- 设置凭证类别
- 设置项目目录
- 设置收付结算方式
- 设置本单位开户银行
- 设置付款条件
- 录入期初余额

【任务资料】

1. 江苏金腾商业设备有限公司的会计资料如表 3－1 至表 3－9 所示。

表 3－1　会计科目表

科目编码	科目名称	方 向	辅助核算	备 注
1001	库存现金	借	日记账	修改
1002	银行存款	借	日记账、银行账	修改
100201	工行存款	借	日记账、银行账	增加
1121	应收票据	借		
1122	应收账款	借	客户往来、应收系统受控科目	修改
1123	预付账款	借	供应商往来、应付系统受控科目	修改
1221	其他应收款	借	个人往来	修改
1231	坏账准备	贷		
1403	原材料	借	数量核算(个)	修改
140301	主要材料	借		增加
140302	辅助材料	借		增加
1405	库存商品	借		
140501	钢制货架	借	数量核算(个)	增加

续表

科目编码	科目名称	方 向	辅助核算	备 注
140502	木制货架	借	数量核算(个)	增加
2201	应付票据	贷		
2202	应付账款	贷	供应商往来、应付系统受控科目	修改
220201	一般应付款	贷	供应商往来、应付系统受控科目	增加
220202	暂估应付款	贷	供应商往来、无受控科目	增加
2203	预收账款	贷	客户往来、应收系统受控科目	修改
2211	应付职工薪酬	贷		
221101	工资	贷		增加
221102	职工福利费	贷		增加
2221	应交税费	贷		
222101	应交增值税	贷		增加
22210101	进项税额	贷		增加
22210102	销项税额	贷		增加
22210103	进项税额转出	贷		增加
22210104	转出未交增值税	贷		增加
222102	未交增值税	贷		增加
222103	应交所得税	贷		增加
4104	利润分配	贷		
410401	提取法定盈余公积	贷		增加
410402	提取任意盈余公积	贷		增加
410403	未分配利润	贷		增加
5001	生产成本	借		
500101	直接材料	借	项目核算	增加
500102	直接人工	借		增加
500103	制造费用	借		增加
5101	制造费用	借		
510101	折旧费	借		增加
6601	销售费用	借		
660101	工资	借		增加
660102	福利费	借		增加

续表

科目编码	科目名称	方 向	辅助核算	备 注
660103	社会保险费	借		增加
660104	办公费	借		增加
660105	折旧费	借		增加
660106	装卸搬运费	借		增加
6602	管理费用	借		
660201	工资	借	部门核算	增加
660202	福利费	借	部门核算	增加
660203	社会保险费	借	部门核算	增加
660204	办公费	借	部门核算	增加
660205	折旧费	借	部门核算	增加
660206	业务招待费	借	部门核算	增加
660207	差旅费	借	部门核算	增加
660208	其他费用	借	部门核算	增加
6603	财务费用	借		
660301	利息支出	借		增加
660302	其他	借		增加

表 3-2 项目目录表

项目编号	项目名称	所属分类编码
1	钢制货架	1
2	木制货架	1
3	钢管	2
4	钢条	2
5	方钢	2
6	人工费	3

表 3-3 结算方式表

结算方式编号	结算方式名称
1	现金结算
2	支票
201	现金支票

续表

结算方式编号	结算方式名称
202	转账支票
3	汇兑
301	信汇
302	电汇
4	银行汇票
5	银行本票
6	委托收款
7	托收承付
8	其他

表 3-4　开户银行信息

银行编码	01
本单位开户银行	中国工商银行无锡分行
银行账号	6212261103537627628
账户名称	江苏金腾商业设备有限公司
币种	人名币

表 3-5　付款条件

付款条件码	01
信用天数	30
优惠天数 1	10
优惠率 1	2
优惠天数 2	20
优惠率 2	1

表 3-6　期初余额表

科目编码	科目名称	方　向	期初余额
1001	库存现金	借	5 800.00
1002	银行存款	借	263 300.00
100201	工行存款	借	263 300.00
1121	应收票据	借	25 120.00
1122	应收账款	借	62 100.00

续表

科目编码	科目名称	方　向	期初余额
1221	其他应收款	借	25 000.00
1231	坏账准备	贷	300.00
1403	原材料	借	150 000.00
140301	主要材料	借	100 000.00
140302	辅助材料	借	50 000.00
1405	库存商品	借	182 700.00
140501	钢制货架	借	143 500.00
140502	木制货架	借	39 200.00
1601	固定资产	借	982 000.00
1602	累计折旧	贷	45 460.00
1604	在建工程	借	153 000.00
1701	无形资产	借	183 00.00
2001	短期借款	贷	74 000.00
2201	应付票据	贷	
2202	应付账款	贷	76 200.00
220201	一般应付款	贷	40 000.00
220202	暂估应付款	贷	36 200.00
2211	应付职工薪酬	贷	46 000.00
221101	应付工资	贷	28 000.00
221102	应付福利费	贷	18 000.00
2221	应交税费	贷	18 700.00
222101	应交增值税	贷	
22210101	进项税额	贷	
22210102	销项税额	贷	
222102	未交增值税	贷	16 700.00
222103	应交所得税	贷	2 000.00
2241	其他应付款	贷	3 500.00
2501	长期借款	贷	85 000.00
4001	实收资本	贷	1 518 160.00
4104	利润分配	贷	

续表

科目编码	科目名称	方　向	期初余额
410401	提取法定盈余公积	贷	
410402	提取任意盈余公积	贷	
410403	未分配利润	贷	
5001	生产成本	借	
500101	直接材料	借	
500102	直接人工	借	
500103	制造费用	借	
6601	销售费用	借	
660101	工资	借	
660102	福利费	借	
660103	社会保险费	借	
6602	管理费用	借	
660201	工资	借	
660202	福利费	借	
660203	社会保险费	借	
660204	办公费	借	
660205	折旧费	借	
660206	业务招待费	借	
660207	差旅费	借	
660208	其他费用	借	
6603	财务费用	借	
660301	利息支出	借	
660302	其他	借	

表 3－7　应收账款

日　期	客户名称	摘　要	方　向	金　额
2017 年 12 月 15 日	长江公司	销售钢制货架	借	62 100

表 3－8　其他应收款

日　期	个　人	摘　要	方　向	金　额
2017 年 12 月 15 日	李　娜	机器损坏理赔	借	25 000

表 3-9　应付账款

日　期	供应商名称	摘　要	方　向	金　额
2017 年 12 月 20 日	华龙公司	采购钢管	贷	40 000
2017 年 12 月 20 日	蓝海公司	采购钢条	贷	36 200

2. 指定会计科目：

指定“1001 库存现金”为现金总账科目、“1002 银行存款”为银行总账科目

3. 凭证类别：

记账凭证

4. 项目目录：

项目大类：生产成本核算

项目分类：1 自产产品　2 原材料　3 人工

【任务准备】

2018 年 1 月 1 日，以 001 钱飞身份登录企业应用平台，设置财务信息。

【任务指导】

1. 设置会计科目：

(1) 以“001 钱飞”的身份登录企业应用平台，执行“基础设置”→“基础档案”→“财务”→“会计科目”命令，打开“会计科目”窗口，单击“增加”按钮，打开“新增会计科目”对话框，录入“科目编码”为“100201”，科目名称为“工行存款”如图 3-1 所示。依次增加其他会计科目。

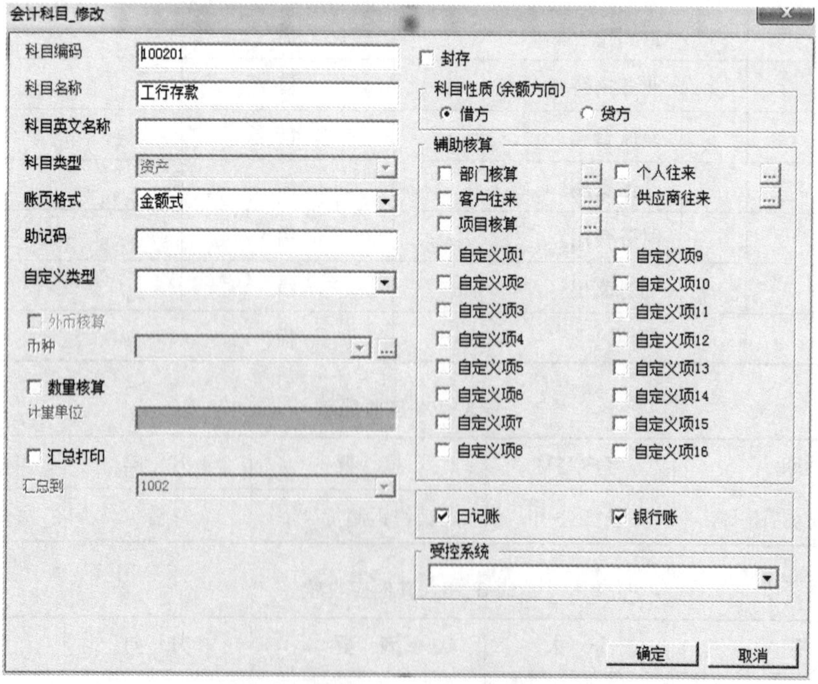

图 3-1　“增加工行存款科目”窗口

(2) 在“会计科目”窗口中，双击“1001 库存现金”后，单击“修改”按钮，打开“会计科目—修改”对话框。单击“修改”按钮，选中“日记账”前的复选框，如图 3-2 所示。

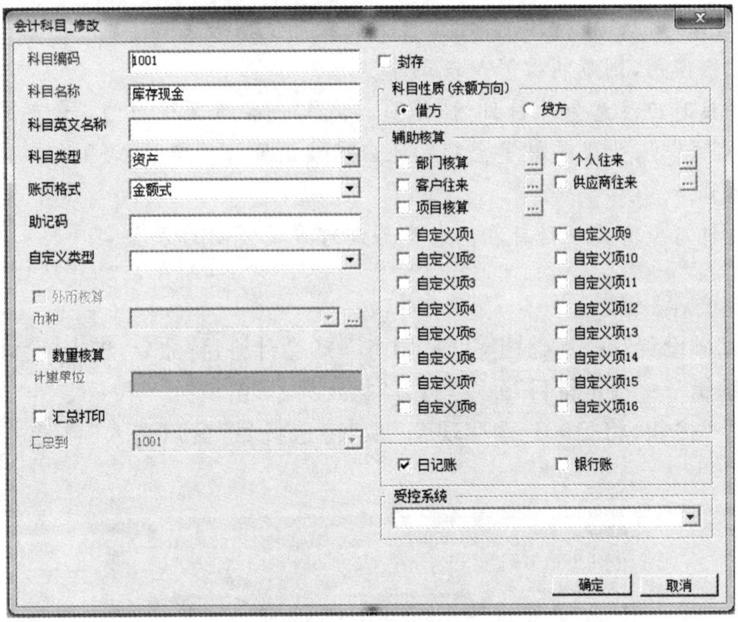

图 3-2 “修改库存现金科目”窗口

(3) 单击“确定”，以上述方式，依据表 3-1，修改其他会计科目。操作结果如图 3-3 所示。

图 3-3 “会计科目”窗口

指导提示:

◆ 由于预置科目“1002”已经被设置为“日记账”及“银行账”,所以新增科目“100201”自动被识别为“日记账”及“银行账”会计科目编码应符合编码规则。

◆ 如果科目已经使用,则不能被修改或删除。

◆ 设置会计科目时应注意会计科目的“账页格式”,一般情况下应为“金额式”,也有可能是“数量金额式”等,如果是数量金额式还应继续设置计量单位,否则仍不能同时进行数量金额的核算。

◆ 如果新增科目与原有某一科目相同或类似则可采用复制的方法。

2. 设置指定会计科目:

(1) 执行“基础设置”→“基础档案”→“财务”→“会计科目”命令,进入“会计科目”窗口。

(2) 执行“编辑”→“指定科目”命令,打开“指定科目”窗口。

(3) 单击“>”按钮,将“1001 库存现金”从“待选科目”窗口选入“已选科目”窗口,如图 3-4 所示。

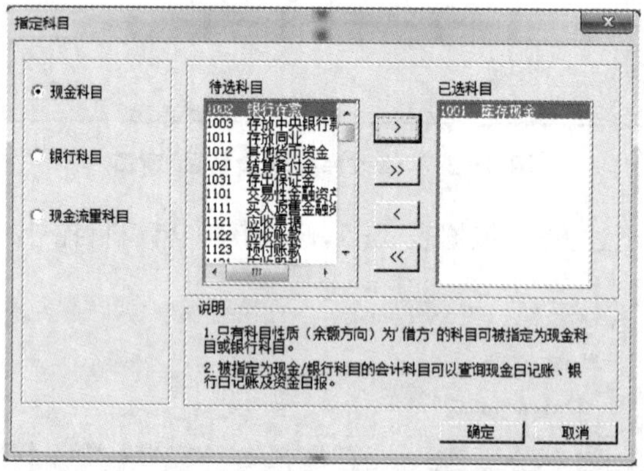
指定科目
现金科目
银行科目
现金流量科目
待选科目
已选科目
1001 库存现金
说明
1. 只有科目性质(余额方向)为'借方'的科目可被指定为现金科目或银行科目。
2. 被指定为现金/银行科目的会计科目可以查询现金日记账、银行日记账及资金日报。
确定
取消

图 3-4 “指定科目—现金科目”窗口

(4) 单击选择“银行科目”选项,单击“>”按钮将“1002 银行存款”从“待选科目”窗口选入“已选科目”窗口,如图 3-5 示。

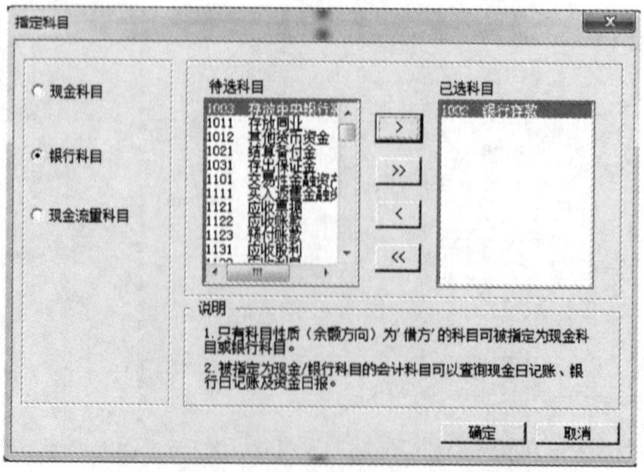
指定科目
现金科目
银行科目
现金流量科目
待选科目
已选科目
1002 银行存款
说明
1. 只有科目性质(余额方向)为'借方'的科目可被指定为现金科目或银行科目。
2. 被指定为现金/银行科目的会计科目可以查询现金日记账、银行日记账及资金日报。
确定
取消

图 3-5 “指定科目—银行科目”窗口

(5) 单击“确定”按钮

指导提示：

◆ 被指定的“现金总账科目”及“银行总账科目”必须是一级会计科目。2.只有指定现金及银行总账科目才能进行出纳签字的操作

◆ 只有指定现金及银行总账科目才能查询现金日记账和银行存款日记账。

3. 设置凭证类别：

(1) 执行“基础设置”→“基础档案”→“财务”→“凭证类别”命令，打开“凭证类别预置”窗口。

(2) 选中“记账凭证”前的单选按钮。如图 3－6 所示。

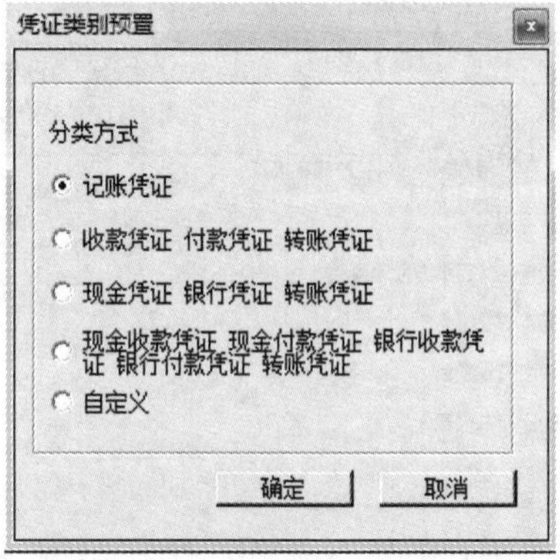

图 3－6　“凭证类别预置”窗口

(3) 单击“确定”按钮，打开“凭证类别”窗口，如图 3－7 所示。

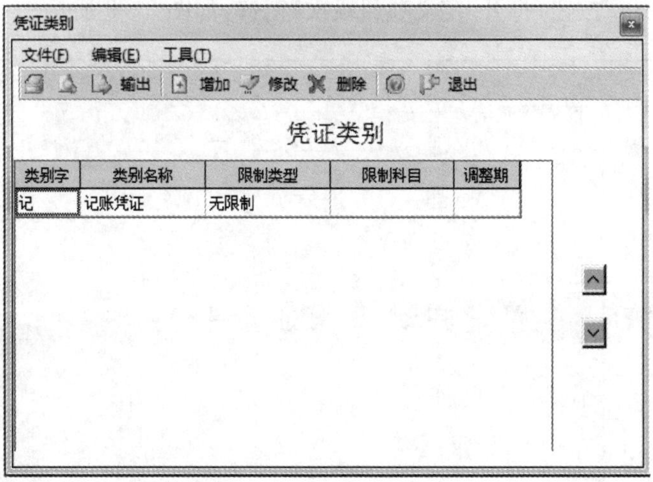

图 3－7　“凭证类别”窗口

(4) 单击"退出"按钮。

指导提示:

◆ 已使用的凭证类别不能删除,也不能修改类别字。

◆ 如果直接录入科目编码,则编码间的标点符号应为英文状态下的标点符号,否则系统会提示科目编码有错误。

4. 设置项目目录:

(1) 执行"基础设置"→"基础档案"→"财务"→"项目目录"命令,打开"项目档案"窗口。

(2) 单击"增加"按钮,打开"项目大类定义-增加"窗口。录入新项目大类名称"生产成本核算"。如图3-8所示。

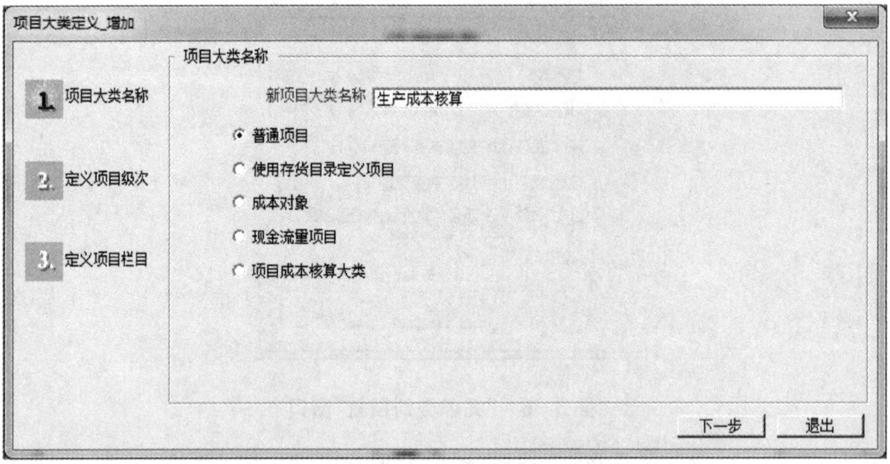

图3-8 "增加项目大类"窗口

(3) 单击"下一步"按钮,打开"定义项目级次"窗口,如图3-9所示。

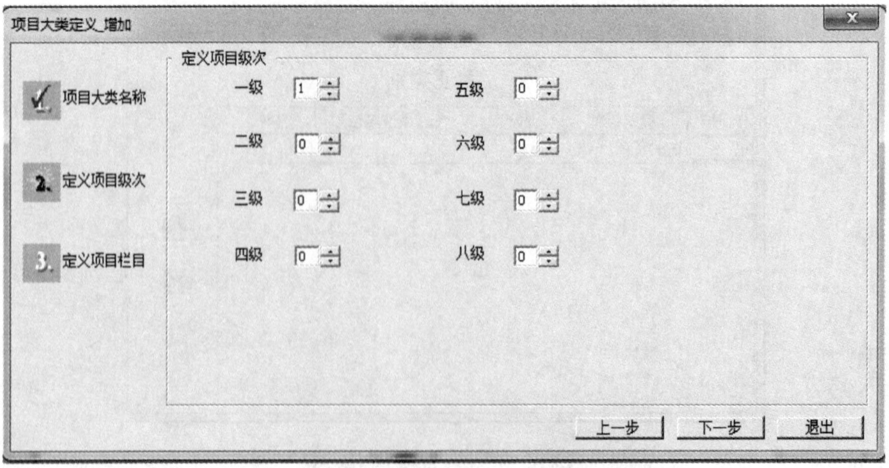

图3-9 "项目大类定义-增加"窗口

(4) 默认系统设置,单击“下一步”按钮,打开“定义项目栏目”窗口,如图 3-10 所示。

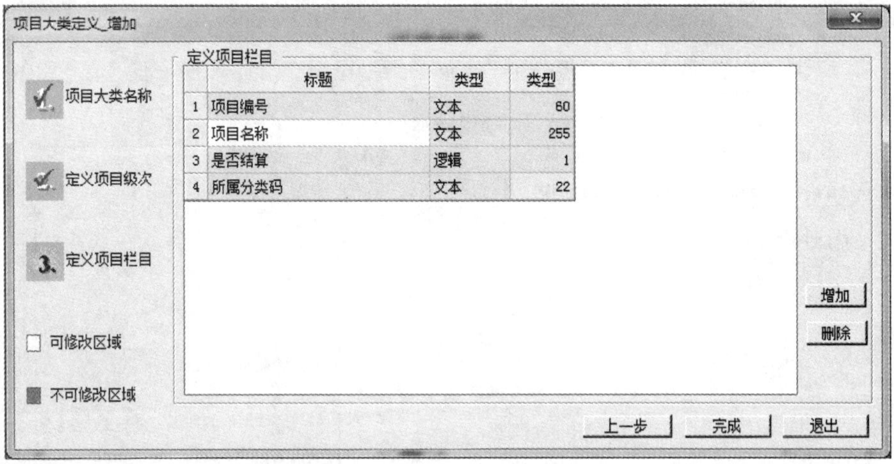

图 3-10　“项目大类定义-增加”窗口

(5) 单击“完成”按钮,返回“项目档案”窗口。

(6) 单击“项目大类”栏的下三角按钮,选择“生产成本核算”项目大类。

(7) 单击“核算科目”选项卡,单击“》”按钮,将生产成本明细科目从“待选科目”列表中选入“已选科目”列表,如图 3-11 所示。

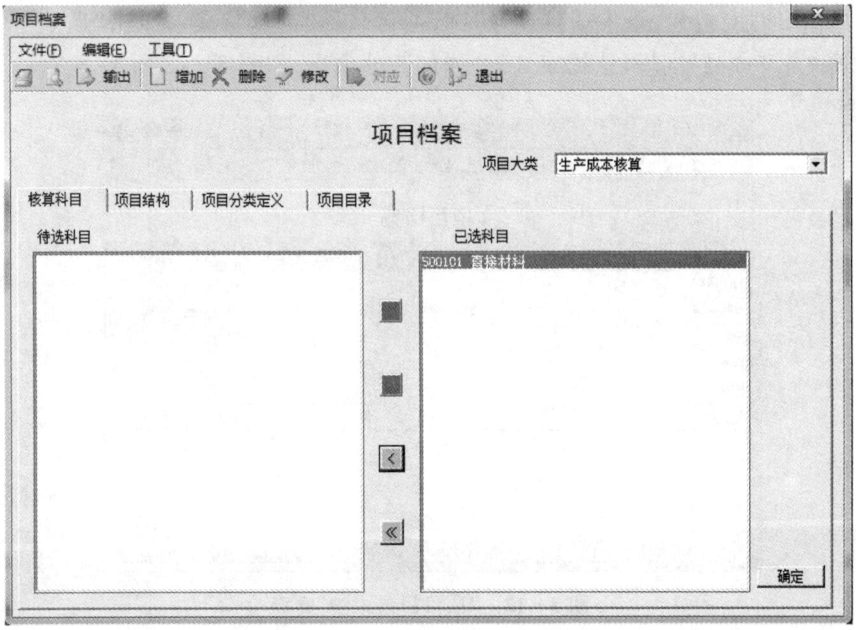

图 3-11　“核算项目”窗口

(8) 单击“确定”按钮。

(9) 单击“项目分类定义”选项卡。

(10) 录入分类编码“1”,分类名称“自产产品”,录入分类编码“2”,分类名称“原材料”,录入分类编码“3”,分类名称“人工”。单击“确定”按钮,如图 3-12 所示。

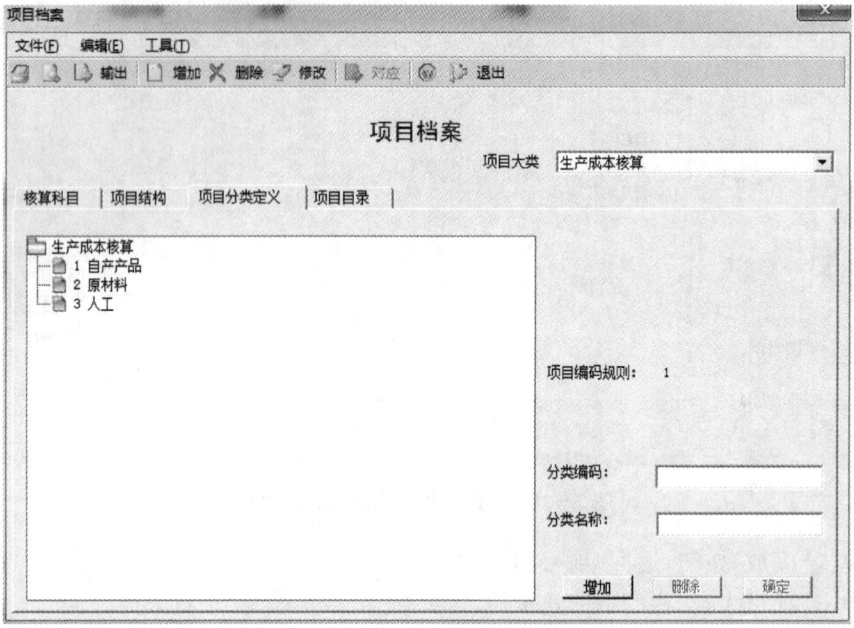

图 3-12 “项目分类定义”窗口

(11) 选中“项目目录”选项卡,单击“维护”按钮,打开“项目目录维护”窗口。

(12) 单击“增加”按钮,录入项目编号“1”,项目名称“钢制货架”,单击“所属分类码”栏参照按钮,选择“自产产品”同理,依据表 3-2 增加其他项目,如图 3-13 所示。

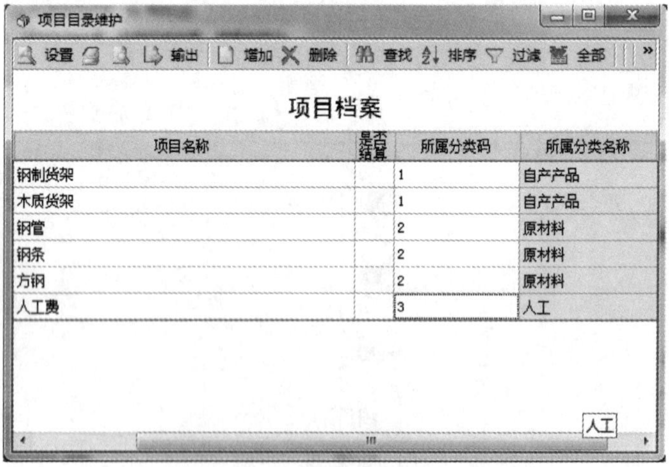

图 3-13 “项目目录维护”窗口

(13) 单击“退出”按钮。

指导提示:

◆ 一个项目大类可以指定多个科目,一个科目只能属于一个项目大类

5. 设置收付结算方式：

(1) 执行“基础设置”→“基础档案”→“收付结算”→“结算方式”命令，打开“结算方式”窗口。

(2) 单击“增加”按钮，录入结算方式编码“1”，录入结算方式名称“现金结算”，单击“保存”按钮，如图 3－14 所示。

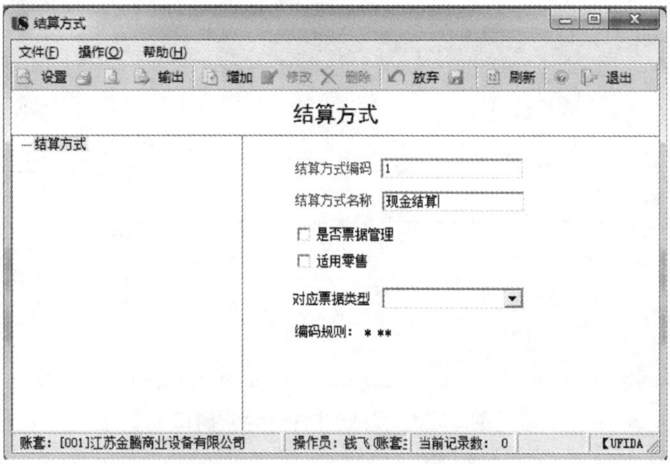

图 3－14　“结算方式”窗口

(3) 依据表 3－3，以次方法继续录入其他计算方式，如图 3－15 所示。

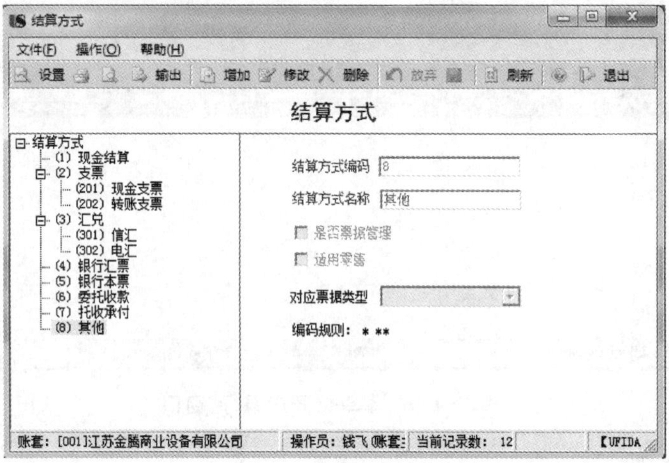

图 3－15　“结算方式-结果”窗口

指导提示：

◆ 在总账系统中，结算方式将会在使用“银行账”类科目填制凭证时使用，并可以作为银行对账的一个参数。

6. 设置本单位开户银行

(1) 执行“基础设置”→“基础档案”→“收付结算”→“银行档案”命令，打开“银行档案”窗口，选中“01 中国工商银行”，单击“修改”按钮，打开“修改银行档案”窗口。

(2) 取消企业账户规则"定长"复选框,单击"保存"按钮,如图 3-16 所示。

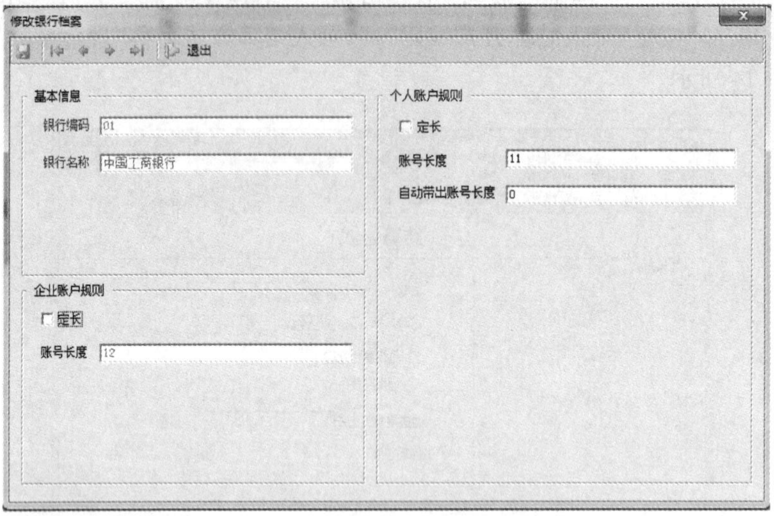

图 3-16 "修改银行档案"窗口

(3) 执行"基础设置"→"基础档案"→"收付结算"→"本单位开户银行"命令,打开"本单位开户银行"窗口,按表 3-4 资料输入开户银行信息,操作结果如图 3-17 所示。

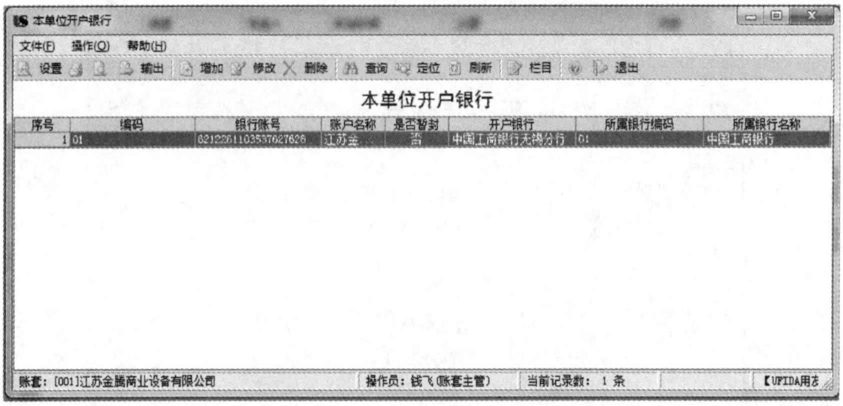

图 3-17 "本单位开户银行"窗口

7. 设置付款条件

(1) 执行"基础设置"→"基础档案"→"收付结算"→"付款条件"命令,打开"付款条件"窗口,按表 3-5 资料输入付款条件,操作结果如图 3-18 所示。

付款条件

序号	付款条件编码	付款条件名称	信用天数	优惠天数1	优惠率1	优惠天数2	优惠率2	优惠天数3	优惠率3	优惠天数4	优惠率4
1	01	2/10,1/20,n/30	30	10	2.0000	20	1.0000	0	0.0000	0	0.0000

图 3-18 "付款条件"窗口

8. 录入期初余额:

(1) 在企业应用平台中,执行"业务工作"→"财务会计"→"总账"→"设置"→"期初余额"

命令，打开“期初余额录入”窗口。

（2）白色的单元为末级科目，可以直接输入期初余额，如“库存现金”的期初余额为“5800”

（3）灰色的单元格为非末级科目，不允许录入期初余额，待下级科目余额录入完成后自动汇总生成。

（4）黄色的单元格，代表此科目设置了辅助核算，不允许直接录入余额，需要在该单元格中双击进入辅助账期初设置。在辅助账中输入期初数据，完成后自动返回总账期初余额表中。如双击“应收账款”所在行的“期初余额”，进入“辅助期初余额”窗口。

（5）单击“往来明细”按钮，进入“期初往来明细”窗口。单击“增行”，输入日期为“2017 年 12 月 15 日”，“客户名称”选择“长江公司”，在“摘要”栏录入“销售钢制货架”，“方向”为“借方”，“余额”栏录入“62100”。如图 3－19 所示。

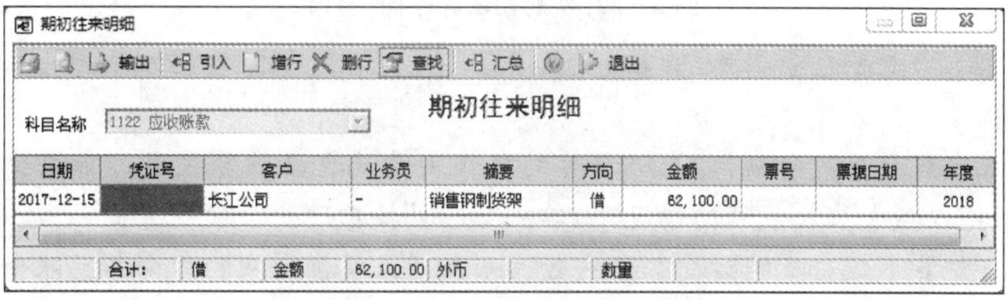

图 3－19　“期初往来明细”窗口

（6）单击“汇总”按钮，系统弹出提示“完成了往来明细到辅助期初表的汇总”如图 3－20 所示。

图 3－20　“完成了往来明细到辅助期初表的汇总提示”窗口

（7）单击“确定”按钮后，再单击“退出”按钮，再“辅助期初余额”窗口显示汇总结果，如图 3－21 所示。

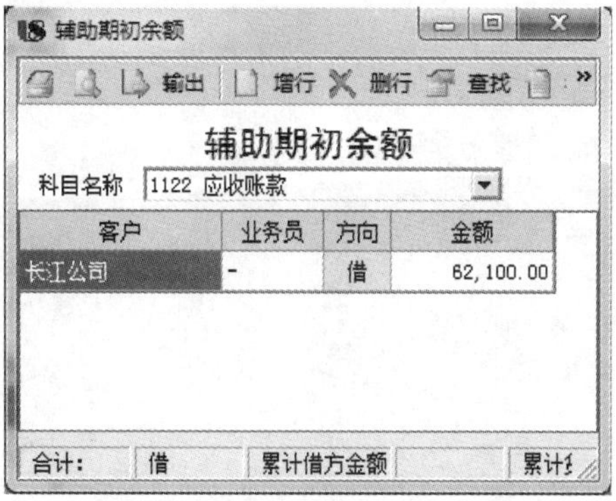

图 3－21　“辅助期初余额”窗口

(8) 此方法录入“其他应收款”“应付账款”“生产成本”的期初往来没明细。

(9) 单击“试算”按钮,系统进行试算平衡,试算结果如图 3-22 所示。

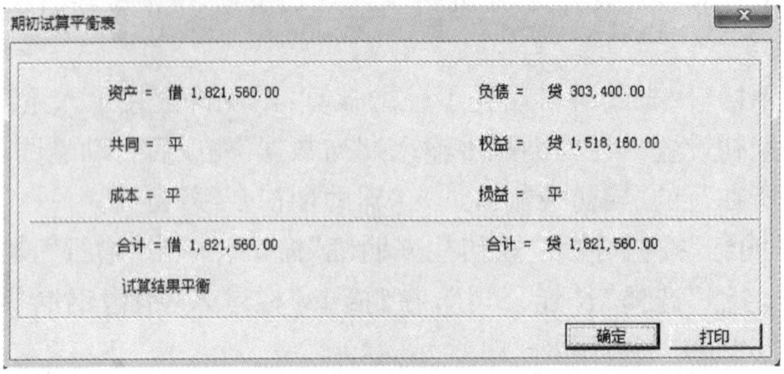

图 3-22 “期初试算平衡”窗口

指导提示:

◆ 只需输入末级科目的余额,非末级科目的余额由系统自动计算生成。如果要修改余额的方向,可以在未录入余额的情况下,单击“方向”按钮改变余额的方向。

◆ 总账科目与其下级科目的方向必须一致。如果所录明细余额的方向与总账余额方向相反,则用“_”号表示。

◆ 如果录入余额的科目有辅助核算的内容,则在录入余额时必须录入辅助核算的明细内容,而修改时也应修改明细内容。

◆ 如果年中某月开始建账,需要输入启用月份的月初余额及年初到该月的借贷方累计发生额(年初余额由系统根据月初余额及借贷方累计发生额自动计算生成)。

◆ 系统只能对月初余额的平衡关系进行试算,而不能对年初余额进行试算。

◆ 如果期初余额不平衡,可以填制凭证但是不允许记账。凭证记账后,期初余额变为只读状态,不能再修改。

任务二　总账日常业务处理

项目三
任务二操作视频

【任务要求】

- 填制凭证
- 审核凭证
- 出纳签字
- 修改凭证
- 删除凭证
- 设置常用凭证
- 记账
- 查询凭证
- 修改已记账凭证

【任务资料】

对江苏金腾商业设备有限公司 2018 年 1 月发生的以下 3 笔业务进行账务处理。

经济业务：

(1) 1 月 2 日，财务部开出现金支票提取现金 1 500 元备用(原始单据见图)

借：库存现金　　1 500

　贷：银行存款　　1 500

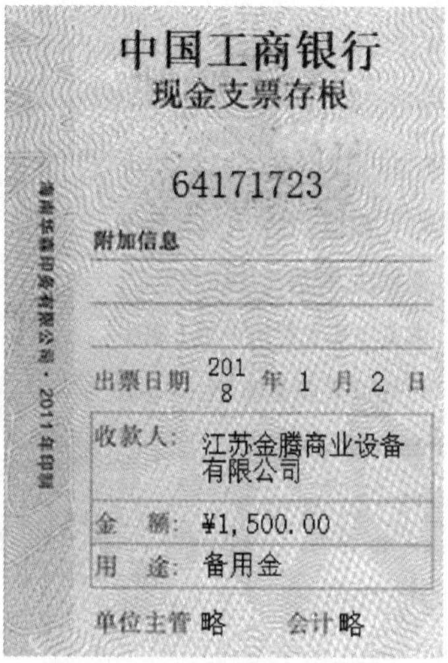

中国工商银行

现金支票存根

64171723

附加信息

出票日期 2018 年 1 月 2 日

收款人：江苏金腾商业设备有限公司

金　额：¥1,500.00

用　途：备用金

单位主管 略　　会计 略

图 3－23 “现金支票存根”

(2) 1 月 3 日，销售部门支付货物装卸搬运费，货款 800 元(原始单据见图)(6%)

借：销售费用——装卸搬运费　　800

　应交税费——应交增值税——进项税额　　48

　贷：库存现金　　848

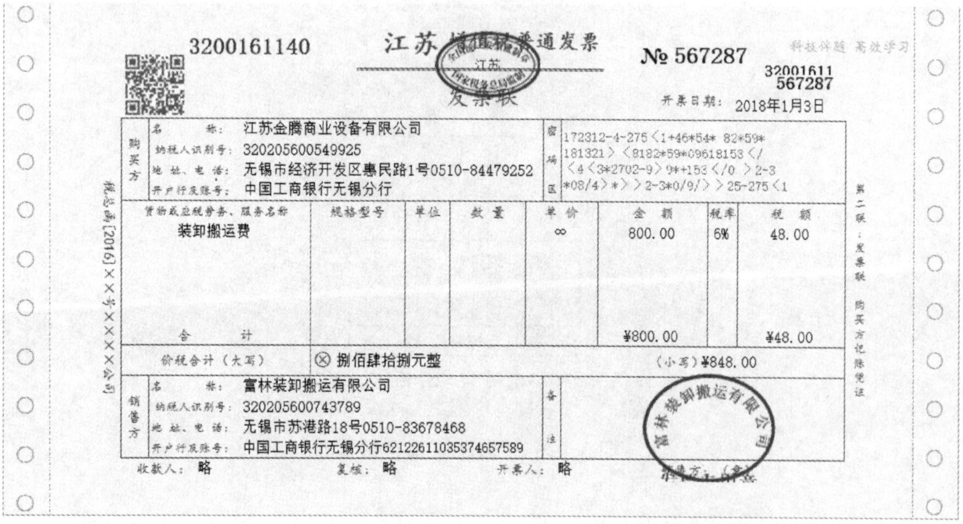

3200161140　　江苏增值税普通发票　　№ 567287

发票联

3200161140
567287

开票日期：2018年1月3日

购买方	名　　称：江苏金腾商业设备有限公司 纳税人识别号：320205600549925 地址、电话：无锡市经济开发区惠民路1号0510-84479252 开户行及账号：中国工商银行无锡分行			密码区	172312-4-275<1+46*54* 82*59* 181321><8182*59*09618153</ <4<3*2702-9>9*+153</0 >2-3 *08/4>*>>2-3*0/9/>>25-275<1		
货物或应税劳务、服务名称	规格型号	单位	数量	单价	金额	税率	税额
装卸搬运费				∞	800.00	6%	48.00
合　　计					¥800.00		¥48.00
价税合计（大写）	⊗捌佰肆拾捌元整				（小写）¥848.00		
销售方	名　　称：富林装卸搬运有限公司 纳税人识别号：320205600743789 地址、电话：无锡市苏港路18号0510-83678468 开户行及账号：中国工商银行无锡分行6212261103537465 7589			备注			

收款人：略　　复核：略　　开票人：略　　销售方：（章）

图 3－24 “增值税普通发票”

费用报销单

科技伴随 高效学习

报销部门：销售部 报销日期：2018 年 1 月 3 日

事由	项目	金额		
货物装卸搬运费		848.00	总经理	钱飞
			部门主管	
金额合计(大写)： 捌佰肆拾捌元整		小写：¥848.00 元	报销人	李娜
核实金额(大写)：		小写： 元		
已借/付款金额： 元	应退金额：¥-848.00 元		应补金额	¥848.00 元

注：1、此报销单用于：费用报销（除差旅费）、采购报账、外协报账、运输费报销、资产购置；2、签字流程：报销人→部门负责人→会计→总经理→财务流程。

会计： 略 会计主管： 略 出纳 ： 略

图 3-25 “费用报销单”

(3) 1 月 5 日，以银行存款支付财务部办公费 600 元(原始单据见图)(6%)

① 删除前：借：管理费用——办公费 600

贷：银行存款 600

② 冲销后增加：借：管理费用——办公费 600

应交税费——应交增值税——进项税额 36

贷：银行存款 636

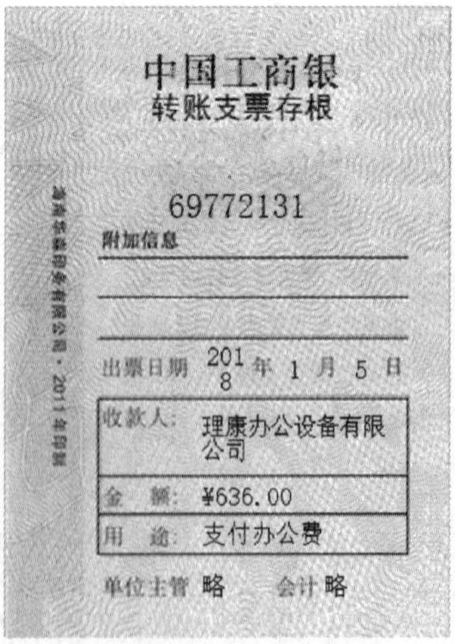
中国工商银
转账支票存根

69772131

附加信息

出票日期 2018 年 1 月 5 日

收款人：理康办公设备有限公司

金 额：¥636.00

用 途：支付办公费

单位主管 略 会计 略

图 3-26 “转账支票存根”

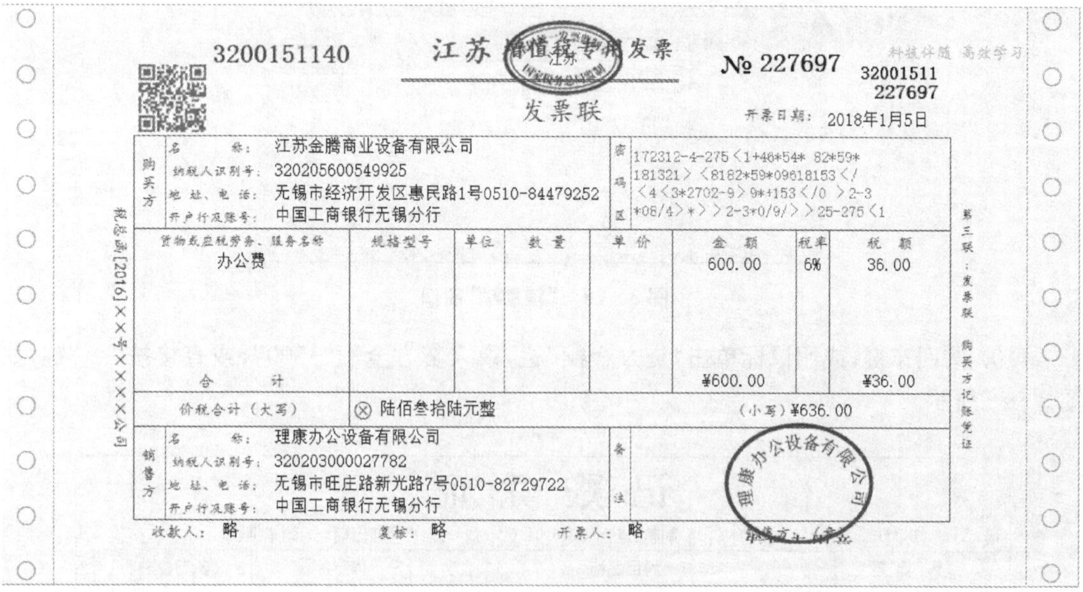
3200151140 江苏增值税专用发票 № 227697 32001511 227697

发票联 开票日期：2018年1月5日

购买方	名称：江苏金腾商业设备有限公司 纳税人识别号：320205600549925 地址、电话：无锡市经济开发区惠民路1号0510-84479252 开户行及账号：中国工商银行无锡分行				密码区	172312-4-275＜1+46*54* 82*59*181321＞＜8182*59*09618153＜/＜4＜3*2702-9＞9*+153＜/0 ＞2-3*08/4＞*＞＞2-3*0/9/＞＞25-275＜1	
货物或应税劳务、服务名称	规格型号	单位	数量	单价	金额	税率	税额
办公费					600.00	6%	36.00
合计					¥600.00		¥36.00
价税合计（大写）	⊗陆佰叁拾陆元整				（小写）¥636.00		
销售方	名称：理康办公设备有限公司 纳税人识别号：320203000027782 地址、电话：无锡市旺庄路新光路7号0510-82729722 开户行及账号：中国工商银行无锡分行				备注		

收款人：略 复核：略 开票人：略 销售方：（章）

图 3－27 “增值税专用发票”

【任务准备】

以 003 周游身份登录填制凭证、记账、凭证查询，001 钱飞身份登录设置常用凭证、删除凭证，002 李健身份审核记账凭证，004 王金铭身份登录审核出纳凭证进行出纳签字、修改凭证。

【任务指导】

1. 填制凭证：

(1) 2018 年 1 月 5 日，在企业应用平台中，单机“重注册”，以“003 周游”用户身份进入企业应用平台。

(2) 在“业务工作”选项卡中，执行“业务工作”→“财务会计”→“总账”→“凭证”→“填制凭证”，打开“填制凭证”窗口。

(3) 单击“增加”按钮。

(4) 单击凭证类别的参照按钮，选择“记账凭证”。

(5) 修改凭证日期为“2018－1－2”，在摘要栏录入“提现备用”。

(6) 按回车键，或用鼠标单击“科目名称”栏，单击科目名称栏的参照按钮，选择“资产”类科目“1001 库存现金”，或者直接在科目名称栏输入“1001”。

(7) 按回车键，或用鼠标单击借方金额“1500”。

(8) 按回车键，或用鼠标单击“科目名称”栏（第二行），单击科目名称栏的参照按钮，选择“资产”类科目“100201 银行存款-工行存款”，或直接在科目名称栏输入“100201”。

(9) 按“回车键”跳出“辅助项”窗口，“结算方式”栏选择“现金支票”，在“票号”栏输入票号“64171723”单击“确定”。如图 3－28 所示。

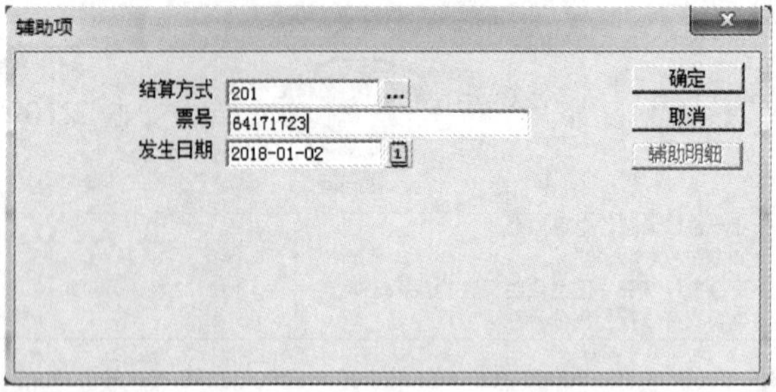

图 3－28 “辅助项”窗口

(10) 按回车键,或用鼠标单击“贷方金额”栏,录入贷方金额“1500”,或直接按“＝”键,如图 3－29 所示。

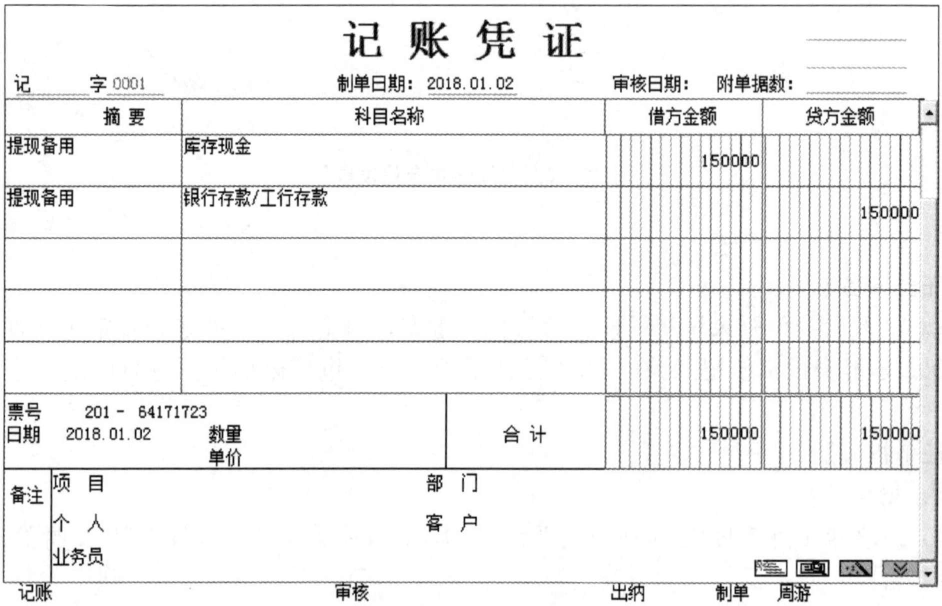

图 3－29 “第 1 张记账凭证”窗口

(11) 单击“保存”按钮,系统弹出提示“凭证已成功保存!”,如图 3－30 所示,单击“确定”按钮返回。

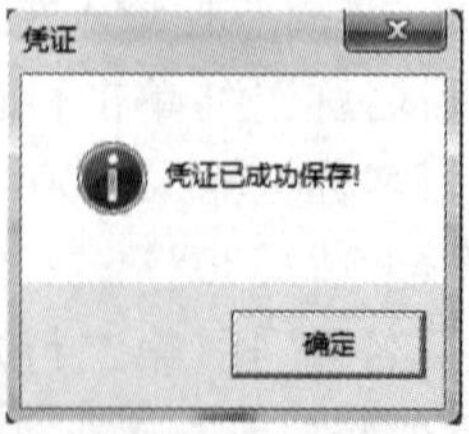

图 3－30 “凭证已成功保存提示”窗口

(12) 依照上述方法填写第 2、第 3 张凭证。如图 3－31、图 3－32 所示。

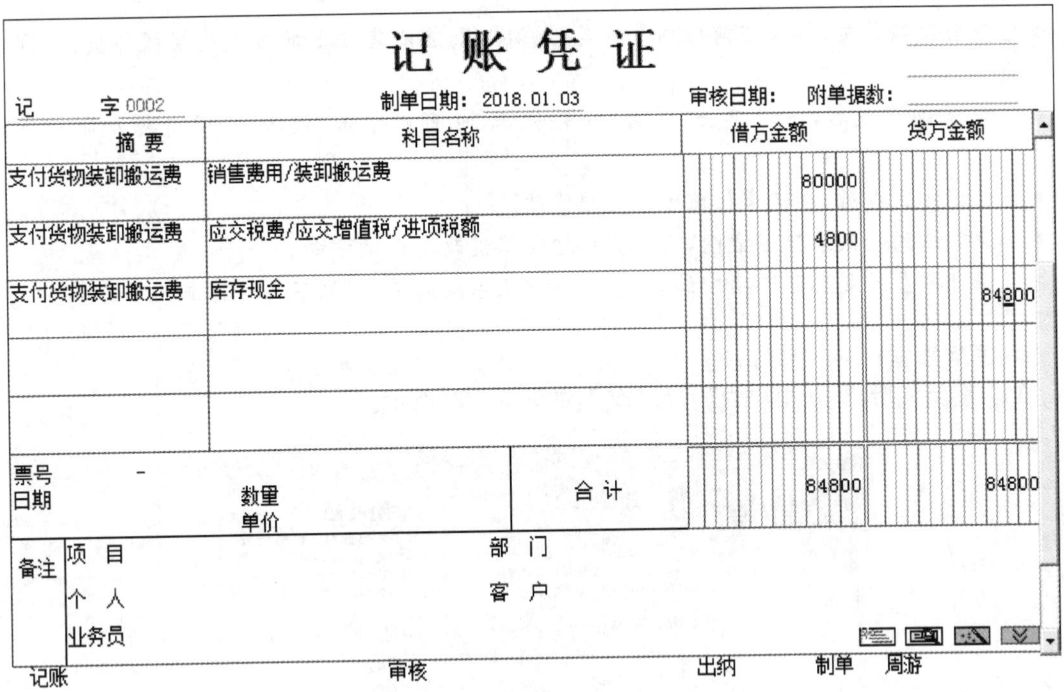

记 账 凭 证

记　字 0002　　制单日期：2018.01.03　　审核日期：　附单据数：

摘要	科目名称	借方金额	贷方金额
支付货物装卸搬运费	销售费用/装卸搬运费	80000	
支付货物装卸搬运费	应交税费/应交增值税/进项税额	4800	
支付货物装卸搬运费	库存现金		84800
票号 - 日期　数量 单价	合计	84800	84800

备注　项目　部门
个人　客户
业务员

记账　审核　出纳　制单　周游

图 3-31　“第 2 张 记账凭证”窗口

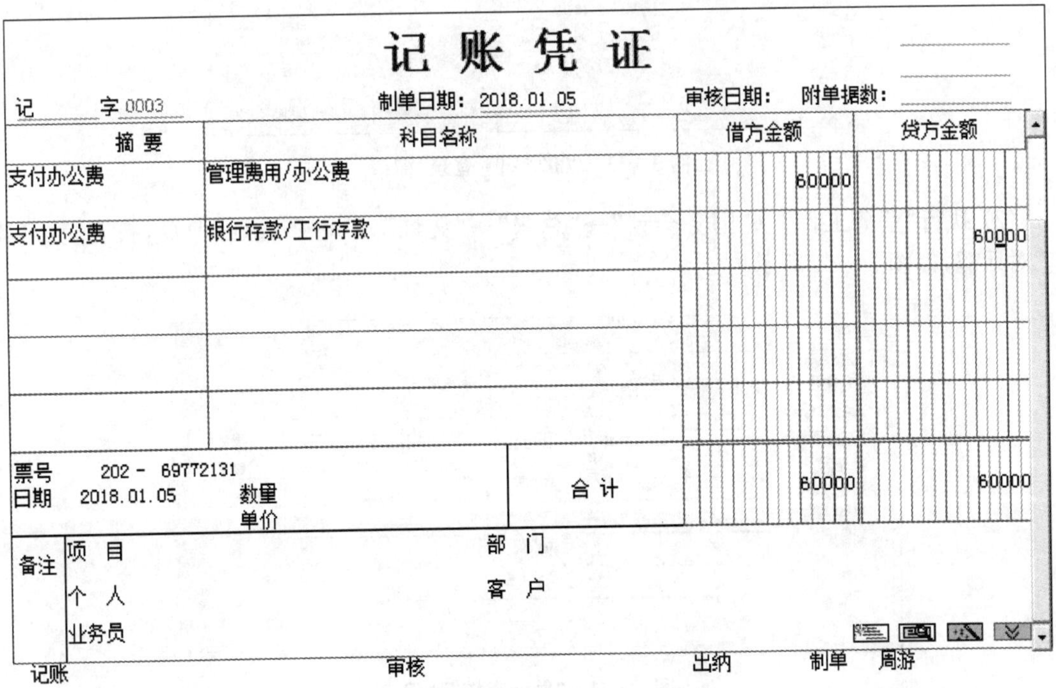

记 账 凭 证

记　字 0003　　制单日期：2018.01.05　　审核日期：　附单据数：

摘要	科目名称	借方金额	贷方金额
支付办公费	管理费用/办公费	60000	
支付办公费	银行存款/工行存款		60000
票号 202 - 69772131 日期 2018.01.05　数量 单价	合计	60000	60000

备注　项目　部门
个人　客户
业务员

记账　审核　出纳　制单　周游

图 3-32　“第 3 张 记账凭证”窗口

指导提示：

- 检查当前操作员，如果当前操作员不是“周游”，则应以重注册的方式更换操作员为“周游”
- 凭证填制完成后，可以单击“保存”保存凭证，也可以单击“增加”保存并增加下一张凭证。
- 凭证填制完成后，在未审核前可以直接修改。
- 如果凭证的金额录错了方向，可以直接按空格键改变余额方向。
- 凭证日期应满足总账选项中的设置，如果默认系统的选项，则不允许凭证日期逆序。

2. 审核凭证：

(1) 重新注册，更新用户为“002 李健”，如图 3-33 所示。

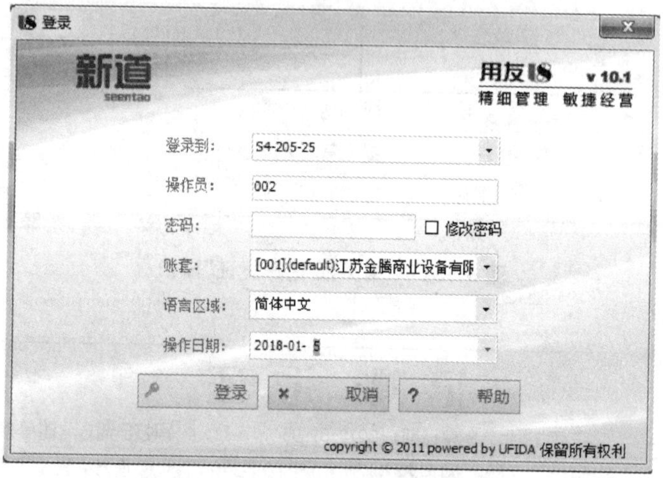

图 3-33 “002 李健 登录”窗口

(2) 执行“业务工作”→“财务会计”→“总账”→“凭证”→“审核凭证”命令，打开“凭证审核”对话框，如图 3-34 所示。

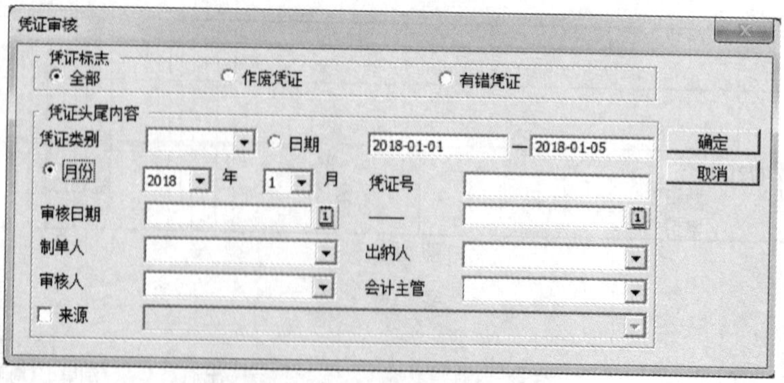

图 3-34 “凭证审核”窗口

(3) 单击“确定”按钮，进入“凭证审核列表”窗口

(4) 双击打开待审核的第 1 号“记账凭证”，如图 3-35 所示。

凭证共 3张			☐ 已审核 0 张		☐ 未审核 3 张		◉ 凭证号排序	○ 制单日期排序		
制单日期	凭证编号	摘要	借方金额合计	贷方金额合计	制单人	审核人	系统名	备注	审核日期	年度
2018-01-02	记 - 0001	提现备用	1,500.00	1,500.00	周游					2018
2018-01-03	记 - 0002	支付货物装卸搬运费	848.00	848.00	周游					2018
2018-01-05	记 - 0003	支付办公费	600.00	600.00	周游					2018

图 3-35 "审核凭证列表"窗口

(5) 单击"审核"按钮(第 1 号审核凭证完成后,系统自动翻页到第 2 张待审核别的凭证),再单击"审核"按钮,或执行"批处理"→"成批审核凭证"命令,将已填制的三张凭证全部审核签字。如图 3-36 所示

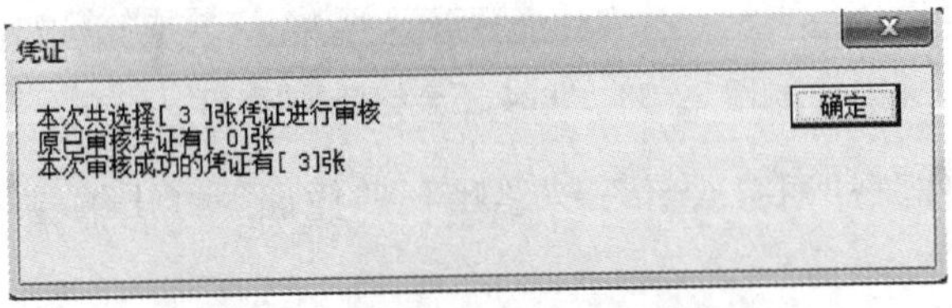

图 3-36 "凭证审核成功提示"窗口

(6) 单击"确定"按钮,系统弹出提示"是否重新刷新凭证列表数据"对话框,如图 3-37 所示,单击"是"按钮。

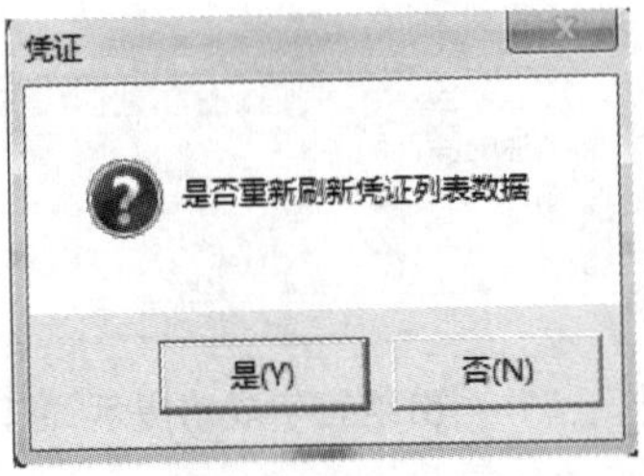

图 3-37 "是否重新刷新凭证列表数据"窗口

指导提示:
◆ 系统要求制单人和审核人不能是同一个人,因此在审核凭证前一定要首先检查一下,当前操作员是否就是制单人,如果是,则应更换操作员。
◆ 凭证审核的操作权限应首先在"系统管理"的权限中进行赋权,其次还要注意在总账系统的选项中是否设置了"凭证审核控制到操作员"的选项,如果设置了该选项,则应继续设置审核的明细权限,即"数据权限"中的"用户"权限。只有在"数据权限"中设置了某用户有权审核其他某一用户所填制凭证的权限,该用户才真正拥有了审核凭证的权限。
◆ 在凭证审核的功能中除了可以分别对单张凭证进行审核外,还可以执行"成批审核"的功能,对符合条件的待审核凭证进行成批审核。

3. 出纳签字:
(1) 重新注册,操作员更新为"004 王金铭",如图 3-38 所示。

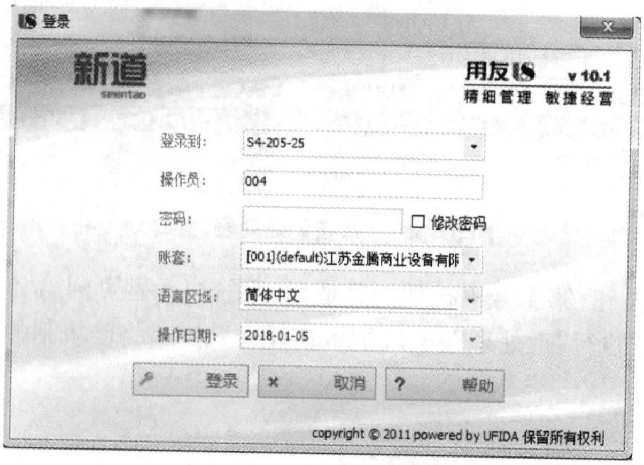

图 3-38 “004 王金铭登录”窗口

(2) 执行“业务工作”→“财务会计”→“总账”→“凭证”→“出纳签字”命令，打开“出纳签字”对话框。

(3) 单击“确定”按钮，进入“出纳签字列表”窗口。

(4) 双击打开待签字的第 1 号“记账凭证”。

(5) 单击“签字”按钮，接着单击“下张”按钮，再单击“签字”按钮，或执行“批处理”→“成批出纳签字”命令，将已填制的所有收付凭证进行出纳签字，如图 3-39 所示。

图 3-39 “出纳签字成功提示”窗口

4. 修改凭证：

(1) 由“004 王金铭”在“业务工作”选项卡中，执行“业务工作”→“财务会计”→“总账”→“凭证”→“出纳签字”命令，打开“出纳签字”窗口。

(2) 单击“凭证类别”栏的下三角按钮，选择“记账凭证”。

(3) 单击“月份”选项，在“凭证号”栏输入“2”如图 3-40 所示。

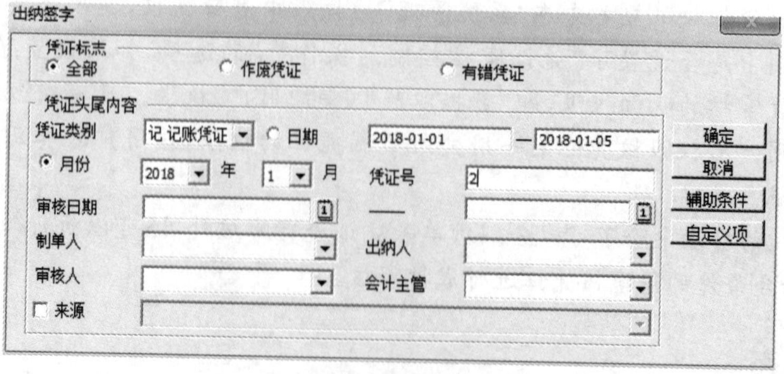

图 3-40 “出纳签字”窗口

(4) 单击“确定”按钮，进入“出纳签字列表”窗口。

(5) 双击进入第 2 号凭证。

(6) 单击“取消”按钮，取消出纳签字，再单击“退出”按钮。

(7) 单击“重注册”，以“002 李健”的身份进入企业应用平台。

(8) 在“业务工作”选项卡中，执行“业务工作”→“财务会计”→“总账”→“凭证”→“审核凭证”命令，打开“凭证审核”窗口。

(9) 以上述方式操作，找到并打开第 2 号记账凭证。

(10) 单击“取消”按钮，取消审核签字，然后单击“退出”。

(11) 单击“重注册”，以“003 周游”身份进入企业应用平台。

(12) 在“业务工作”选项卡中，执行 “财务会计”→“总账”→“凭证”→“填制凭证”命令，打开“填制凭证”窗口，找到第 2 号凭证。

(13) 在第 2 张记账凭证中，将借方“销售费用-装卸搬运费”金额修改为“848.00”，单击选中第二条分录，单击“删分”按钮，删除第二条分录，单击“保存”按钮，如图 3－41 所示。

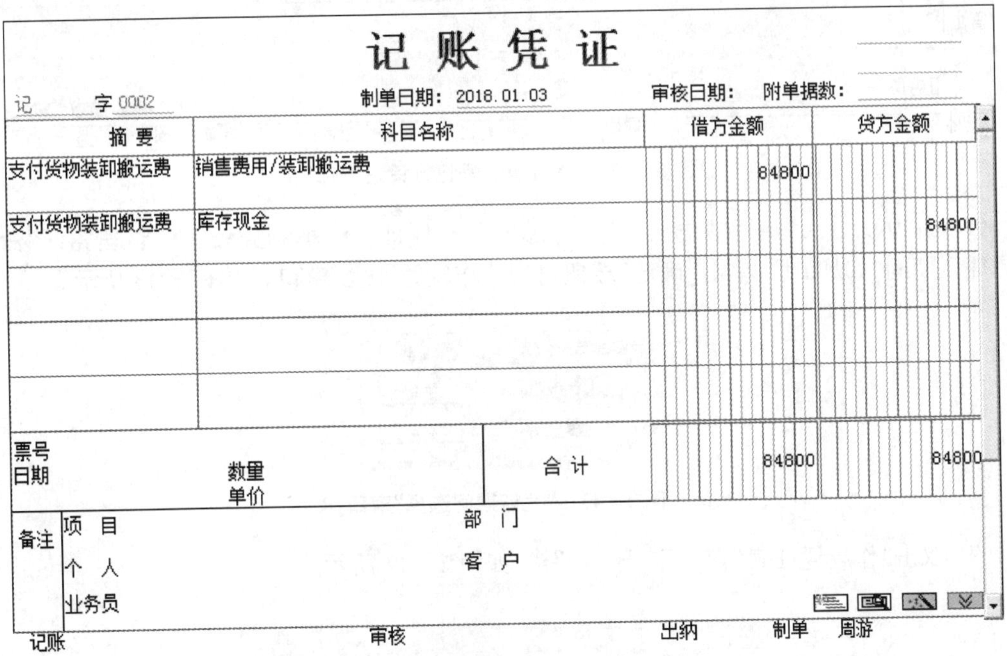

图 3－41　“修改后 第 2 张记账凭证”窗口

(14) 再更换操作员，由“002 李健”对第 2 张凭证进行审核，由“004 王金铭”对第 2 号凭证进行出纳签字。

5. 删除凭证：

(1) 由“002 李健”取消对第 2 号凭证的审核。

(2) 由“004 王金铭”取消对该凭证的出纳签字。

(3) 由“003 周游”在“业务工作”选项卡中，执行“业务工作”→“财务会计”→“总账”→“凭证”→“填制凭证”命令，打开“填制凭证”窗口。

(4) 单击“上张”“下张”按钮，找到第 2 号记账凭证。

(5) 执行“作废/恢复”命令,将该凭证打上“作废”标志。如图 3-42 所示。

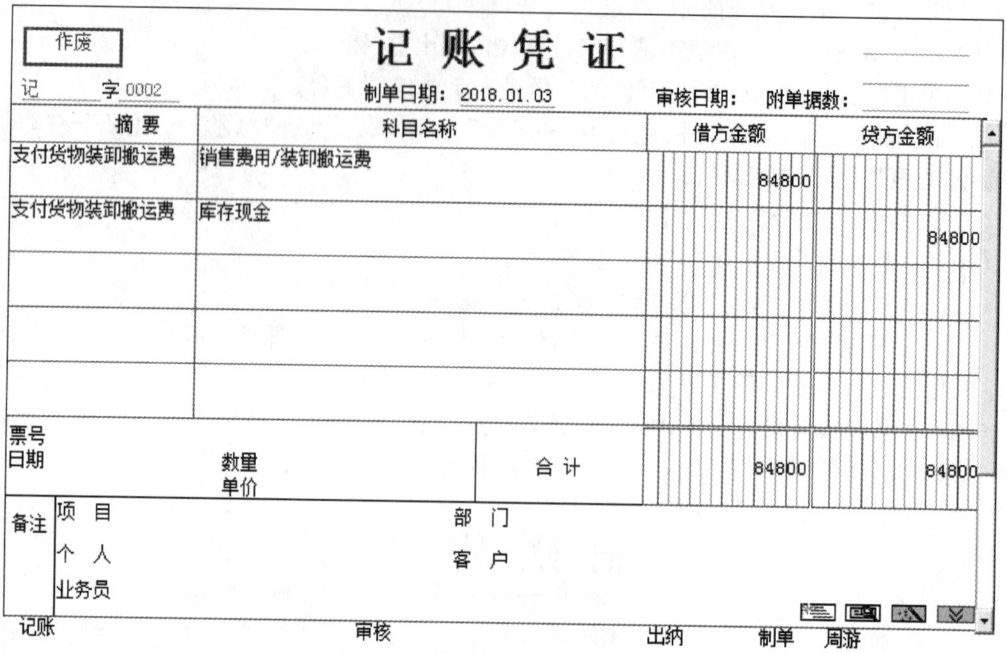

图 3-42 “作废第 2 号记账凭证”窗口

(6) 由“001 钱飞”执行“财务会计”→“总账”→“凭证”→“填制凭证”→“整理凭证”命令,选择凭证期间“2018.01”,单击“确定”按钮,打开“作废凭证表”窗口,如图 3-43 所示。

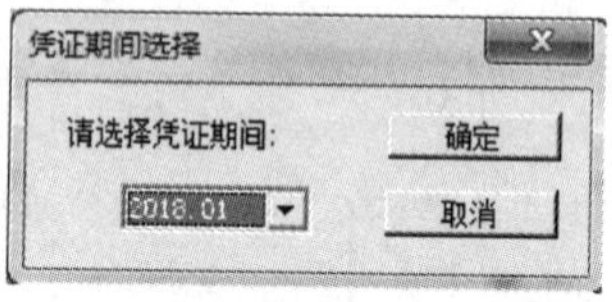

图 3-43 “凭证期间选择”窗口

(7) 双击“作废凭证表”窗口中“删除?”栏,如图 3-44 所示。

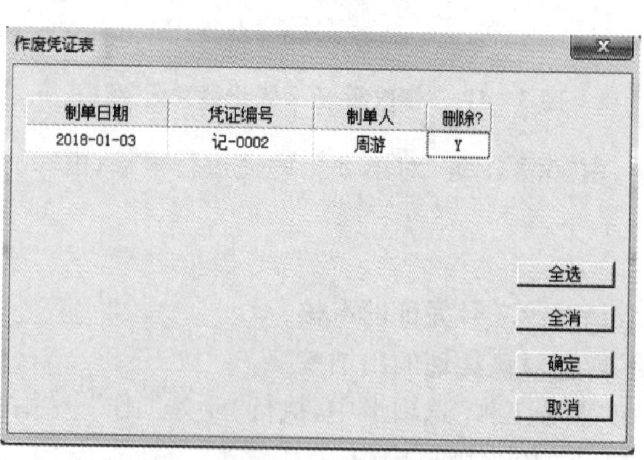

图 3-44 “作废凭证表”窗口

(8) 单击“确定”按钮，系统弹出“是否还需整理凭证断号”信息提示框，并提供三种断号整理方式：“按凭证号重排”“按凭证日期重排”“按审核日期重排”如图 3-45 所示。

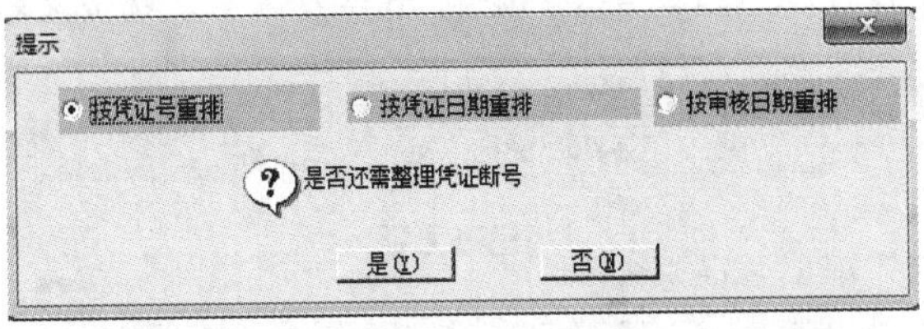

图 3-45　“是否还需整理凭证断号提示”窗口

(9) 选择“按凭证号重排”，单击“是”按钮，系统完成对凭证号的重新整理。

指导提示：

◆ 未审核的凭证可以直接删除，已审核或已进行出纳签字的凭证不能直接删除，必须在取消审核及取消出纳签字后再删除。

◆ 若要删除凭证，必须先进行“作废”操作，而后再进行整理。如果在总账系统的选项中选中“自动填补凭证断号”及“系统编号”，那么在对作废凭证整理时，若选择不整理断号，则再填制凭证时可以由系统自动填补断号。否则，将会出现凭证断号。

◆ 对于作废凭证，可以单击“作废/恢复”按钮，取消“作废”标志。作废凭证不能修改、不能审核，但应参与记账。

6. 设置常用凭证：

(1) “001 钱飞”登录企业应用平台，执行“业务工作”→“财务会计”→“总账”→“凭证”→“常用凭证”。

(2) 单击“增加”按钮。

(3) 录入编码“1”，录入说明“提现备用”，单击“凭证类别”栏的下三角按钮，选择“记账凭证”，如图 3-46 所示。

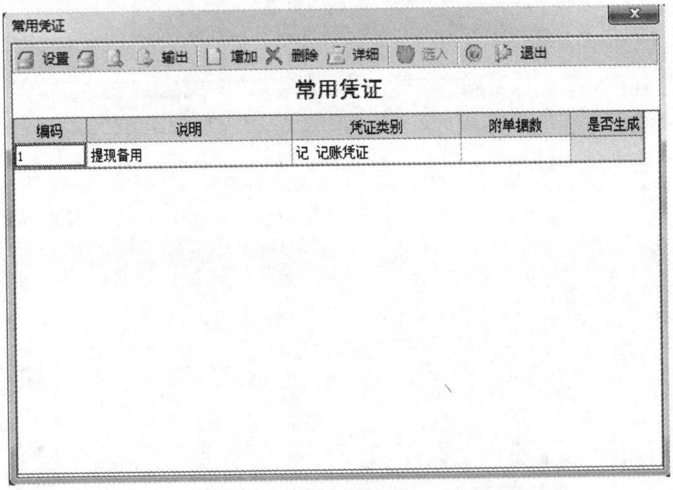

图 3-46　“常用凭证”窗口

(4) 单击“详细”按钮,进入“常用凭证-记账凭证”窗口。

(5) 单击“增分”按钮,在“科目名称”栏录入“1001 库存现金”,再单击“增分”按钮,第 2 行“科目名称”栏录入“1002 银行存款”,按回车键,选择“结算方式”为“现金支票”。如图 3－47 所示。

图 3－47 “常用凭证-详细”窗口

(6) 单击“退出”按钮,在“常用凭证”窗口可以看到一条常用凭证记录。

7. 记账:

(1) 由“003 周游”在“业务工作”选项卡中,执行“业务工作”→“财务会计”→“总账”→“凭证”→“记账”命令,打开“记账”窗口。选择“2018.01 月份凭证”,“记账范围”为“全选”如图 3－48 所示。

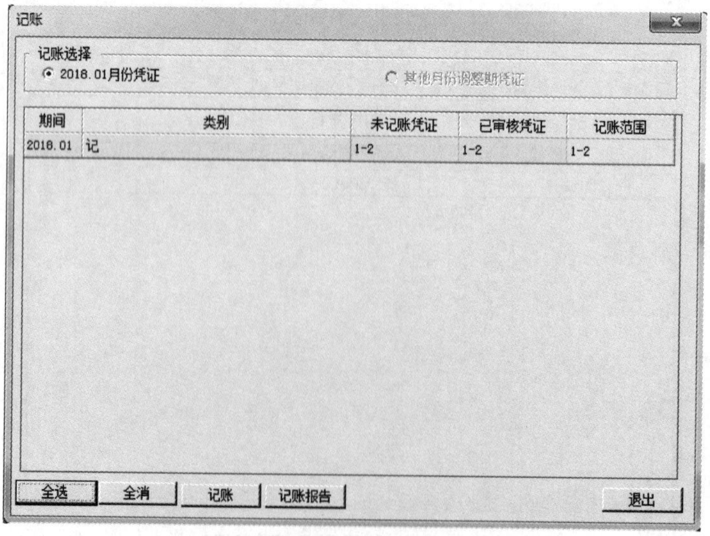

图 3－48 “记账”窗口

(2) 单击“记账”按钮，打开“期初试算平衡”窗口，如图 3 - 49 所示。

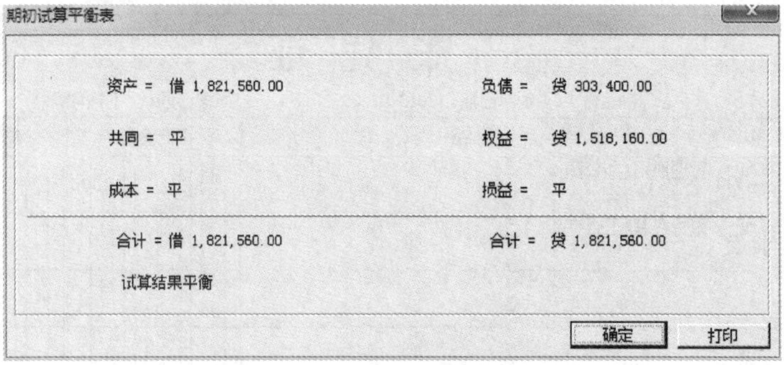

图 3 - 49　“期初试算平衡表”窗口

(3) 单击“确定”按钮，系统自动进行记账，记账完成后，系统弹出“记账完毕!”信息提示框，如图 3 - 50 所示。

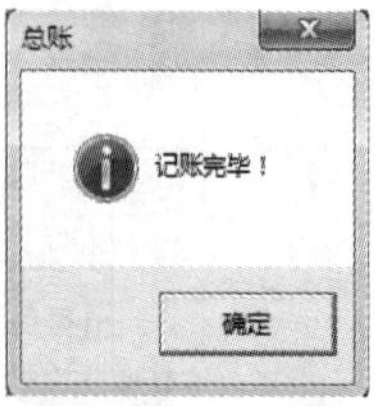

图 3 - 50　“记账完毕提示”窗口

(4) 单击“确定”按钮。

指导提示：

- ◆ 如果期初余额试算不平衡不允许记账，如果有未审核的凭证不允许记账，上月未结账本月不能记账。
- ◆ 如果不输入记账范围，系统默认为所有凭证。
- ◆ 已记账的凭证不能再“填制凭证”功能中查询。

8. 查询凭证：

(1) 由“002 李健”在“业务工作”选项卡中，执行“业务工作”→“财务会计”→“总账”→“凭证”→“查询凭证”窗口。

(2) 选择“已记账凭证”。

(3) 单击“确定”按钮，进入“查询凭证列表”窗口。

(4) 双击打开第 1 号凭证进行查看。

9. 修改已记账凭证：

(1) 由“003 周游”在“业务工作”选项卡中，执行“业务工作”→“财务会计”→“总账”→“凭证”→“填制凭证”命令，打开“填制凭证”窗口。

(2) 执行“冲销凭证”命令，打开“冲销凭证”窗口。

(3) 单击“凭证类别”栏的下三角按钮，选择“记 记账凭证”，在“凭证号”栏录入“2”，如图 3 - 51 所示。

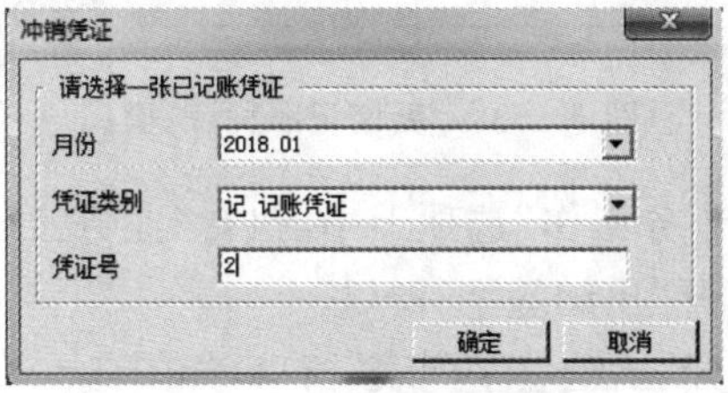

图 3 - 51　“冲销凭证”窗口

(4) 单击“确定”按钮,弹出如图的窗口,如图3-52所示。

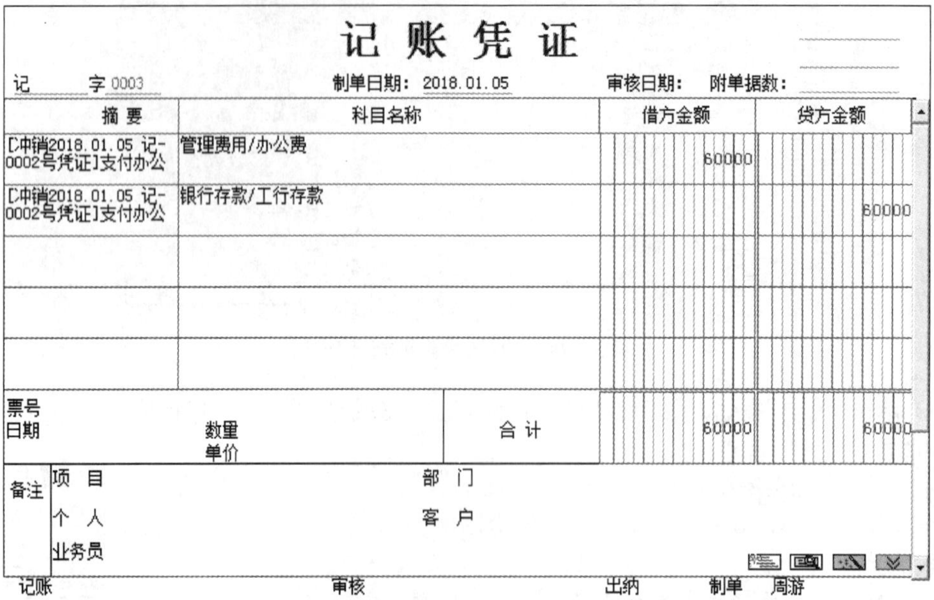

记 账 凭 证
记 字 0003
制单日期: 2018.01.05
审核日期: 附单据数:
摘要
科目名称
借方金额
贷方金额
[冲销2018.01.05 记-0002号凭证]支付办公
管理费用/办公费
60000
[冲销2018.01.05 记-0002号凭证]支付办公
银行存款/工行存款
60000
票号
日期
数量
单价
合 计
60000
60000
备注
项 目
部 门
个 人
客 户
业务员
记账
审核
出纳
制单
周游

图3-52 “冲销第2号记账凭证”窗口

(5) 单击“增加”按钮,填制一张正确凭证,单击“保存”如图3-53所示。

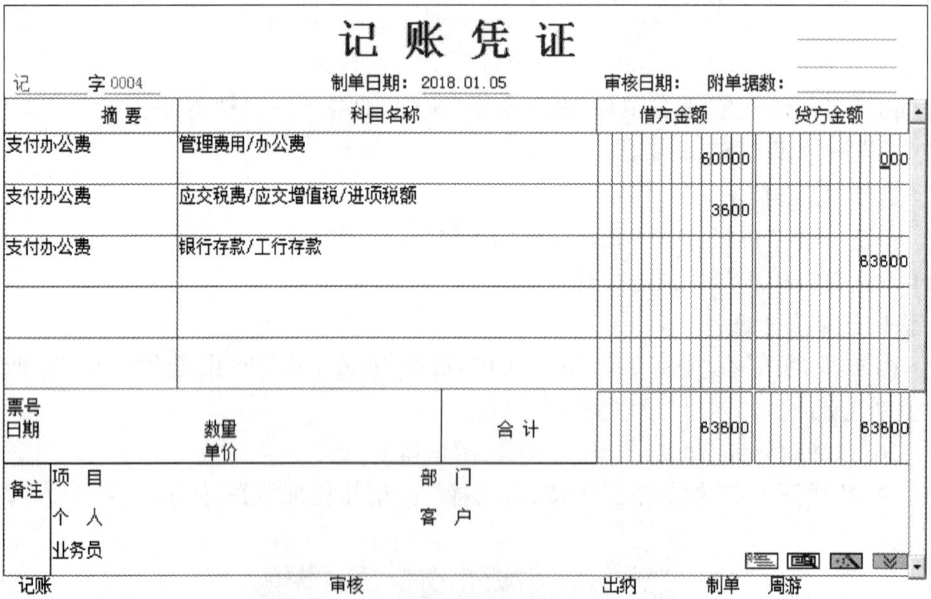

记 账 凭 证
记 字 0004
制单日期: 2018.01.05
审核日期: 附单据数:
摘要
科目名称
借方金额
贷方金额
支付办公费
管理费用/办公费
60000
支付办公费
应交税费/应交增值税/进项税额
3600
支付办公费
银行存款/工行存款
63600
票号
日期
数量
单价
合 计
63600
63600
备注
项 目
部 门
个 人
客 户
业务员
记账
审核
出纳
制单
周游

图3-53 “新增记账凭证”窗口

(6) 由“004 王金铭”在“业务工作”选项卡中,执行“业务工作”→“财务会计”→“总账”→“凭证”→“出纳签字”命令,打开“出纳签字”窗口。

(7) 单击“确定”按钮,打开“出纳签字列表”窗口,如图3-54所示。

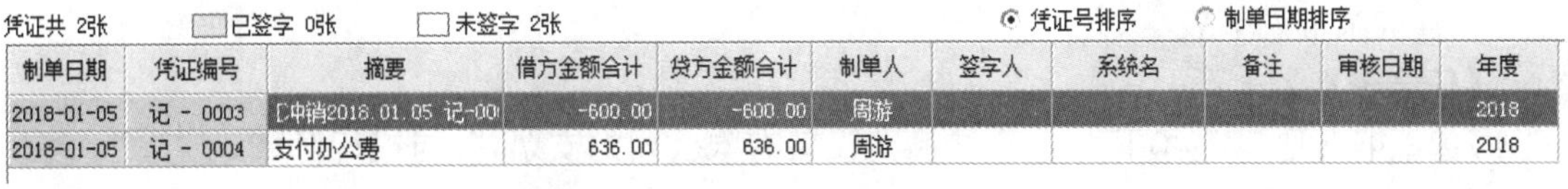

凭证共 2张		☐ 已签字 0张	☐ 未签字 2张			⊙ 凭证号排序		◯ 制单日期排序		
制单日期	凭证编号	摘要	借方金额合计	贷方金额合计	制单人	签字人	系统名	备注	审核日期	年度
2018-01-05	记 - 0003	口冲销2018.01.05 记-00	-600.00	-600.00	周游					2018
2018-01-05	记 - 0004	支付办公费	636.00	636.00	周游					2018

图 3-54　"出纳签字列表"窗口

（8）双击打开记3号凭证，执行"批处理"→"成批出纳签字"命令，系统弹出"出纳签字成功"提示，如图3-55所示。

图 3-55　"出纳签字成功提示"窗口

（9）由"002 李健"在"业务工作"选项卡中，执行"业务工作"→"财务会计"→"总账"→"凭证"→"审核凭证"命令。

（10）单击"确定"按钮，打开"凭证审核列表"窗口。

（11）双击打开记3号凭证，执行"批处理"→"成批审核凭证"命令，系统弹出"凭证审核成功"提示，如图3-56所示。

（12）由"003 周游"在"业务工作"选项卡中，执行"业务工作"→"财务会计"→"总账"→"凭证"→"记账"命令，打开"记账"窗口。

（13）单击"记账"按钮，系统弹出"记账完毕！"提示，如图3-57所示。

图 3-56　"凭证审核成功提示"窗口

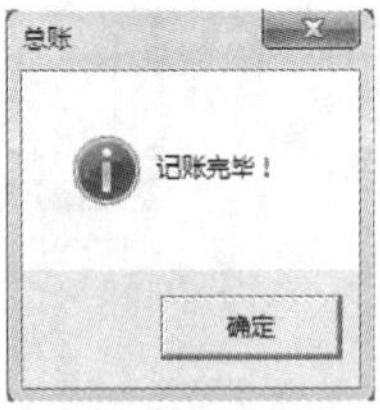

图 3-57
"记账完毕提示"窗口

任务三　出纳管理

项目三
任务三操作视频

【任务要求】

● 查询现金日记账

● 登记支票账簿

● 录入银行对账期初数据

● 录入银行对账单

● 银行对账

● 查询余额调节表

【任务资料】

2018年1月5日，登记江苏金腾商业设备有限公司的支票，并与银行对账。

① 企业日记账余额263 300元，银行对账单期初余额260 300元，有企业已收二银行未收的未达账3 000元(2017年12月25日)

② 银行对账单：2018年1月3日，201现金支票，票号64171723，借方1 500元

2018年1月5日，202转账支票，票号69772131，借方636元

【任务准备】

2018年1月5日，以001钱飞身份登录查询现金日记账，004王金铭登记支票，并与银行对账。

【任务指导】

1. 查询现金日记账：

(1) 以“001 钱飞”的身份，登录企业应用平台。

(2) 执行“业务工作”→“财务会计”→“总账”→“出纳”→“现金日记账”。单击“确定”按钮，如图3-58、图3-59所示。

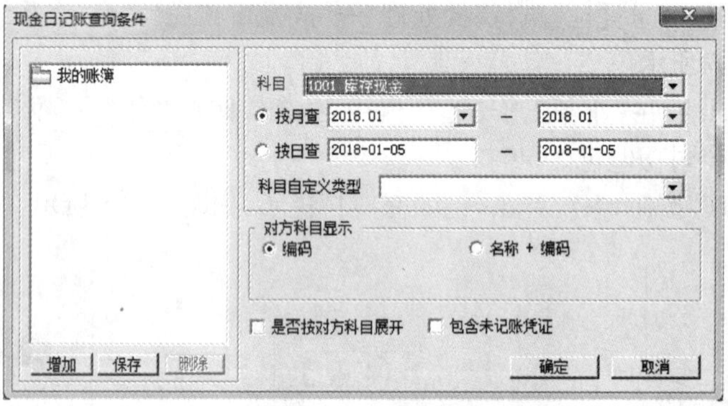

图3-58 “现金日记账查询条件提示”窗口

金额式

现金日记账

科目 1001 库存现金　　月份：2018.01-2018.01

2018年 月	日	凭证号数	摘要	对方科目	借方	贷方	方向	余额
			上年结转				借	5,800.00
01	02	记-0001	提现备用	100201	1,500.00		借	7,300.00
01	02		本日合计		1,500.00		借	7,300.00
01			当前合计		1,500.00		借	7,300.00
01			当前累计		1,500.00		借	7,300.00
			结转下年				借	7,300.00

图3-59 “现金日记账”窗口

2. 登记支票账簿：

(1) 执行“业务工作”→“财务会计”→“总账”→“出纳”→“支票登记簿”命令，打开“银行科目选择”窗口，如图3-60所示。

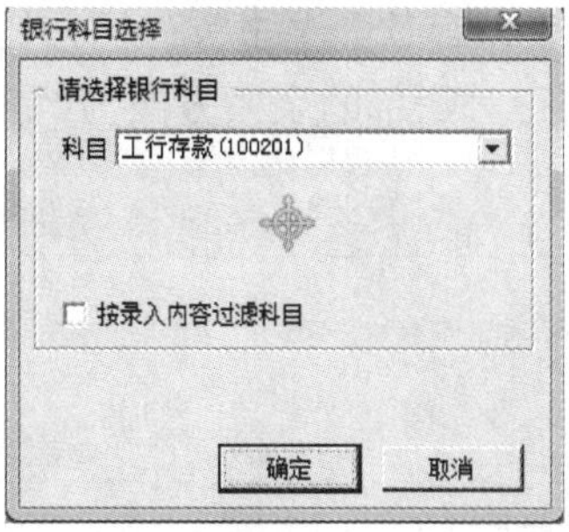

图 3-60　“银行科目选择”窗口

(2) 单击“确定”按钮。单击“增加”按钮，录入或选择领用日期“2018.01.02”，领用部门“财务部”，领用人“王金铭”，预计金额“1500”及用途“备用金”。

(3) 在报销日期栏填上报销日期为“2018.01.02”，单击“保存”按钮。

(4) “支票账号”为“64171723”，单击“保存”按钮，如图 3-61 所示。

支票登记簿

科目：工行存款(100201)　　支票张数：1(其中：已报1 未报

领用日期	领用部门	领用人	支票号	预计金额	用途	收款人	对方科目	付款银行名称	银行账号	预计转账日期	报销日期
2018.01.02	财务部	王金铭	64171723	1,500.00	备用金						2018.01.02

图 3-61　“支票登记簿”窗口

指导提示：

◆ 只有在总账系统的初始设置选项中已选择“支票控制”，并在结算方式设置中已设置“票据结算”标志，在“会计科目”中已指定银行账的科目，才能使用支票登记簿。

◆ 针对不同的银行账户分别登记支票登记簿。

◆ 支票登记簿中报销日期为空时，表示该支票未报销，否则系统认为该支票已报销。

◆ 当支票支出后，在填制凭证时输入该支票的结算方式和结算号，系统则会自动在支票登记簿中将该号支票写上报销日期，该支票即为已报销。单击“批删”按钮，输入需要删除已报销支票的起止日期，即可删除此期间的已报销支票。

3. 录入银行对账期初数据：

(1) 执行“业务工作”→“财务会计”→“总账”→“出纳”→“银行对账”→“银行对账期初录入”命令，打开“银行科目选择”窗口，如图 3-62 所示。

图 3-62　“银行科目选择”窗口

(2) 选择“100201 银行存款-工行存款”,单击“确定”按钮,打开“银行对账期初”窗口。

(3) 单击“方向”按钮,调整银行对账单的余额方向为“贷方”,如图3-63所示。

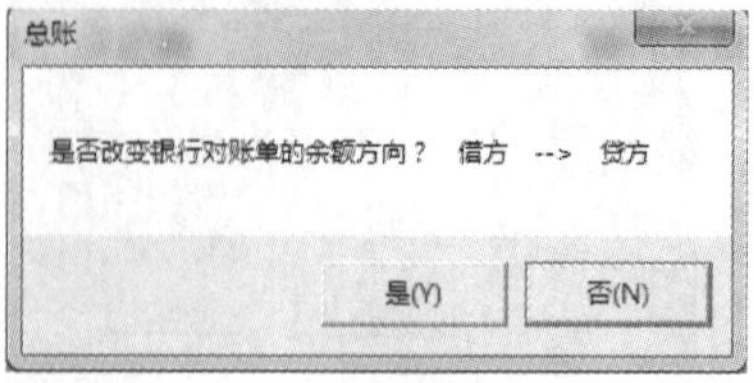

图3-63 “总账余额方向”窗口

(4) 单击“是”按钮,在单位日记账的“调整前余额”栏录入“263300”,在银行对账单的“调整前余额”栏录入“260300”。

(5) 单击“对账单期初未达项”按钮,打开“银行方期初”窗口。

(6) 单击“增加”按钮,在“日期”栏录入或选择“2017年12月25日”,在“结算方式”栏选择“转账支票”,在“借方金额”栏录入“3000”,如图3-64所示。

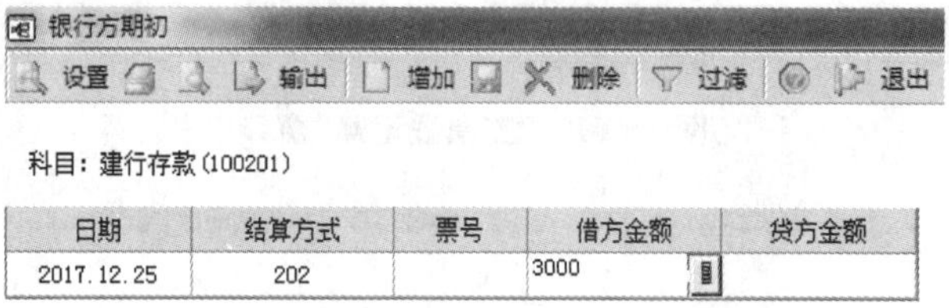

图3-64 “银行方期初”窗口

(7) 单击“保存”按钮,再单击“退出”按钮,返回“银行对账期初”窗口。

(8) 单击“退出”按钮。

指导提示:

◆ 在第一次使用银行对账功能时,应录入单位日记账及银行对账单的期初数据,包括期初余额及期初未达账项。

◆ 系统默认银行对账单余额方向为借方。即银行对账单中借方发生额为银行存款增加,贷方发生额为银行存款减少。按“方向”按钮可以调整银行对账单余额方向,如果把余额方向调整为贷方,则银行对账单中借方发生额为银行存款减少,而贷方发生额为银行存款的增加。

◆ 系统会根据调整前余额及期初未达项自动计算出银行对账单与单位日记账的调整后余额。

4. 录入银行对账单:

(1) 执行“业务工作”→“财务会计”→“总账”→“出纳”→“银行对账”→“银行对账单”命令,打开“银行科目选择”窗口。

(2) 单击“确定”按钮,打开“银行对账单”窗口。

(3) 单击“增加”按钮。

(4) 在“日期”栏录入或选择“2018 年 1 月 3 日”,在“结算方式”栏选择“201 现金支票”,“借方金额”栏录入“1500”,“票号”栏录入“64171723”。

(5) 继续“增加”,在“日期”栏录入或选择“2018 年 1 月 5 日”,在“结算方式”栏选择“202 转账支票”,“借方金额”栏录入“636”,“票号”栏录入“69772131”如图 3 - 65 所示。

科目：工行存款(100201)　　　　银行对账单　　　　对账单账面余额:258,164.00

日期	结算方式	票号	借方金额	贷方金额	余额
2017.12.25	202		3,000.00		260,300.00
2018.01.03	201	64171723	1,500.00		258,800.00
2018.01.04	202	69772131	636.00		258,164.00

图 3 - 65　“银行对账单”窗口

(6) 单击“保存”按钮,再按“退出”按钮。

指导提示：

◆ 录入银行对账单时,其余额由系统根据银行对账期初自动生成。

5. 银行对账：

(1) 执行“业务工作”→“财务会计”→“总账”→“出纳”→“银行对账”→“银行对账”命令,打开“银行科目选择”窗口,选择“银行存-工行存款 100201”。

(2) 单击“确定”按钮,打开“银行对账”窗口。

(3) 单击“对账”按钮,打开“自动对账”窗口。

(4) 在“自动对账”条件选择窗口中,单击“确定”按钮。如图 3 - 66 所示。

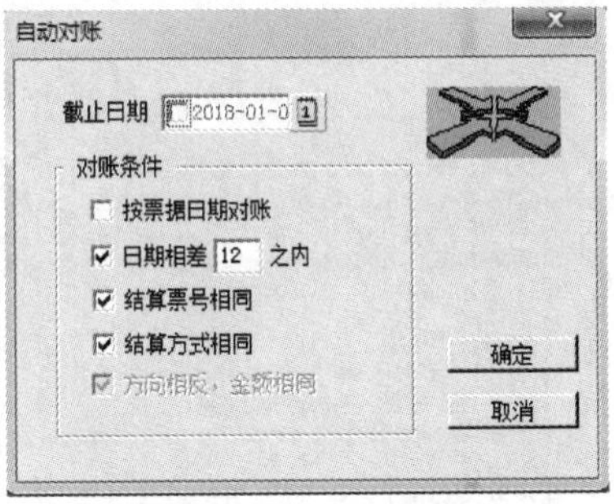

图 3 - 66　“自动对账”窗口

(5) 单击“对账”按钮,出现对账结果。如图 3 - 67 所示。

科目：100201(工行存款)

单位日记账

票据日期	结算方式	票号	方向	金额	两清	凭证号数	摘　要	对账序号
2018.01.02	201	64171723	贷	1,500.00	○	记-0001	提现备用	2018010500001
2018.01.05	202	69772131	贷	600.00		记-0002	支付办公费	
2018.01.05	202	69772131	贷	-600.00		记-0003	[冲销2018.01.05 记	
2018.01.05	202	69772131	贷	636.00	○	记-0004	支付办公费	2018010500002

银行对账单

日期	结算方式	票号	方向	金额	两清	对账序号
2017.12.25	202		借	3,000.00		
2018.01.03	201	64171723	借	1,500.00	○	2018010500001
2018.01.04	202	69772131	借	636.00	○	2018010500002

图 3 - 67　“对账”窗口

6. 查询余额调节表：

(1) 执行“业务工作”→“财务会计”→“总账”→“出纳”→“银行对账”→“余额调节表查询”命令,打开“银行存款余额调节表”窗口。

(2) 单击“查看”按钮,进入“银行存款余额调节表”对话框。

(3) 单击“详细”按钮,打开“余额调节表(详细)”窗口,如图3-68所示。

余额调节表(详细)

科目：工行存款(100201)　　对账截止日期:

企业账面存款余额:261,164.00						银行账面存款余额:258,164.00										
加：银行已收企业未收			减：银行已付企业未付			加：企业已收银行未收						减：企业已付银行未付				
日期	票号	金额	日期	票号	金额	凭证日期	凭证号	票据日期	票号	摘要	金额	凭证日期	凭证号	票据日期	票号	
			2017.12.25		3,000.00							2018.01.05	记-0002	2018-01-05	69772131	支
												2018.01.05	记-0003	2018-01-05	69772131	[
	合计	0.00		合计	3,000.00					合计	0.00					合
		调整后企业账面	存款余额:		258,164.00						调整后银行账面	存款余额:				

图3-68 “银行存款余额调节表”窗口

项目四　供应链管理系统设置

任务一　存货基础设置

项目四
任务一操作视频

【任务要求】

- 增加计量单位
- 增加存货分类
- 增加存货档案

【任务资料】

2018 年 1 月 1 日，账套主管“001 钱飞”登录企业应用平台，相关信息如表 4－1 至表 4－3 所示。

表 4－1　计量单位

计量单位组编码	计量单位组名称	计量单位组类别	计量单位编码	计量单位
01	自然单位组	无换算	01	个
01	自然单位组	无换算	02	根
01	自然单位组	无换算	03	块
01	自然单位组	无换算	04	台
01	自然单位组	无换算	05	公里

表 4－2　存货分类

存货分类编码	存货分类名称
01	原材料
02	产成品
03	周转材料
04	资产
05	其他

表 4－3　存货档案

存货编码	存货分类	存货名称	计量单位	税　率	存货属性
001	1	钢管	根	13%	外购、生产耗用
002	1	钢条	根	13%	外购、生产耗用

续表

存货编码	存货分类	存货名称	计量单位	税　率	存货属性
003	1	方钢	块	13%	外购、生产耗用
004	2	钢制货架	个	13%	自制、内销、外销
005	2	木制货架	个	13%	自制、内销、外销
006	3	包装箱	个	13%	外购、生产耗用
007	4	打印机	台	13%	外购、生产耗用

【任务准备】

以 001 钱飞身份登录设置存货信息。

【任务指导】

1. 增加计量单位

(1) 在企业应用平台中,打开“基础设置”选项卡,执行“基础档案”→“存货”→“计量单位”命令,打开“计量单位”窗口。

(2) 单击“分组”按钮,打开“计量单位组”窗口。

(3) 单击“增加”按钮,录入计量单位编码“01”,录入计量单位组名称“自然单位组”,单击“计量单位组类别”的下三角按钮,选择“无换算率”,如图 4-1 所示。

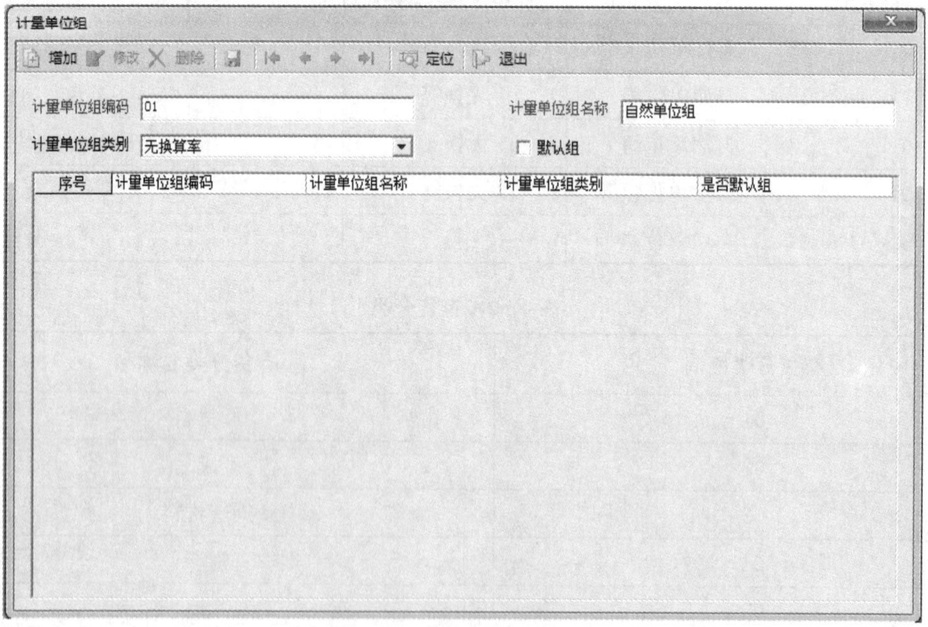

图 4-1　“计量单位组”窗口

(4) 单击“保存”按钮,再单击“退出”按钮。

(5) 单击“单位”按钮,打开“计量单位设置”窗口。

(6) 单击“增加”按钮,录入计量单位编码“01”,计量单位名称“个”,单击“保存”按钮,如图 4-2 所示。

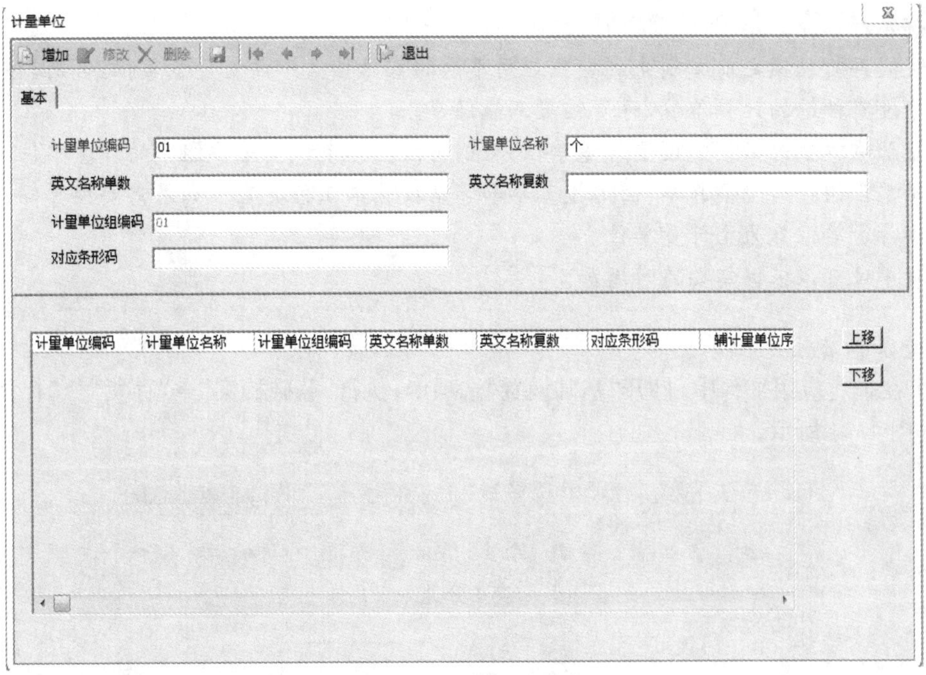

图 4-2　“计量单位”窗口

(7) 依据表 4-1 依次录入其他的计量单位，录入完成所有的计量单位之后单击“退出”按钮，操作结果如图 4-3 所示。

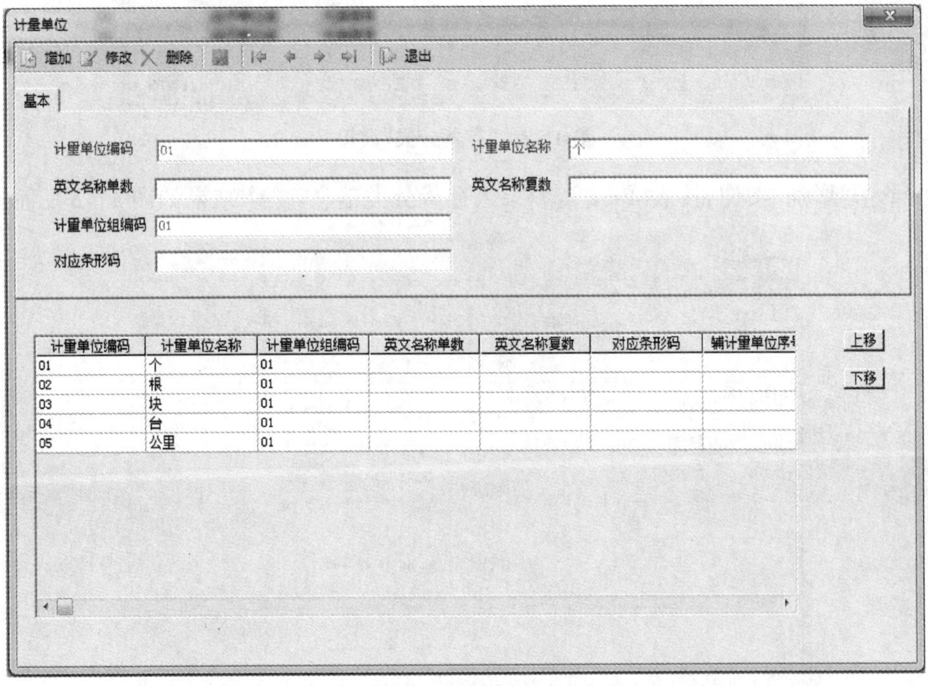

图 4-3　“计量单位”窗口

指导提示:

- ◆ 在设置存货档案之前必须先到企业应用平台的基础档案中设置计量单位,否则,存货档案中没有被选的计量单位,存货档案不能保存。
- ◆ 设置计量单位时必须先设置计量单位分组,再设置各个计量单位组中的计量单位。
- ◆ 计量单位组分为无换算率、固定换算率和浮动换算率三种类型。如果需要换算,一般将最小计量单位作为主计量单位。
- ◆ 计量单位可以根据需要随时增加。

2. 增加存货分类

(1) 在企业应用平台中,打开"基础设置"选项卡,执行"基础档案"→"存货"→"存货分类"命令,如图4-4所示。

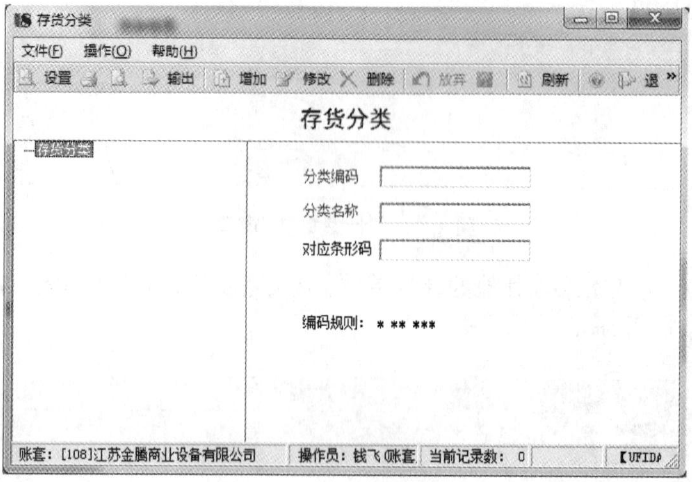

图4-4 "存货分类"窗口

(2) 单击"增加"按钮,按表4-2资料录入存货分类信息,操作结果如图4-5所示。

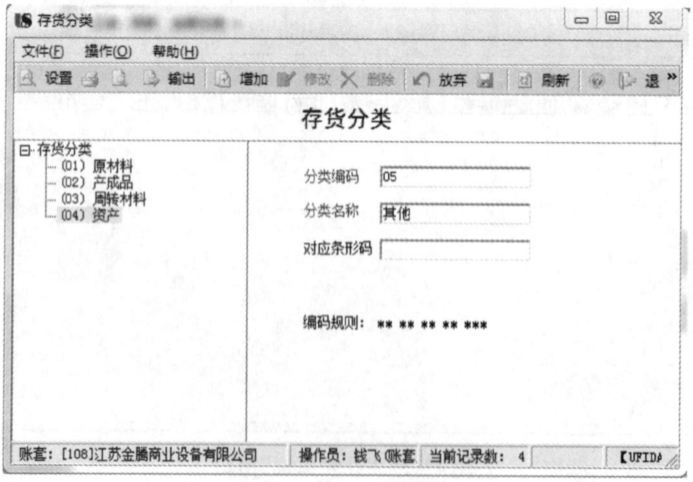

图4-5 "存货分类"窗口

3. 增加存货档案

(1) 在企业应用平台中，打开“基础设置”选项中，执行“基础档案”→“存货”→“存货档案”命令，打开“存货档案”窗口。

(2) 单击存货分类中的“原材料”，再单击“增加”按钮，录入存货编码“001”，存货名称“钢管”，单击“计量单位组”栏的参照按钮，选择“自然单位组”，单击“主计量单位”栏的参照按钮，选择“02 -根”，单击选中存货属性“外购”和“生产耗用”复选框，如图 4 - 6 所示。

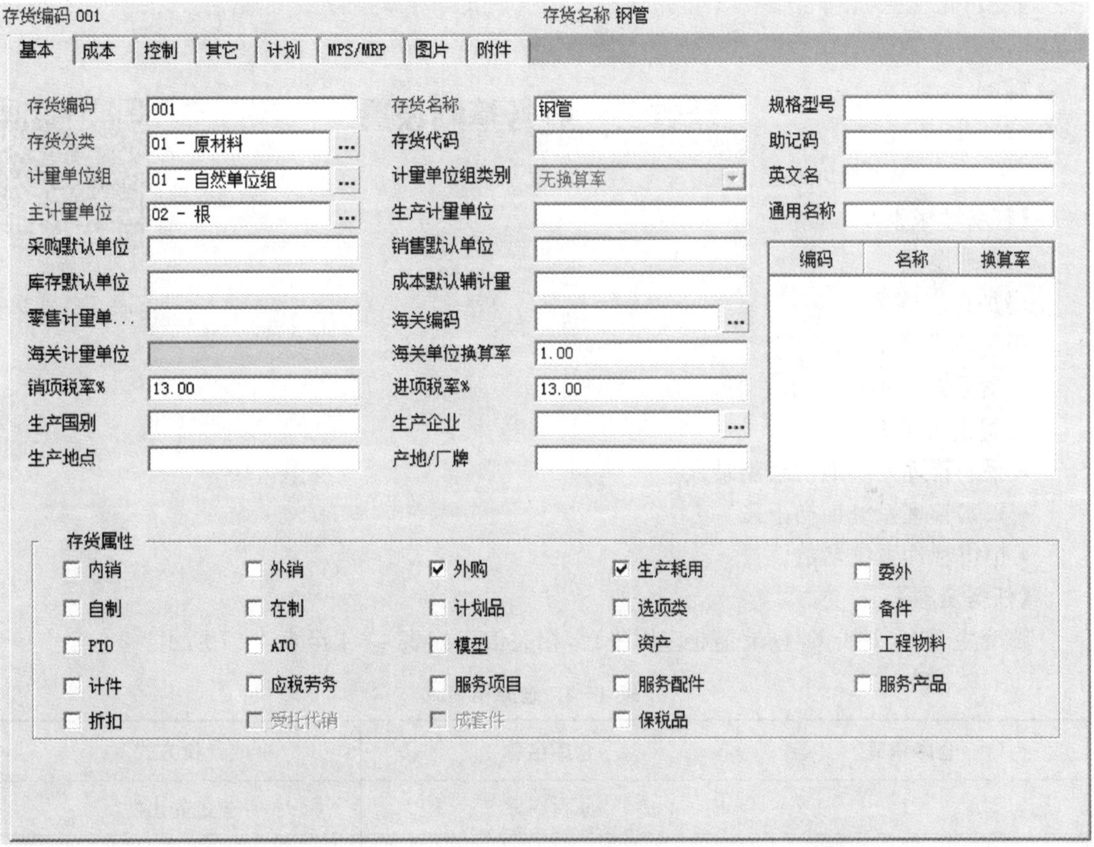

图 4 - 6　“增加存货档案”窗口

(3) 单击“保存”按钮，以此方法继续录入其他的存货档案，录入完成后如图 4 - 7 所示。

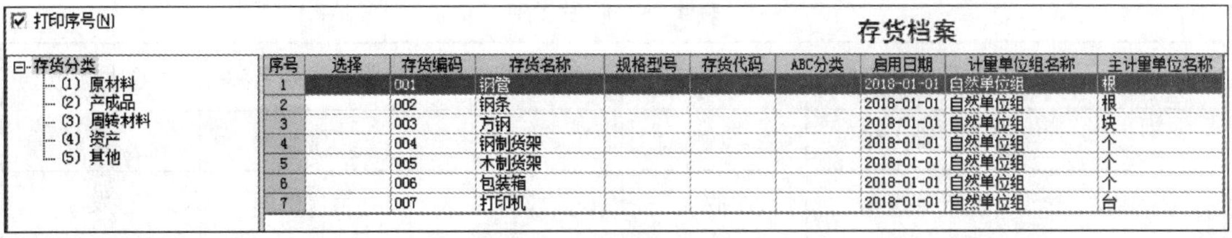

图 4 - 7　“存货档案”窗口

4. 账套备份

将账套输出至“C:108 账套备份 4 - 1”文件夹。

指导提示：

◆ 在录入存货档案时，如果存货类别不符合要求应重新进行选择。

◆ 入存货档案时，如果直接列示的计量单位不符合要求，应先将不符合要求的计量单位删除，再单击参照按钮就可以在计量单位表中重新选择计量单位。

◆ 档案中的存货属性必须选择正确，否则，在填制相应单据时就不会在存货列表中出现。

任务二　业务基础设置

项目四
任务二操作视频

【任务要求】

- 基础设置

增加仓库档案

设置收发类别

设置采购类型

设置销售类型

- 采购管理系统期初余额录入
- 采购管理系统期初记账
- 销售管理系统参数设置

【任务资料】

账套主管“001 钱飞”登录企业应用平台，相关信息如表 4-4 至表 4-7 所示。

表 4-4　仓库档案

仓库编码	仓库名称	计价方式
01	原材料库	先进先出法
02	产成品库	全月平均法
03	周转材料库	先进先出法

表 4-5　收发类别

收发类别编码	收发类别名称	收发标志	收发类别编码	收发类别名称	收发标志
1	正常入库	收	2	正常出库	发
101	采购入库	收	201	销售出库	发
102	采购退库	收	202	销售退库	发
103	盘盈入库	收	203	盘亏出库	发
104	产成品入库	收	204	材料出库	发

表 4-6　采购类型

采购类型编码	采购类型名称	入库类别
01	正常采购	采购入库
02	采购退货	采购退库

表 4-7　销售类型

销售类型编码	销售名称	出库
01	正常销售	销售出库
02	销售退货	销售退库

录入采购期初数据:2017 年 12 月 19 日,采购部郑川采购方钢 100 块,不含税单价 100 元/块,已入原料仓库,正常采购,入库类别为采购入库,购自红心方钢有限公司,采购发票未到,款未付。

【任务准备】

2018 年 1 月 1 日,以 001 钱飞身份登录设置业务信息。

【任务指导】

(一) 基础设置

1. 增加仓库档案

(1) 执行“基础设置”→“基础档案”→“业务”→“仓库档案”命令,打开“仓库档案”窗口。

(2) 单击“增加”按钮,打开“增加仓库档案”窗口,按表 4-4 资料输入“仓库编码”、“仓库名称”以及“计价方式”,其他信息默认,单击“保存”按钮,如图 4-8 所示。

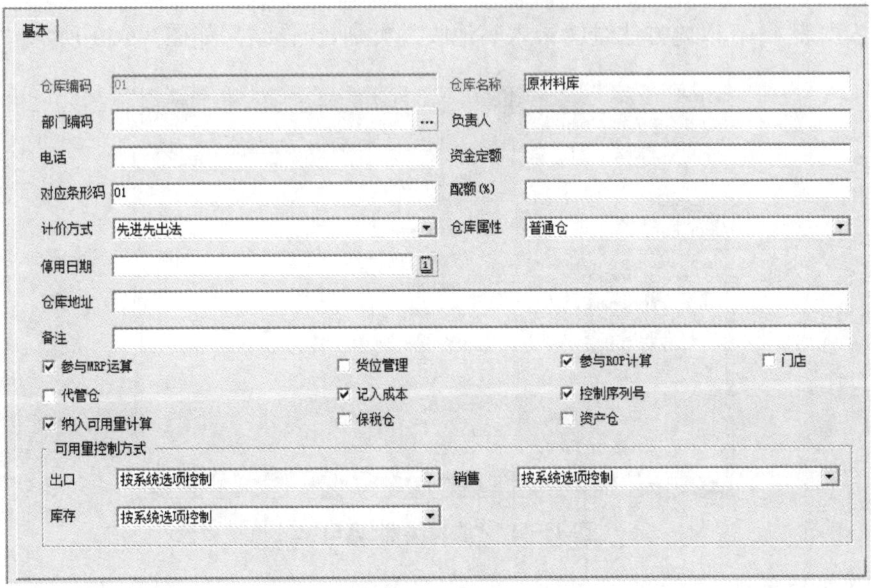

图 4-8　“增加仓库档案”窗口

(3) 以此方法依次输入其他企业仓库档案,操作结果如图 4-9 所示。

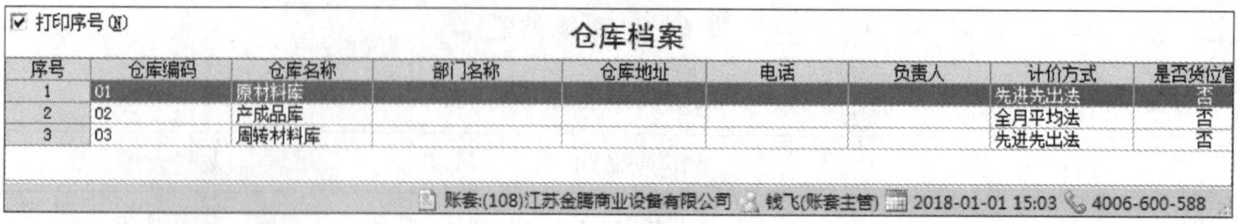

图 4－9 “仓库档案”窗口

2. 设置收发类别

(1) 执行“基础设置”→“基础档案”→“业务”→“收发类别”命令，打开“收发类别”窗口。

(2) 单击“增加”按钮，录入收发类别编码“1”，录入收发类别名称“正常入库”，单击选择“收”选项，单击“保存”按钮，如图 4－10 所示。

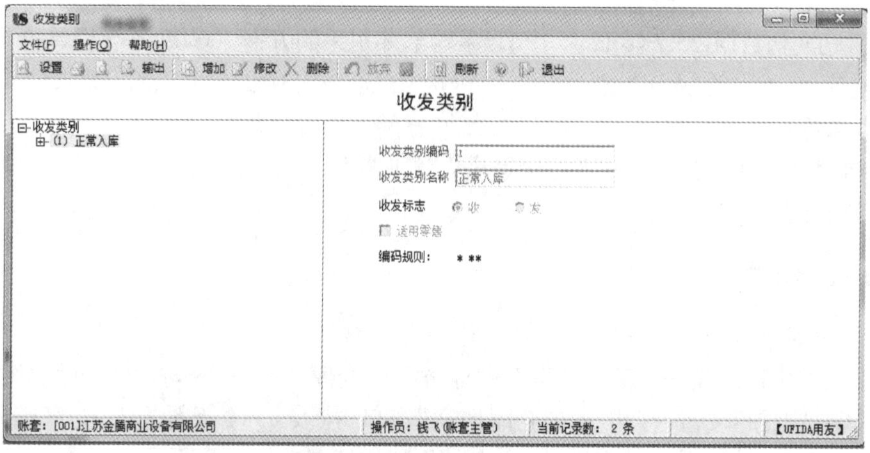

图 4－10 “收发类别”窗口(一)

(3) 依据表 4－5 以此方法继续录入其他收发类别，操作结果如图 4－11 所示。

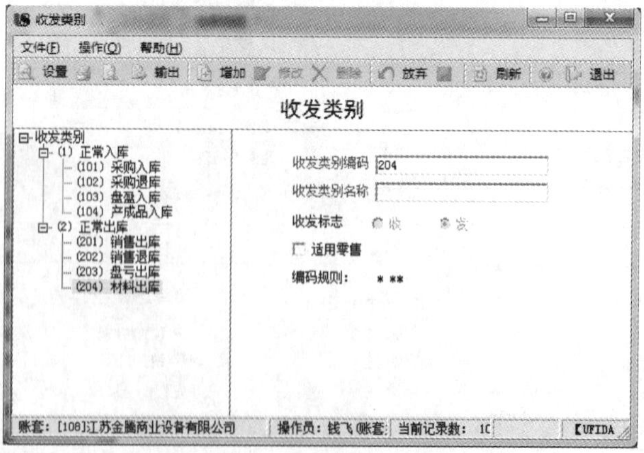

图 4－11 “收发类别”窗口(二)

3. 设置采购类型

(1) 执行“基础设置”→“基础档案”，执行“业务”→“采购类型”命令，打开“采购类型”窗口。

(2) 单击“增加”按钮，按表 4－6 资料录入“采购类型编码”“采购类型名称”以及“入库类别”信息，操作结果，如图 4－12 所示。

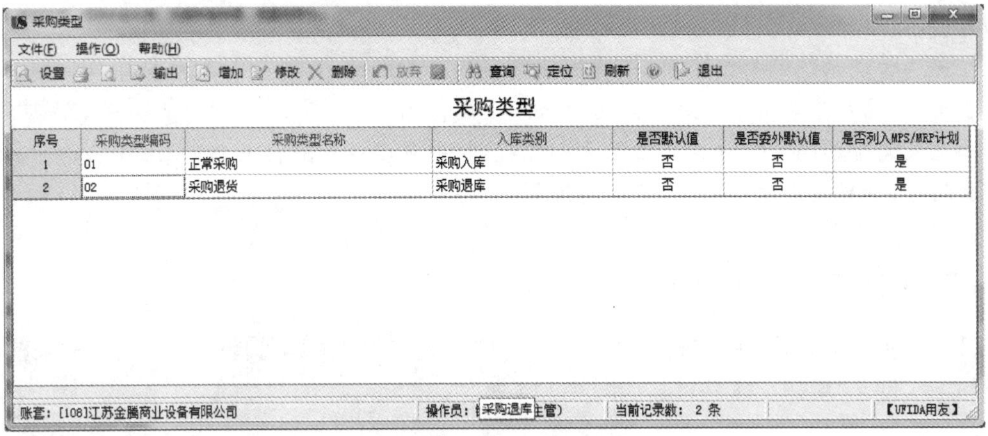

图 4－12　“采购类型”窗口

4. 设置销售类型

（1）执行“基础设置”→“基础档案”→“业务”→“销售类型”命令，打开“销售类型”窗口。

（2）单击“增加”按钮，按表 4－7 资料录入“销售类型编码”“销售类型名称”以及“出库类别”信息。

（二）采购管理系统期初余额录入

（1）在企业应用平台中，执行“业务工作”→“供应链”→“采购管理”→“采购入库”→“入库单”命令，打开“期初采购入库单”窗口。

（2）单击“增加”按钮，按资料录入一张期初采购入库单信息。具体信息如图 4－13 所示。

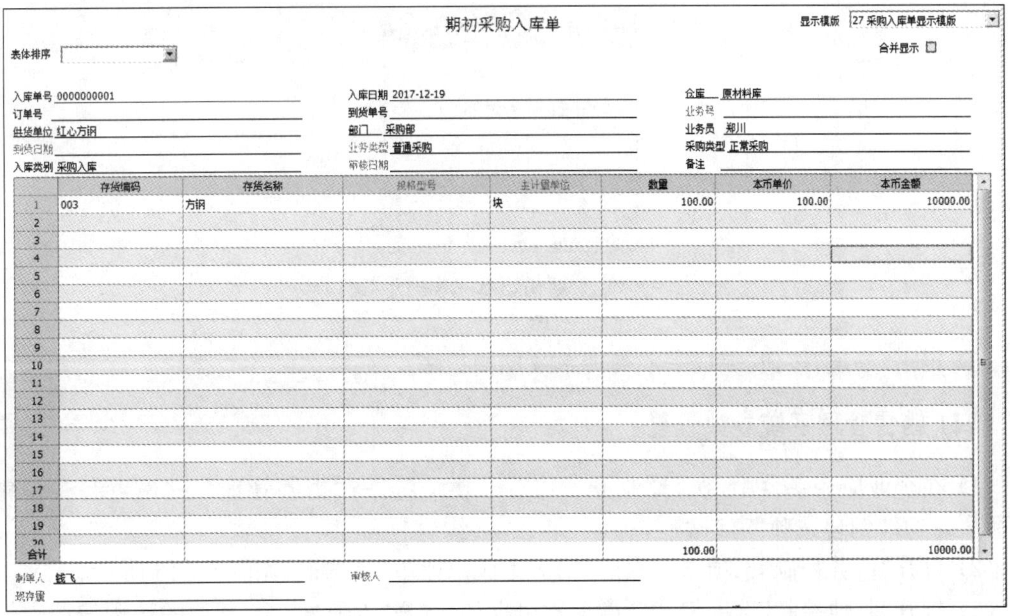

图 4－13　“期初采购入库单”窗口

(3) 单击"保存"按钮,保存期初采购入库单信息。

指导提示:

◆ 在采购管理系统期初记账前,采购管理系统的采购入库,只能录入期初入库单。期初记账后,采购入库单需要在库存系统录入或生成。

◆ 如果采购货物尚未运达企业但发票已经收到,则可以录入期初采购发票,表示企业的在途物资,待货物运达后,再办理采购结算。

(三) 采购管理系统期初记账

(1) 在企业应用平台中,执行"业务工作"→"供应链"→"采购管理"→"设置"→"采购期初记账"命令,打开"期初记账"窗口,如图4-14所示。

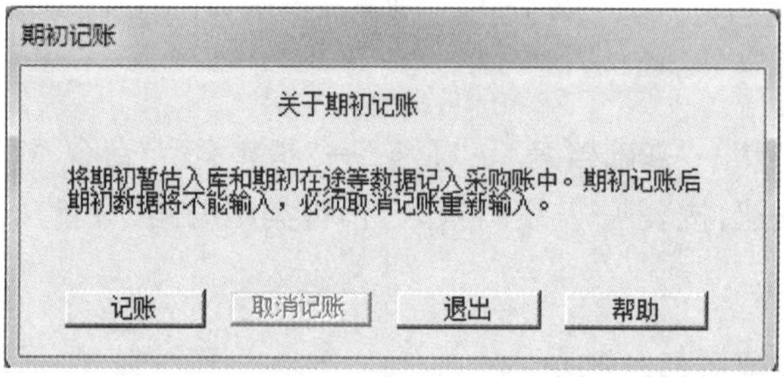
期初记账
关于期初记账
将期初暂估入库和期初在途等数据记入采购账中。期初记账后
期初数据将不能输入，必须取消记账重新输入。
记账
取消记账
退出
帮助

图4-14 "期初记账"窗口

(2) 单击"记账"按钮,弹出"期初记账完毕!"信息提示框,如图4-15所示。

采购管理
期初记账完毕！
确定

图4-15 "期初记账完毕提示"窗口

(3) 单击"确定"按钮,完成采购管理系统期初记账。

(四) 销售管理系统参数设置

(1) 在企业应用平台中,执行"业务工作"→"供应链"→"销售管理"→"设置"→"销售选项"命令,打开"销售选项"窗口。

(2) 打开"业务控制"选项卡。取消"销售生成出库单"复选框,如图4-16所示。

(3) 打开"其他控制"选项卡,"新增退货单默认"选择"参照发货",其他的选项按照默认设置,如图4-17所示。单击"确定"按钮。

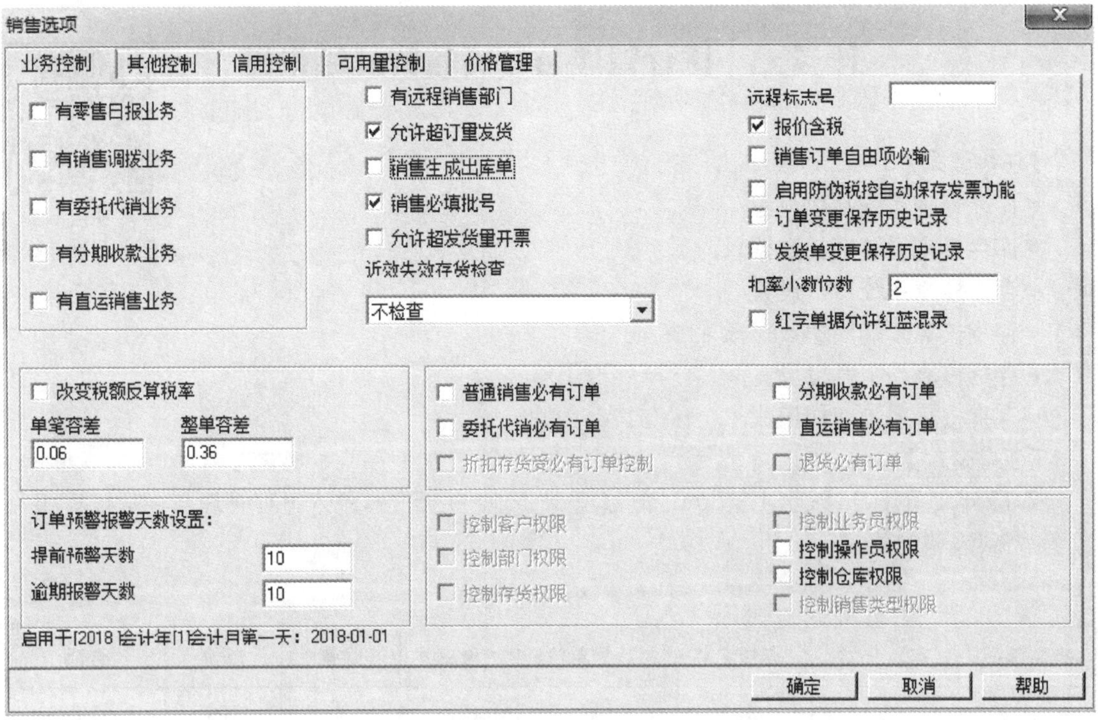

图 4－16　“销售选项-业务控制”窗口

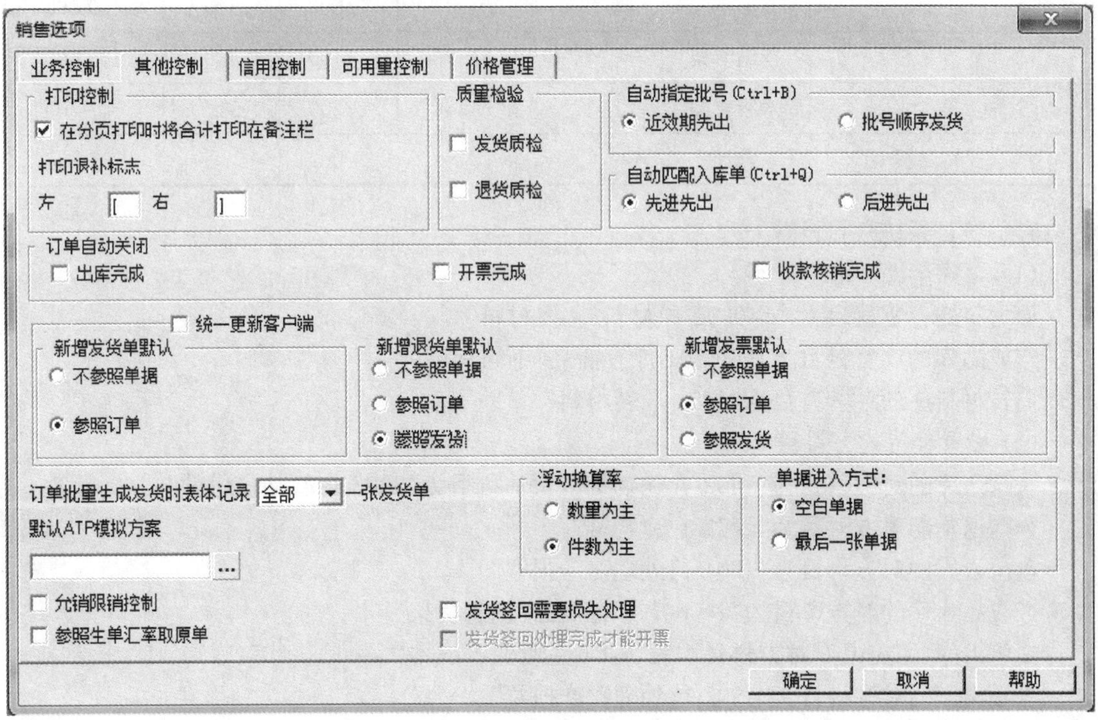

图 4－17　“销售选项-其他控制”窗口

任务三　库存管理与存货核算基础设置

项目四
任务三操作视频

【任务要求】

- 库存管理系统参数设置
- 库存管理系统期初数据录入
- 存货核算系统参数设置
- 存货核算系统期初数据录入
- 存货核算系统科目设置
- 存货核算系统期初记账

【任务资料】

2018 年 1 月 1 日，账套主管“001 钱飞”登录企业应用平台，录入库存管理与存货核算相关数据，资料表格如下：

表 4－8　存货管理

存货编码	存货分类	存货名称	计量单位	税率	数量	单价	金额
1	1	钢管	根	13%	600	100	60 000
2	1	钢条	根	13%	400	100	40 000
3	1	方钢	块	13%	500	100	50 000
4	2	钢制货架	个	13%	1100	150	165 000
5	2	木制货架	个	13%	200	88.5	17 700
		合计			9 000		332 700

存货核算系统科目设置

(1) 设置存货科目

原材料的存货科目为“140301 原材料/主要材料”

产成品库的存货科目为“140501 库存商品/钢制货架”

周转材料库的存货科目为“1411 周转材料”

(2) 设置存货对方科目

采购入库的对方科目为“1402 在途物资”，暂估科目为“220202 暂估应付款”

采购退货的对方科目为“1402 在途物资”

盘盈入库的对方科目为“1901 待处理财产损益”

产成品入库的对方科目为“140501 库存商品/钢制货架”

销售出库、销售退库对方科目均为“6401 主营业务成本”

盘亏出库的对方科目为“1901 待处理财产损益”

材料出库的对方科目为项目名称“钢制货架”“500101 直接材料”，项目名称“木质货架”“500101 直接材料”

【任务准备】

以 001 钱飞身份登录录入存货基础设置。

【任务指导】

(一) 库存管理系统参数设置

(1) 在企业业务平台中,执行"业务工作"→"供应链"→"库存管理"→"初始设置"→"选项"命令,打开"库存选项设置"窗口。

(2) 选中"通用设置"选项卡中的"采购入库审核时改现存量"、"销售出库审核时改线存量"、"产成品入库审核时改线存量"、"材料出库审核时改线存量"、"其他出入库审核时改线存量"复选框,如图 4-18 所示。单击"确定"按钮。

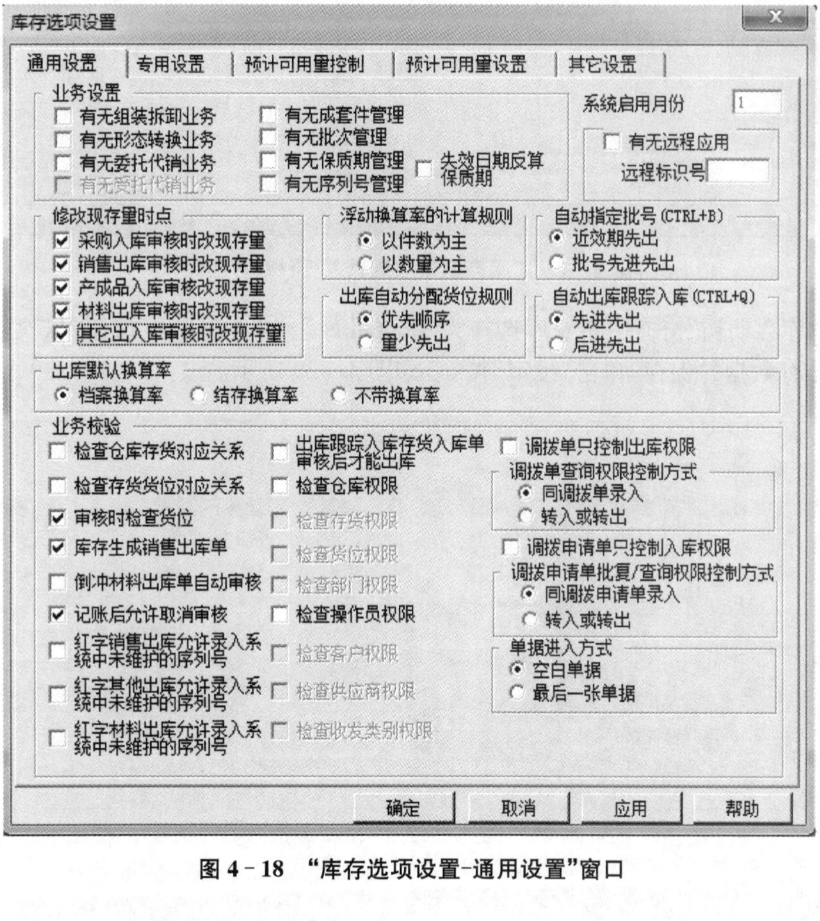

图 4-18 "库存选项设置-通用设置"窗口

(二) 库存管理系统期初数据录入

(1) 在企业应用平台中,执行"业务工作"→"供应链"→"库存管理"→"初始设置"→"期初结存"命令,打开"库存期初数据录入"窗口。

(2) 在"库存期初"窗口中将仓库选择为"原材料库"。

(3) 单击"修改"按钮,单击存货编码栏中的参照按钮,选择"存货名称"为"001 钢管",在"数量"栏中输入"600",在"单价"栏中输入"100.00"。

(4) 依次输入“原材料库”的其他期初结存数据(表 4 - 8)。单击“保存”按钮,保存录入存货信息,单击“批审”按钮,如图 4 - 19 所示。

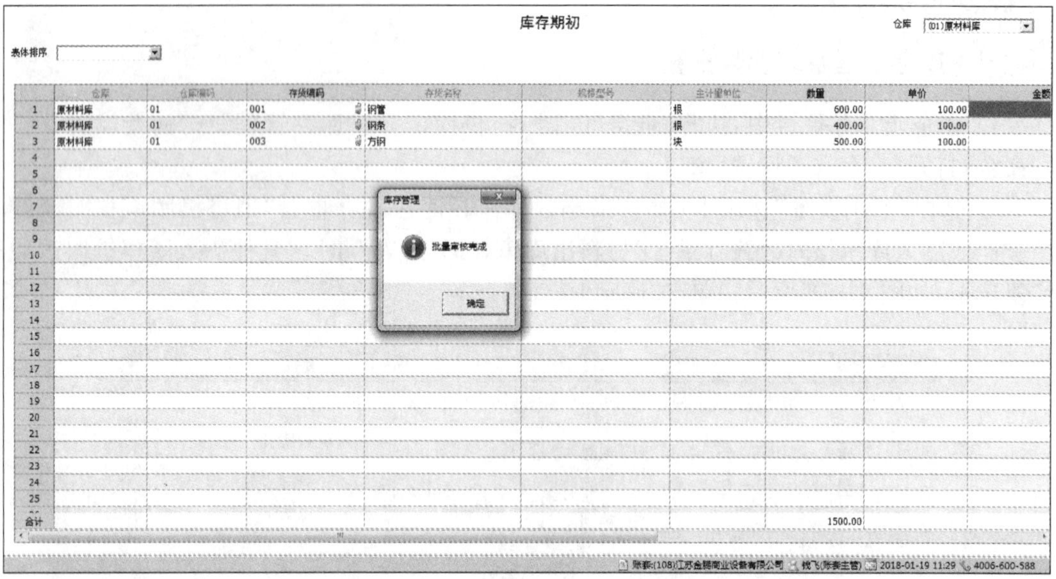

图 4 - 19 “库存期初数据录入-原材料”窗口

(5) 在“库存期初”窗口中将仓库选择为“产成品库”。单击“修改”按钮,依次输入“产成品库”的期初结存数据并保存,单击“批审”按钮,如图 4 - 20 所示。

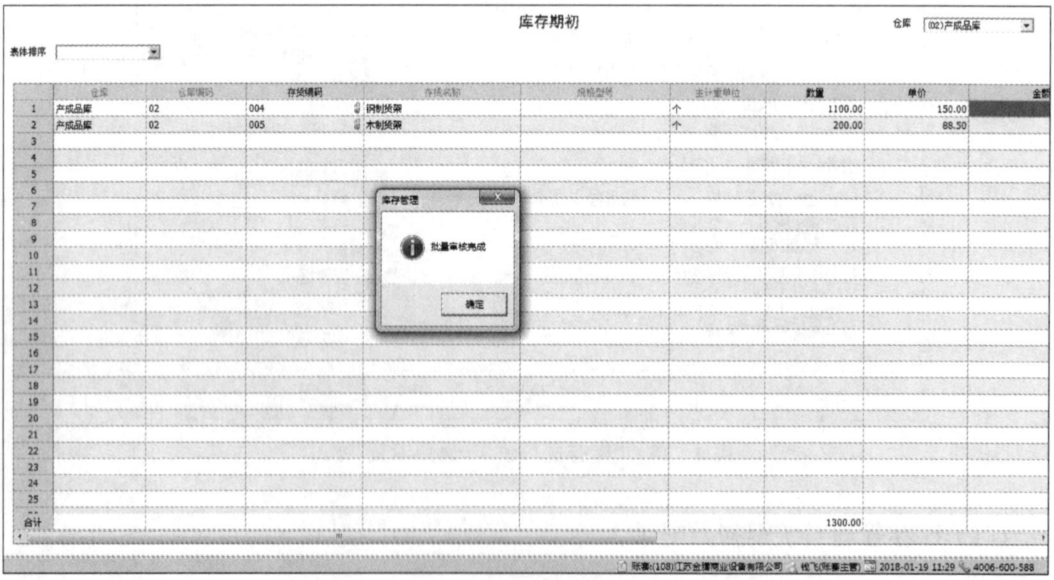

图 4 - 20 “库存期初数据录入-产成品库”窗口

(三) 存货核算系统参数设置

(1) 在企业应用平台中,执行“业务工作”→“供应链”→“存货核算”→“初始设置”→“选项”→“选项录入”命令。打开“选项录入”窗口。

(2) 在“核算方式”选项中设置核算参数，选择暂估方式为“单到回冲”，如图 4－21 所示。

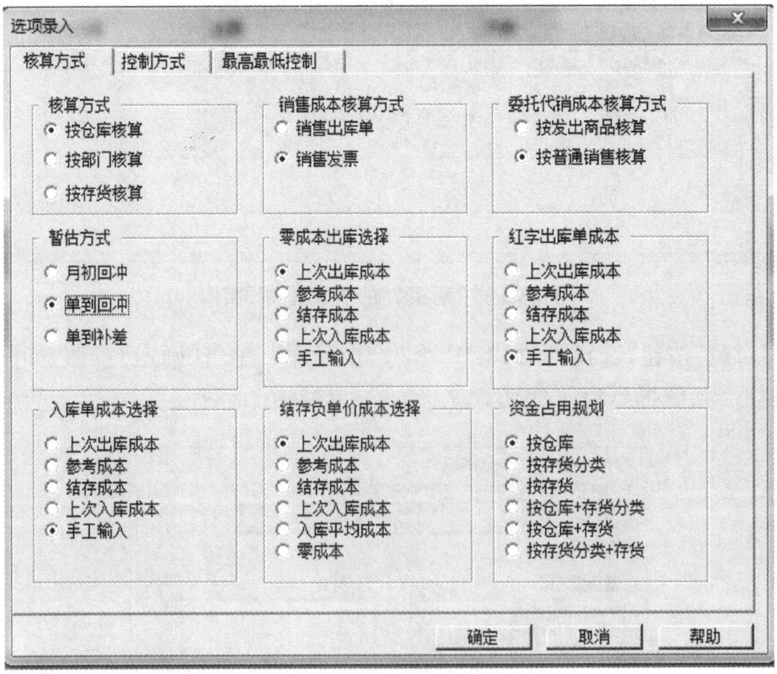

图 4－21　“选项录入”窗口

(3) 单击“确定”按钮，系统弹出提示“是否保存当前设置”，单击“是”按钮。

(四) 存货核算系统期初数据录入

(1) 企业应用平台中，执行“业务工作”→“供应链”→“存货核算”→“初始设置”→“期初数据”→“期初余额”命令，打开“期初余额”窗口，仓库选择“原材料”，单击“取数”按钮，系统自动从库存管理系统取出该仓库的存货信息，如图 4－22 所示。

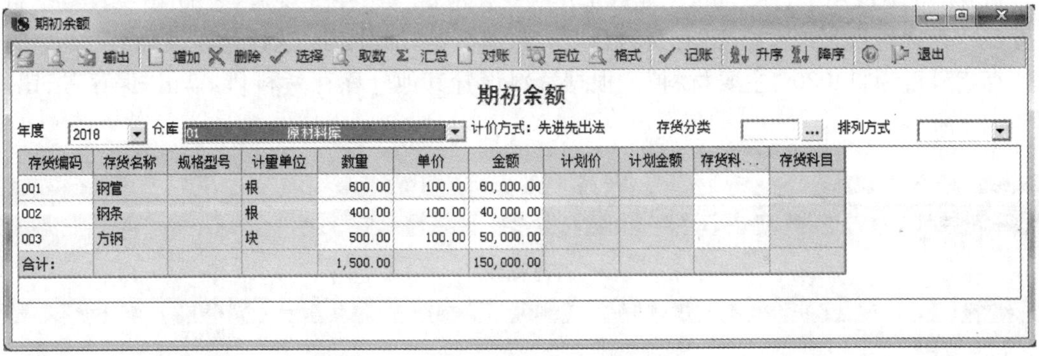

存货编码	存货名称	规格型号	计量单位	数量	单价	金额	计划价	计划金额	存货科...	存货科目
001	钢管		根	600.00	100.00	60,000.00				
002	钢条		根	400.00	100.00	40,000.00				
003	方钢		块	500.00	100.00	50,000.00				
合计:				1,500.00		150,000.00				

图 4－22　“期初余额-原材料”窗口

(2) 仓库选择“产成品库”，单击“取数”按钮，系统自动从库存管理系统取出该仓库的存货信息，如图 4－23 所示。

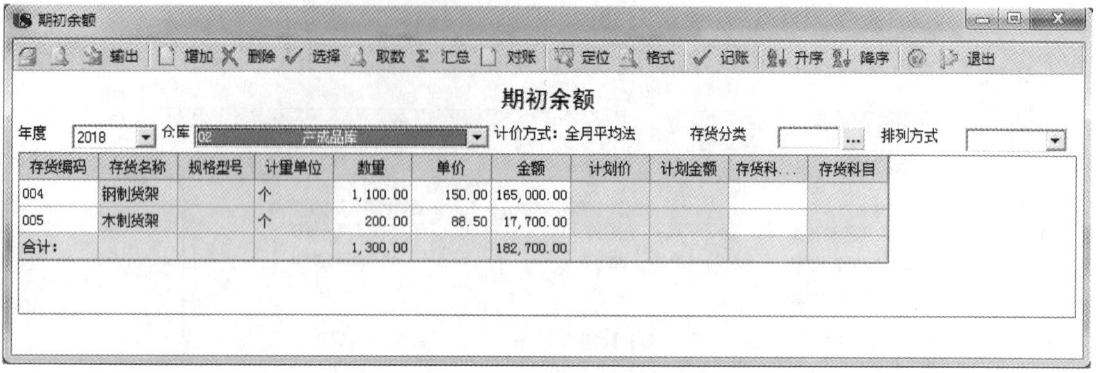

图 4-23 “期初余额-产成品库”窗口

(3) 单击“对账”按钮，选择“原材料库”和“产成品库”，单击“确定”按钮，如图 4-24 所示，单击“确定”按钮。系统提示对账成功。

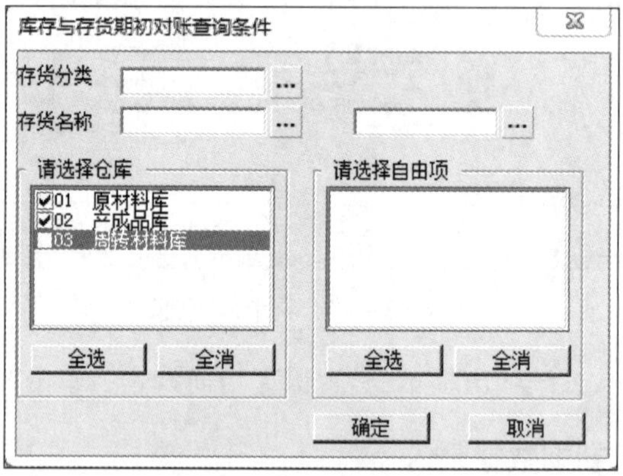

图 4-24 “库存与存货期初对账查询条件”窗口

(五) 存货核算系统科目设置

(1) 在企业应用平台中，执行“业务工作”→“供应链”→“存货核算”→“初始设置”→“科目设置”→“存货科目”命令，打开“存货科目”窗口，单击“增加”按钮，选择仓库编码为“01 原材料库”，存货科目为“140301 主要材料”。根据资料设置其他仓库存货科目，单击“保存”按钮，如图 4-25 所示。

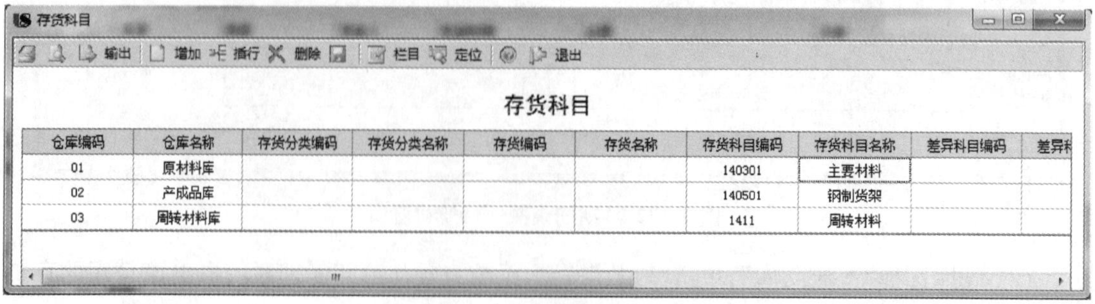

图 4-25 “存货科目”窗口

(2) 在企业应用平台中,执行“业务工作”→“供应链”→“存货核算”→“初始设置”→“科目设置”→“对方科目”,打开“对方科目”窗口,单击“增加”按钮,选择收发类别编码为“101”,选择对方科目编码为“1402”,选择暂估科目编码为“220202”。依次设置其他收发类别的对方科目,单击“保存”按钮,如图 4 - 26 所示。

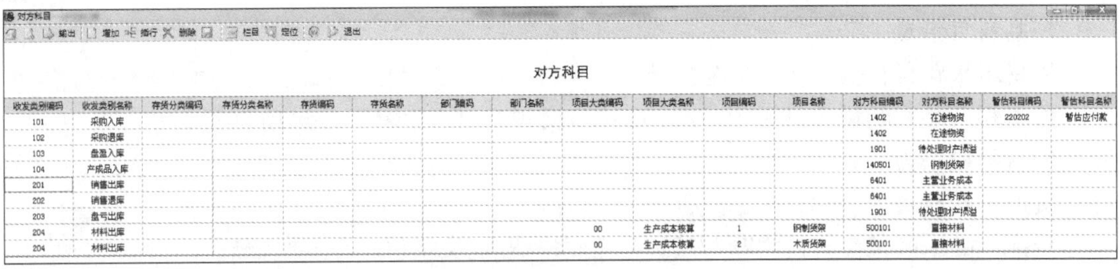

收发类别编码	收发类别名称	存货分类编码	存货分类名称	存货编码	存货名称	部门编码	部门名称	项目大类编码	项目大类名称	项目编码	项目名称	对方科目编码	对方科目名称	暂估科目编码	暂估科目名称
101	采购入库											1402	在途物资	220202	暂估应付款
102	采购退库											1402	在途物资		
103	盘盈入库											1901	待处理财产损溢		
104	产成品入库											140501	钢制货架		
201	销售出库											6401	主营业务成本		
202	销售退库											6401	主营业务成本		
203	盘亏出库											1901	待处理财产损溢		
204	材料出库							00	生产成本核算	1	钢制货架	500101	直接材料		
204	材料出库							00	生产成本核算	2	木质货架	500101	直接材料		

图 4 - 26　“对方科目”窗口

(六) 存货核算系统期初记账

(1) 在企业应用平台中,执行“业务工作”→“供应链”→“存货核算”→“初始设置”→“期初数据”→“期初余额”命令,打开“期初余额”窗口,单击“记账”按钮,系统弹出“期初记账成功!”信息提示框,单击“确定”按钮,完成期初记账工作,如图 4 - 27 所示。

(2) 将账套输出至“C:108 账套备份 4 - 3”文件夹。

图 4 - 27　“期初记账成功提示”窗口

任务四　应收应付款管理基础设置

项目四
任务四操作视频

【任务要求】

- 应付款管理系统参数设置
- 应付款管理系统初始设置
- 应付款管理系统期初余额录入
- 应收款管理系统参数设置
- 应收款管理系统初始设置
- 应收款管理系统期初余额录入

【任务资料】

2018 年 1 月 1 日,2018 年 1 月 1 日,账套主管”001 钱飞”登录企业应用平台,

应付款管理系统初始设置

基本科目设置:

应付科目为“220201 应付账款/一般应付款”

预付科目为“1123 预付账款”

采购科目为“1402 在途物资”

税金科目为“22210101 应交税费/应交增值税/进项税额”

现金折扣科目为“660302 财务费用/其他”

票据利息科目为“660301 财务费用/利息支出”

控制科目设置:

应付科目为“220201 应付账款/一般应付款”

预付科目为“1123 预付账款”

产品科目设置:

原材料采购科目为“1402 在途物资”

原材料产品采购税金科目为“22210101 应交税费/应交增值税/进项税额”

原材料税率为“13”

资产采购科目为“1601 固定资产”

资产产品采购税金科目为“22210101 应交税费/应交增值税/进项税额”

资产税率为“13”

结算方式科目设置:

现金结算方式科目为“1001 库存现金”

现金支票、转账支票、电汇、托收承付、委托收款、其他结算方式科目为“100201 银行存款/工行存款”

应付账款

日 期	供应商名称	摘 要	方 向	金 额
2017 年 12 月 20 日	华龙公司	采购钢管 200 块,无税单价 200 元/块	借	40 000
2017 年 12 月 20 日	蓝海公司	采购钢条,200 个,无税单价 181 元/个	借	36 200

应收款管理系统初始设置:

基本科目设置:

应收科目为“1122 应收账款”

预收科目为“2203 预收账款”

税金科目为“22210102 应交税费/应交增值税/销项税额”

现金折扣科目为“660302 财务费用/其他”

票据利息科目为“660301 财务费用/利息支出”

票据费用科目为“660301 财务费用/利息支出”

销售收入科目为“6001 主营业务收入”

销售退回科目为“6001 主营业务收入”

控制科目设置:

应收科目为“1122 应收账款”

预收科目为“2203 预收账款”

结算方式科目设置:

现金结算方式科目为“1001 库存现金”

现金支票、转账支票、电汇、托收承付、委托收款、其他结算方式科目为“100201 银行存款/工行存款”

应收账款

日　期	客户名称	摘　要	方 向	金 额
2017 年 12 月 15 日	长江公司	销售钢制货架，200 个，无税单价 274.78 元/个，含税 310.50 元/个。	借	62 100

【任务准备】

以 001 钱飞账套主管的身份登录设置机构人员档案。

【任务指导】

(一) 应付款管理系统参数设置

(1) 在企业应用平台中，执行“业务工作”→“财务会计”→“应付款管理”→“设置”→“选项”命令，打开“账套参数设置”窗口，如图 4－28 所示。

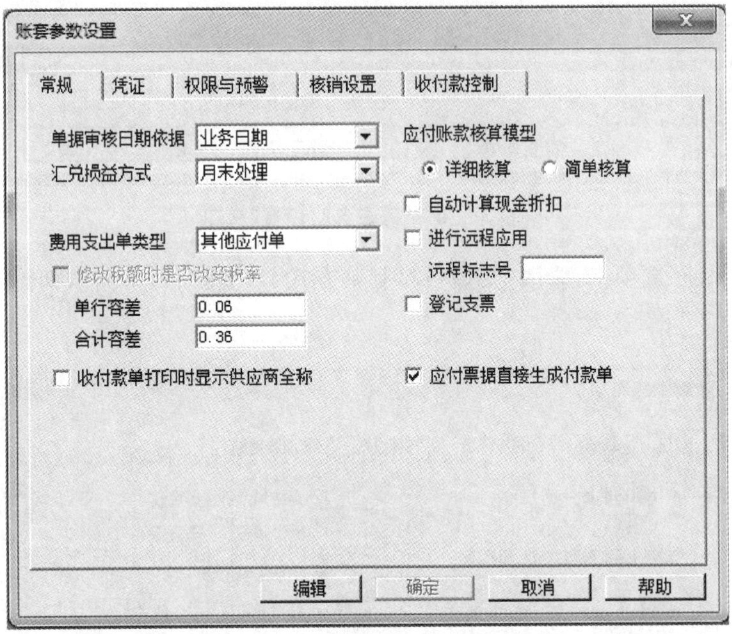

图 4－28　“账套参数设置”窗口

(2) 单击“编辑”按钮，系统弹出提示“选项修改需要重新登录才能生效”窗口，如图 4－29 所示。

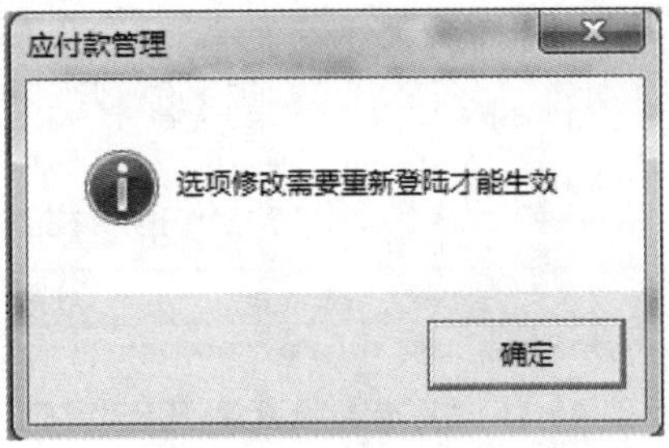

图 4－29　“选项修改需要重新登录才能生效”窗口

(3) 单击“确定”按钮。打开“常规”选项卡,修改“单据审核日期依据”为“单据日期”,勾选“自动计算现金折扣”前的复选框,如图4-30所示。

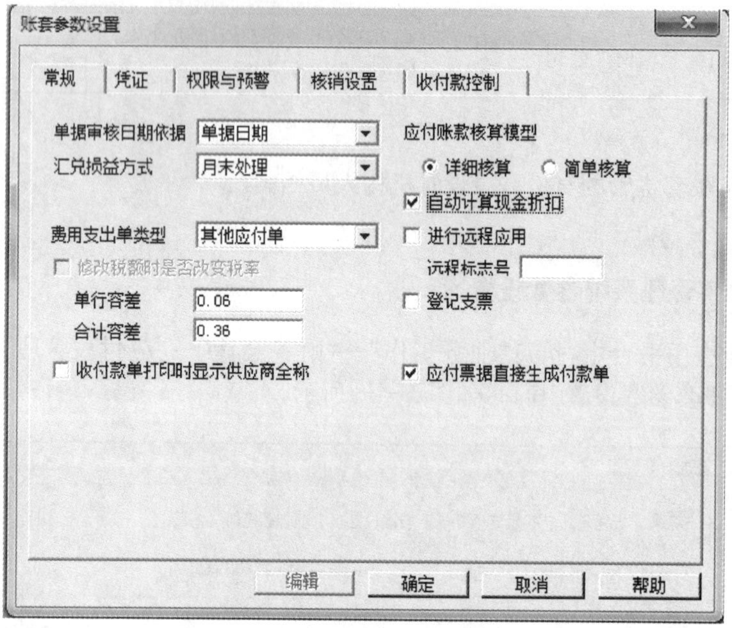

图4-30 “账套参数设置”窗口

(4) 打开“凭证”选项卡,修改“受控科目制单方式”为“明细到单据”,如图4-31所示。单击“确定”按钮。

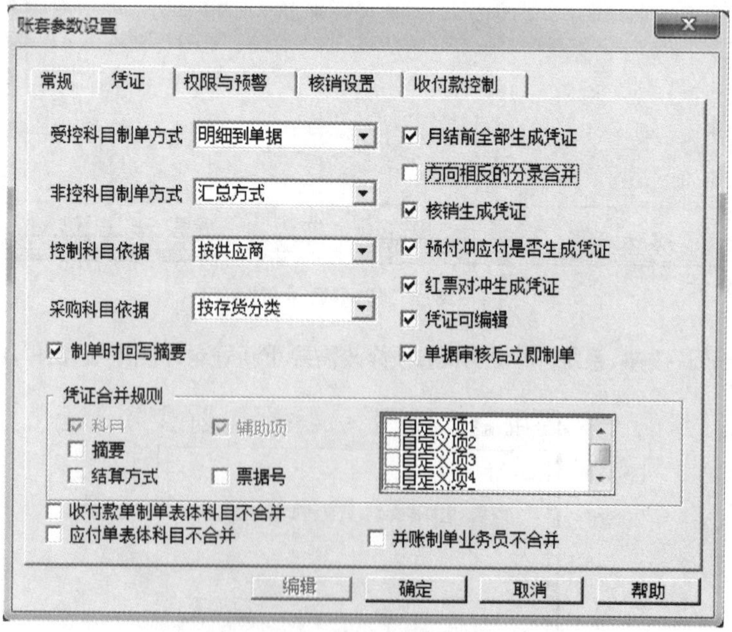

图4-31 “账套参数设置-凭证”窗口

指导提示：

◆ 在进入应付款管理系统之前应建立账套后再启用应付款系统，或者在企业应用平台中启用应付款系统。应付款管理系统的启用会计期间必须大于或等于账套启用时间。

◆ 账套使用的过程中可以随时修改账套参数。

◆ 选择单据日期为审核日期，则月末结账时单据必须全部审核、

◆ 应付账款核算模型，在系统启用时或者还没有进行任何业务处理的情况下才允许从简单核算改为详细核算。从详细核算改为简单核算随时可以修改。

(二) 应付款管理系统初始设置

1. 设置基本科目

(1) 在企业应用平台中，执行“业务工作”→“财务会计”→“应付款管理”→“设置”→“初始设置”命令，打开“初始设置”窗口。

(2) 选择“设置科目”→“基本科目设置”，单击“增加”按钮，“基础科目种类”选择“应付科目”，在“科目”栏录入或选择“220201”，“币种”选择“人民币”以此方法录入其他的基本科目，如图 4-32 所示。

基础科目种类	科目	币种
应付科目	220201	人民币
预付科目	1123	人民币
采购科目	1402	人民币
税金科目	22210101	人民币
现金折扣科目	660302	人民币
票据利息科目	660301	人民币

图 4-32　“初始设置-基本科目设置”窗口

指导提示：

◆ 只有在此设置了基本科目，在生成凭证时才能出现会计科目，否则凭证中将没有会计科目，相应的会计科目只能手工录入。

◆ 应付科目、预付科目按不同的供应商或供应商分类分别设置，则可在”控制科目设置”中进行设置。

◆ 针对不同的存货分别设置采购核算科目，可以在”产品科目设置”中进行设置。

2. 设置控制科目

(1) 在企业应用平台中，执行“业务工作”→“财务会计”→“应付款管理”→“设置”→“初始设置”命令，打开“初始设置”窗口。

(2) 选择“设置科目”“控制科目设置”，单击“增加”按钮，选择“控制科目设置”，录入或选择供应商编码“01”、在“应付科目”栏录入或选择应付科目“220201”、在“预付科目”栏录入或选择预付科目“1123”，依此方式设置其他供应商的控制科目，如图 4-33 所示。

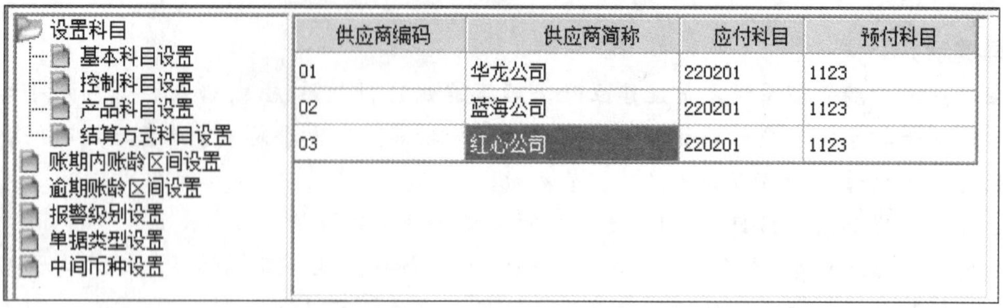

供应商编码	供应商简称	应付科目	预付科目
01	华龙公司	220201	1123
02	蓝海公司	220201	1123
03	红心公司	220201	1123

图 4-33 “初始设置-产品科目设置”窗口

3. 设置产品科目

(1) 在企业应用平台中,执行“业务工作”→“财务会计”→“应付款管理”→“设置”→“初始设置”命令,打开“初始设置”窗口。

(2) 选择“设置科目”“产品科目设置”,单击“增加”按钮,录入或选择“原材料”的“采购科目”为“1402”,录入或选择原材料产品采购税金科目“22210101”,录入原材料税率“16”,录入或选择“资产”的采购科目“1601”,录入或选择资产产品采购税金科目“22210101”,录入资产税率“13”,如图 4-34 所示。

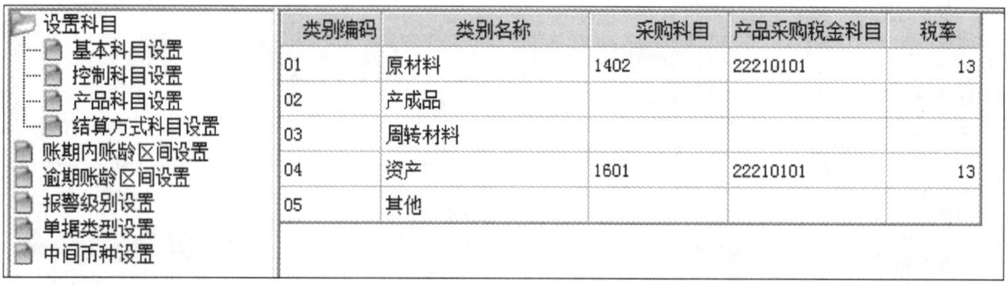

类别编码	类别名称	采购科目	产品采购税金科目	税率
01	原材料	1402	22210101	13
02	产成品			
03	周转材料			
04	资产	1601	22210101	13
05	其他			

图 4-34 “初始设置-产品科目设置”窗口

4. 设置结算方式科目

(1) 在企业应用平台中,执行“业务工作”→“财务会计”→“应付款管理”→“设置”→“初始设置”命令,打开“初始设置”窗口。

(2) 选择“设置科目”→“结算方式科目设置”,单击“结算方式”栏的下三角按钮,选择”现金结算”,单击“币种”栏,选择“人民币”;在“本单位账号”栏录入“6212261103537627628”在“科目”栏录入或选择”1001”。依此方法录入其他的结算方式科目,如图 4-35 所示。

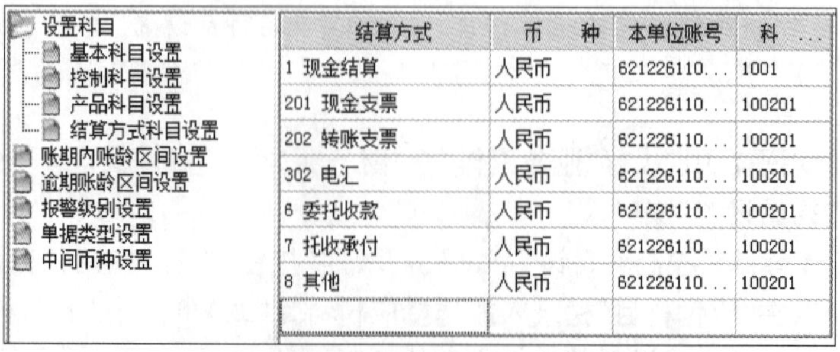

结算方式	币　种	本单位账号	科 ...
1 现金结算	人民币	621226110...	1001
201 现金支票	人民币	621226110...	100201
202 转账支票	人民币	621226110...	100201
302 电汇	人民币	621226110...	100201
6 委托收款	人民币	621226110...	100201
7 托收承付	人民币	621226110...	100201
8 其他	人民币	621226110...	100201

图 4-35 “初始设置-结算方式科目设置”窗口

指导提示：

◆ 结算方式科目设置是针对已经设置的结算方式设置相应的结算科目。即在付款或收款时只要录入结算时使用的结算方式，就可以由系统自动生成该种结算方式所用的会计科目。

◆ 在此不设置结算方式科目，则在付款或收款时可以手工输入不同的结算方式所对应的会计科目。

（三）应付款管理系统期初余额录入

1. 录入期初采购发票

（1）在企业应用平台中，执行“业务工作”→“财务会计”→“应付款管理”→“设置”→“期初余额”命令，打开“期初余额-查询”窗口。

（2）单击“确定”按钮，打开“期初余额明细”窗口。

（3）单击“增加”按钮，打开“单据类别”窗口，选择“单据名称”为“采购发票”，“单据类型”为“采购专用发票”，“方向”为“正向”。

（4）单击“确定”按钮，打开“采购专用发票”窗口。

（5）单击“增加”按钮，修改开票日期为“2017－12－20”，单击“供应商”栏的参照按钮，选择“华龙公司”，在“部门”栏选择“采购部”，在“备注”栏录入“采购钢管”，在“税率”栏录入“16”，在“存货编码”栏录入“001”，或单击“存货编码”栏的参照按钮，选择“001”，在数量了栏录入“200”在“原币单价”栏录入“200”.单击“保存”按钮，如图 4－36 所示。

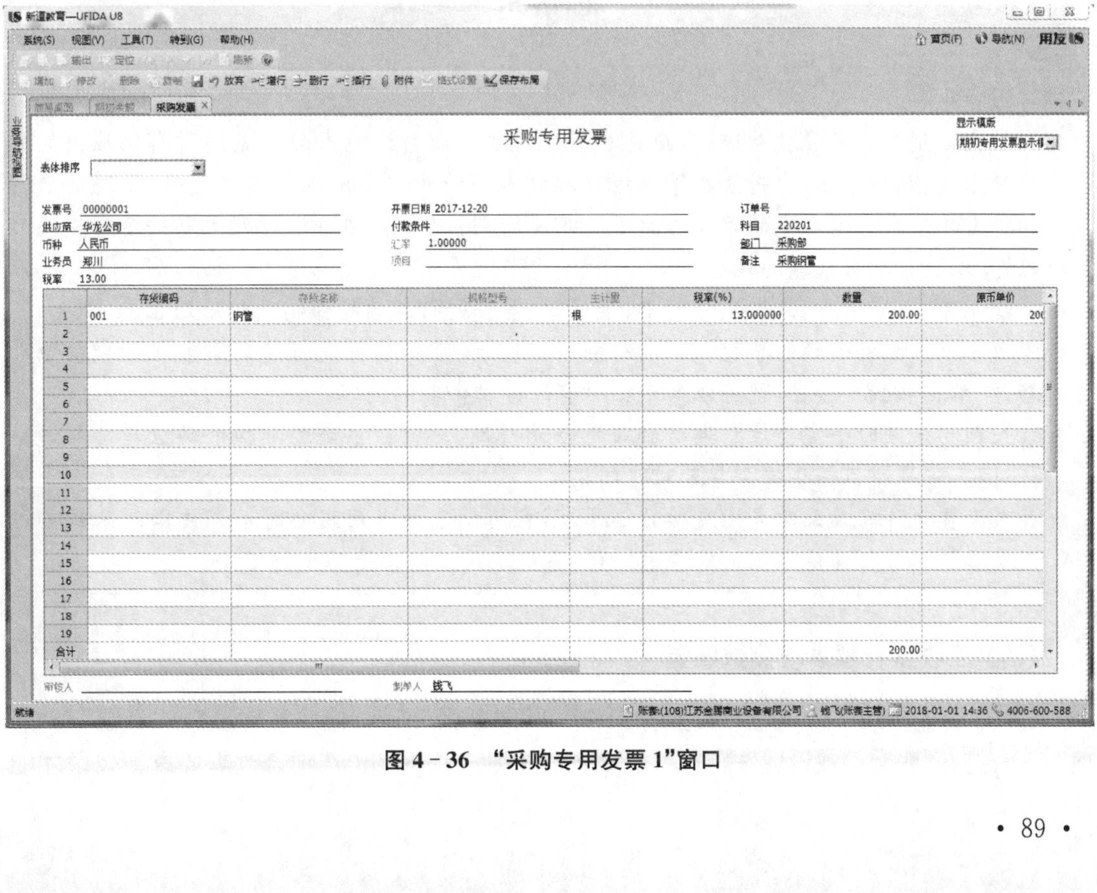

图 4－36　“采购专用发票 1”窗口

(6) 依次方法录入第 2 张采购专用发票。如图 4-37 所示。

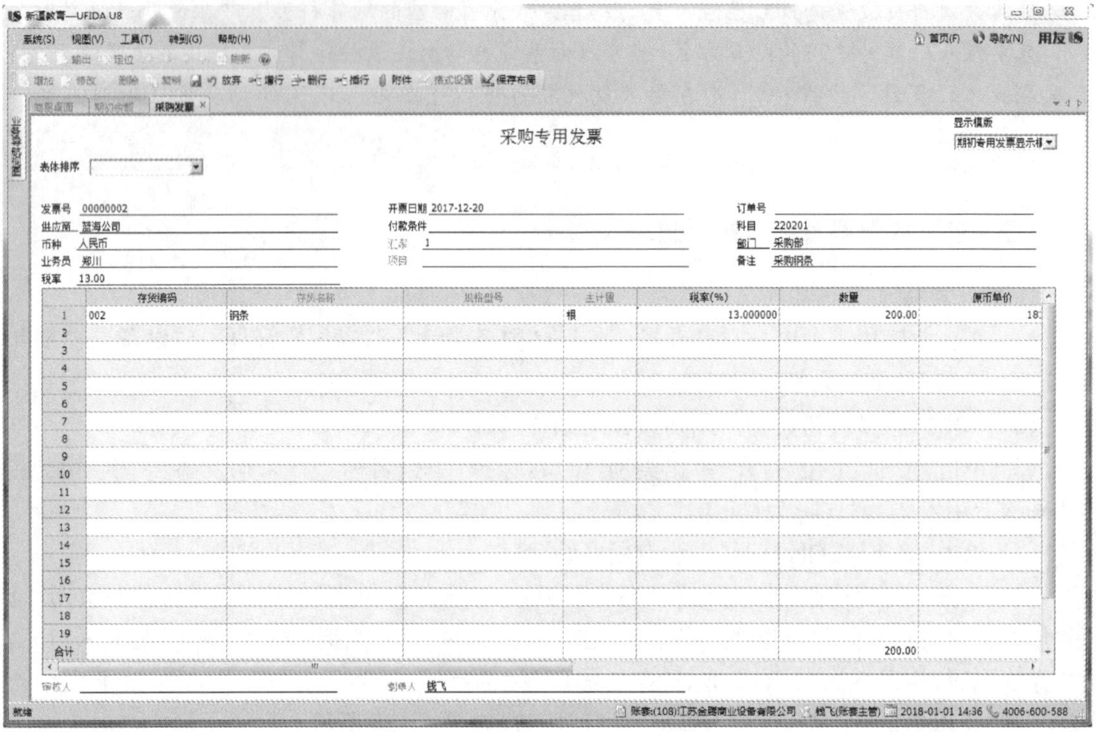

图 4-37 "采购专用发票 2"窗口

指导提示：

- ◆ 在初次使用应付款管理系统时，应将启用应付款管理系统时未处理完的所有供应商的应付账款、预付账款、应付票据等数据录入到本系统中。当进入第二年度时，系统会自动将上年度期末处理完的单据转为下一年度的期初余额。在下一年度的第一会计期间里，可以进行期初余额的调整。
- ◆ 日常业务中，可对期初发票、应付单、预付款、票据进行后续的核销及转账处理。
- ◆ 退出了录入期初余额的单据，在"期初余额明细表"窗口中并没有看到新录入的期初余额，应单击"刷新"按钮，就可以列示出所有的期初余额的内容。
- ◆ 录入期初余额时一定要注意期初余额的会计科目，应付款系统的期初余额应与总账进行对账，如果科目错误将会导致对账错误。
- ◆ 并未设置允许修改采购专用发票的编号，则在填制采购专用发票时不允许修改采购专用发票的编号。其他单据的编号也一样，系统默认的状态是不允许修改。

(四) 应收款管理系统参数设置

(1) 在企业应用平台中，执行"业务工作"→"财务会计"→"应收款管理"→"设置"→"选项"命令，打开"账套参数设置"窗口，单击"编辑"按钮，系统弹出"选项修改需要重新登录才能生效”窗口，如图 4－38 所示。

(2) 单击“确定”按钮。打开“常规”选项卡，修改单据审核日期依据为“单据日期”；单击“坏账处理方式”栏的下三角按钮，选择“应收余额百分比法”，勾选“自动计算现金折扣”前的复选框，如图 4－39 所示。

(3) 打开“凭证”选项卡，选择受控科目制单方式“明细到单据”，如图 4－40 所示。

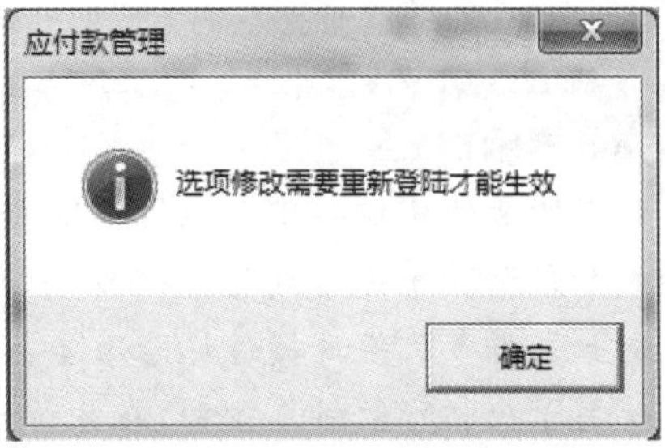

图 4－38　“选项修改需要重新登录才能生效提示”窗口

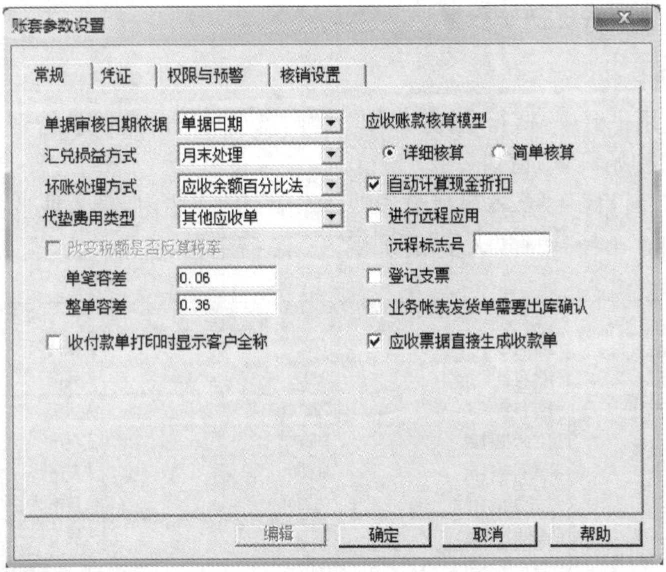

图 4－39　“账套参数设置-常规”窗口

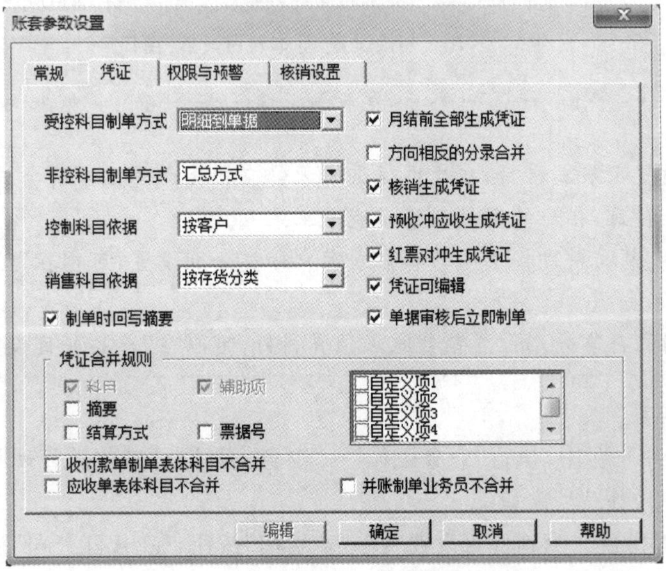

图 4－40　“账套参数设置-凭证”窗口

(4) 单击"确定"按钮。

指导提示:

◆ 在账套使用过程中可以修改账套参数。

◆ 如果选择单据日期为审核日期,则月末结账时单据必须全部审核。

◆ 如果当年已经计提过坏账准备,则坏账处理方式不能修改,只能下一年度修改。

◆ 关于应收账款核算模型,在系统启用时或者还没有进行任何业务处理的情况下才允许从简单核算改为详细核算;从详细核算改为简单核算随时可以进行。

(五) 应收款管理系统初始设置

1. 设置基本科目

(1) 在企业应用平台中,执行"业务工作"→"财务会计"→"应收款管理"→"设置"→"初始设置"命令。打开"初始设置"窗口。

(2) 选择"设置科目"→"基本科目设置"。单击"增加"按钮,录入或选择应收科目"1122"及其他的基本科目,"币种"选择"人民币"如图4-41所示。

设置科目
基本科目设置
控制科目设置
产品科目设置
结算方式科目设置
坏账准备设置
账期内账龄区间设置
逾期账龄区间设置
报警级别设置
单据类型设置
中间币种设置
基础科目种类
科目
币种
应收科目
1122
人民币
预收科目
2203
人民币
税金科目
22210102
人民币
现金折扣科目
660302
人民币
票据利息科目
660301
人民币
票据费用科目
660301
人民币
销售收入科目
6001
人民币
销售退回科目
6001
人民币

图4-41 "初始设置-基本科目设置"窗口

指导提示:

◆ 只有在这里设置了基本科目,在生成凭证时才能直接生成凭证中的会计科目,否则凭证中将没有会计科目,相应的会计科目只能手工录入。

◆ 如果应收科目、预收科目按不同的客户或客户分类分别设置,可以在"控制科目设置"中设置。

◆ 如果针对不同的存货分别设置销售收入核算科目,可以在"产品科目设置"中进行设置。

2. 设置控制科目

(1) 在企业应用平台中,执行"业务工作"→"财务会计"→"应收款管理"→"设置"→"初始设置"命令,打开"初始设置"窗口。

(2) 选择"设置科目""控制科目设置",单击"增加"按钮,在"长江公司"后录入或选择应收科目"1122"、录入或选择预收科目"2203",依此方式设置其他的控制科目,如图4-42所示。

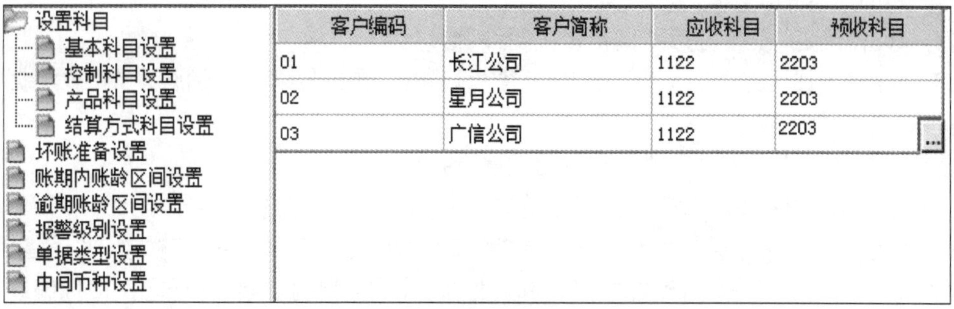

客户编码	客户简称	应收科目	预收科目
01	长江公司	1122	2203
02	星月公司	1122	2203
03	广信公司	1122	2203

图 4－42　“初始设置-控制科目设置”窗口

3. 设置结算方式科目

(1) 在企业应用平台中，执行“业务工作”→“财务会计”→“应收款管理”→“设置”→“初始设置”命令，打开“初始设置”窗口。选择“设置科目”→“结算方式科目设置”，单击“增加”按钮，在“结算方式”栏下拉列表中选项“现金结算”，单击“币种”栏，选择“人名币”，在“本单位账号”栏录入“6212261103537627628”在“科目”栏录入或选择“1001”。依此方法继续录入其他的结算方式科目，如图 4－43 所示。

结算方式	币　种	本单位账号	科　...
1 现金结算	人民币	621226110...	1001
201 现金支票	人民币	621226110...	100201
202 转账支票	人民币	621226110...	100201
302 电汇	人民币	621226110...	100201
6 委托收款	人民币	621226110...	100201
7 托收承付	人民币	621226110...	100201
8 其他	人民币	621226110...	100201

图 4－43　“初始设置-结算方式科目设置”窗口

指导提示：

◆ 结算方式科目设置是针对已经设置的结算方式设置相应的结算科目。即在收款或付款时只要录入结算时使用的结算方式，就可以由系统自动生成该种结算方式所使用的会计科目。

◆ 如果在此不设置结算方式科目，则在收款或付款时可以手工录入不同结算方式对应的会计科目。

(六) 应收款管理系统期初余额录入

1. 录入期初销售发票

(1) 在企业应用平台中，执行“业务工作”→“财务会计”→“应收款管理”→“设置”→“期初余额”命令,打开“期初余额-查询”窗口。

(2) 单击“确定”按钮,打开“期初余额明细”窗口。

(3) 单击“增加”按钮,打开“单据类别”窗口,选择“单据名称”为“销售发票”,“单据类型”为“销售专用发票”,“方向”为“正向”。

(4) 单击“确定”按钮,打开“销售专用发票”窗口。

(5) 单击“增加”按钮,修改开票日期为“2017－12－15”,录入发票号“3480109”,单击“客户名称”栏的参照按钮,选择“长江公司”,在“税率”栏录入“16”,在“备注”栏录入“销售钢制货架”,在“业务员”栏录入“李娜”,在“存货编码”栏录入“004 钢制货架”,或单击“存货编码”栏的参照按钮,选择“004 钢制货架”,在数量了栏录入“200”在“无税单价”栏录入“274.78”,单击“保存”按钮,如图 4－44 所示。

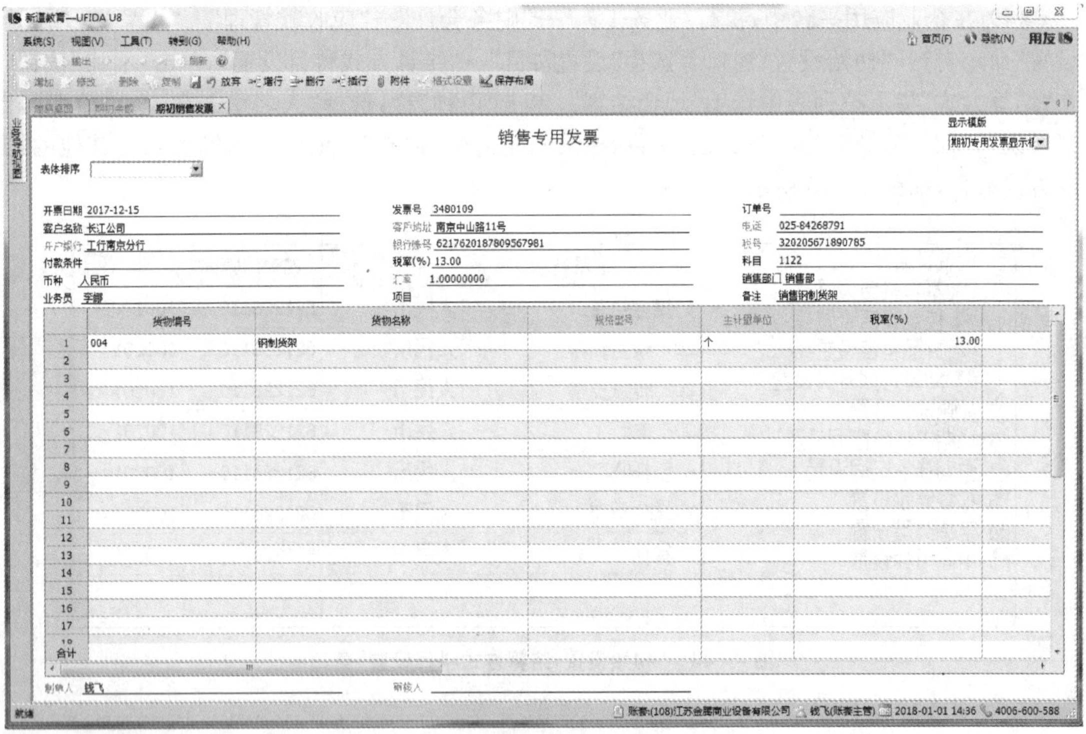

图 4－44 “期初销售发票”窗口

(6) 单击“保存”按钮。

指导提示:

- ◆ 在初次使用应收款管理系统时,应将启用应收教管理系统时未处理完的所有科目的应收账款、预收账款、应收票据等数据录入到本系统。当进入第二年度时,系统自动将上年度未处理完的单据转为下一年度的期初余额。在下一年度的第一会计期间里,可以进行期初余额的调整。
- ◆ 如果退出了录入期初余额的单据。在”期初余额明细表”窗口中并没有看到新录入的期初余额,应单击”刷新”按钮,就可以列示出所有的期初余额的内容。

- 在录入期初余额时一定要注意期初余额的会计科目。应收款管理系统的期初余额应与总账进行对账,如果科目错误将会导致对账错误。
- 如果并未设置允许修改销售专用发票的编号,则在填制销售专用发票时不允许修改销售专用发票的编号。其他单据的编号也一样,系统默认的状态是不允许修改。

项目五　供应链系统业务处理

任务一　普通采购业务

项目五
任务一操作视频

【任务要求】

- 填制采购订单
- 生成采购到货单
- 生成采购入库单
- 填制采购专用发票
- 采购结算

【任务资料】

2018 年 1 月 5 号，以“005 郑川”的身份进入企业应用平台。从华龙公司采购钢管，取得票据如图 5－1～5－3 所示。

科技伴随　高效学习

购 销 合 同

合同编号 CG001

购货单位（甲方）：　江苏金腾商业设备有限公司

供货单位（乙方）：　华龙钢管有限公司

根据《中华人民共和国合同法》及国家相关法律、法规之规定，甲乙双方本着平等互利的原则，就甲方购买乙方货物一事达成以下协议。

一、货物的名称、数量及价格：

货物名称	规格型号	单位	数量	单价	金额	税率	价税合计
钢管			50	100.00	5,000.00	13%	5,650.00
合计（大写）　柒万元整							5,650.00

二、交货方式和费用承担：交货方式：销货方送货，交货时间：2018年1月5日前，交货地点：江苏金腾商业设备有限公司，运费由销售方承担。

三、付款时间与付款方式：2018年1月31日前，转账支票。

四、质量异议期：订货方对供货方的货物质量有异议时，应在收到货物后30日内提出，逾期视为货物质量合格。

五、未尽事宜经双方协商可作补充协议，与本合同具有同等效力。

六、本合同自双方签字、盖章之日起生效；本合同壹式贰份，甲乙双方各执壹份。

甲方（签章）：　　乙方（签章）：

授权代表：钢飞　　授权代表：谢颖

地　址：无锡市经济开发区惠民路1号　　地　址：上海市黄浦路53号

电　话：0510-84479252　　电　话：021-82678372

日　期：2018 年 1 月 2 日　　日　期：2018 年 1 月 2 日

江苏金腾商业设备有限公司

华龙钢管有限公司

图 5－1　购销合同

3200151140 江苏增值税专用发票 № 463264 32001511 4632648

发票联 开票日期：2018年1月2日

购买方	名称：江苏金腾商业设备有限公司 纳税人识别号：320205600549925 地址、电话：无锡市经济开发区惠民路1号0510-84479252 开户行及账号：中国工商银行无锡分行6212261103537627628				密码区	172312-4-275<1+46*54* 82*59* 181321><8182*59*09618153</ <4<3*2702-9>9*+153</0>2-3 *08/4>*>>2-3*0/9/>>25-275<1		
货物或应税劳务、服务名称	规格型号	单位	数量	单价	金额	税率	税额	
钢管			50	100.00	5,000.00	13	650.00	
合计					¥5,000.00		¥650.00	
价税合计（大写）	⊗伍仟陆佰伍拾元整				（小写）¥5,650.00			
销售方	名称：华龙钢管有限公司 纳税人识别号：320206732431647 地址、电话：上海市黄浦路53号021-82678372 开户行及账号：中国工商银行上海分行6217620187809786322				备注			

收款人：略 复核：略 开票人：略 销售方：（章）

税总函[2016]××号××××公司

第三联：发票联 购买方记账凭证

图 5－2 增值税专用发票

入 库 单

No. 45280548

供货单位：华龙钢管有限公司 2018 年 1 月 5 日

编号	品名	规格	单位	数量	单价	金额	备注
001	钢管			50	100.00	5,000.00	
合			计			5,000.00	

仓库主管：略 记账：略 保管：略 经手人：略 制单：略

图 5－3 入库单

【任务准备】

以 005 郑川身份登录进行采购管理业务。

【任务指导】

1. 填制采购订单

(1) 2018 年 1 月 5 号，采购部郑川在企业应用平台中执行“业务工作”→“供应链”→“采购管理”→“采购订货”→“采购订单”命令，打开“采购订单”窗口。

(2) 单击“增加”按钮，修改“订单日期”为“2018－01－02”，“订单编号”为“CG001”，选择“采购类型”为“正常采购”，选择“供应商”为“华龙公司”，选择“部门”为“采购部”，选择“业务员”为“郑川”，输入“税率”为“13”，付款条件为“01”，在表体中，选择“存货编码”为“001(钢管)”，输入“数量”为“50”，“原币单价”为“100”，修改“计划到货日期”为“2018－01－05”，单击“保存”按钮，如图 5－4 所示。

图 5-4 “采购订单”窗口

(3) 单击“审核”按钮,审核填制的采购订单。

2. 生成采购到货单

(1) 2018 年 1 月 5 号,采购部郑川在企业应用平台中执行“业务工作”→“供应链”→“采购管理”→“采购到货”→“到货单”命令,打开“到货单”窗口。

(2) 单击“增加”按钮,选择“生单”→“采购订单”命令,打开“查询条件选择-采购订单列表过滤”窗口,单击“确定”按钮,如图 5-5 所示。

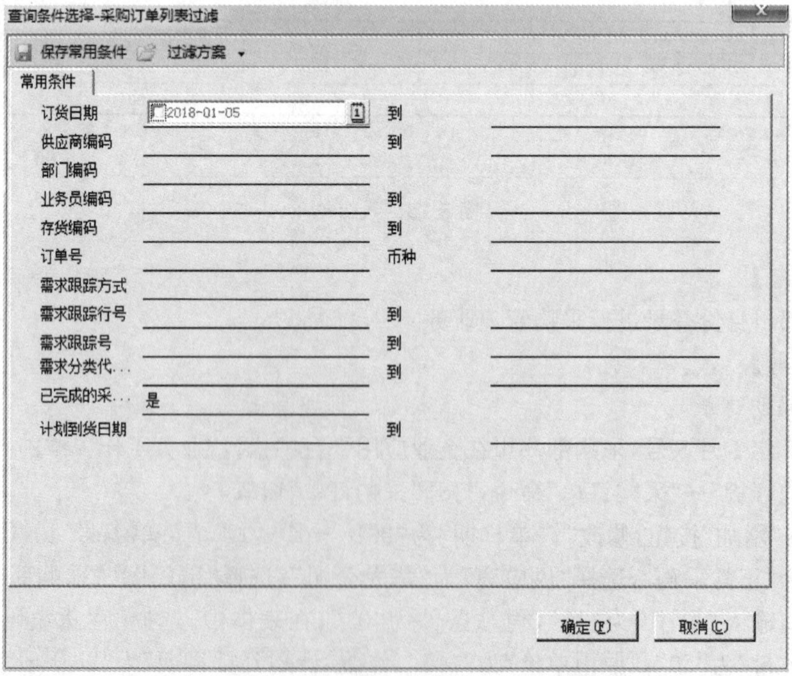

图 5-5 “查询条件选择-采购订单列表过滤”窗口

(3) 系统弹出“拷贝并执行”窗口，选中所要拷贝的采购订单，如图 5－6 所示，单击“确定”按钮，系统自动生成到货单，单击“保存”按钮。

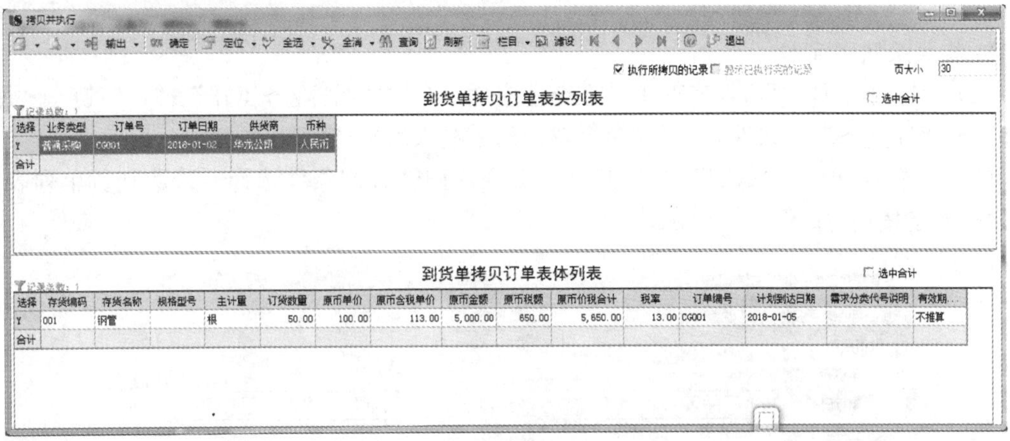

图 5－6　“拷贝并执行”窗口

(4) 单击“审核”按钮，根据采购订单生成的采购到货单，如图 5－7 所示。

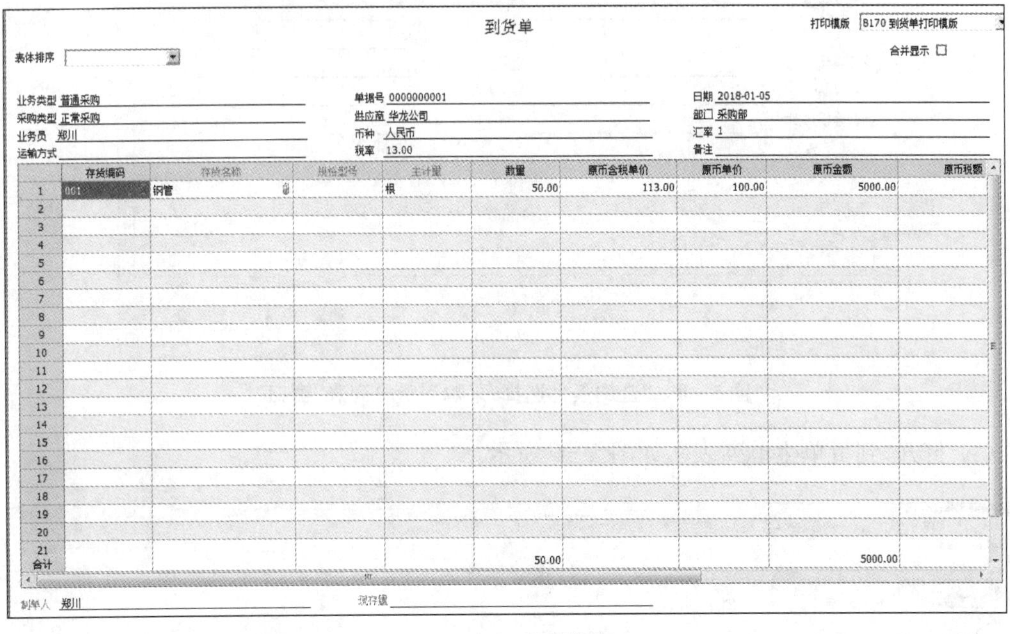

图 5－7　“到货单”窗口

指导提示：

◆ 采购到货单可以手工录入，也可以拷贝采购订单生成到货单。

◆ 如果采购到货单与采购订单信息有差别，可以直接据实录入到货单信息，或者直接修改生成的到货单信息，再单击“保存”按钮确认修改的到货单。

◆ 没有生成下游单据的采购到货单可以直接删除。

◆ 已经生成下游单据的采购到货单不能直接删除,需要先删除下游单据后,才能删除采购到货单。

3. 生成采购入库单

(1) 2018 年 1 月 5 号,生产部王伟在企业应用平台中执行"业务工作"→"供应链"→"库存管理"→"入库业务"→"采购入库单"命令,打开"采购入库单"窗口。

(2) 选择"生单"→"采购到货单(蓝字)"命令,打开"查询条件选择—采购到货单列表"窗口,单击确定按钮,如图 5-8 所示。

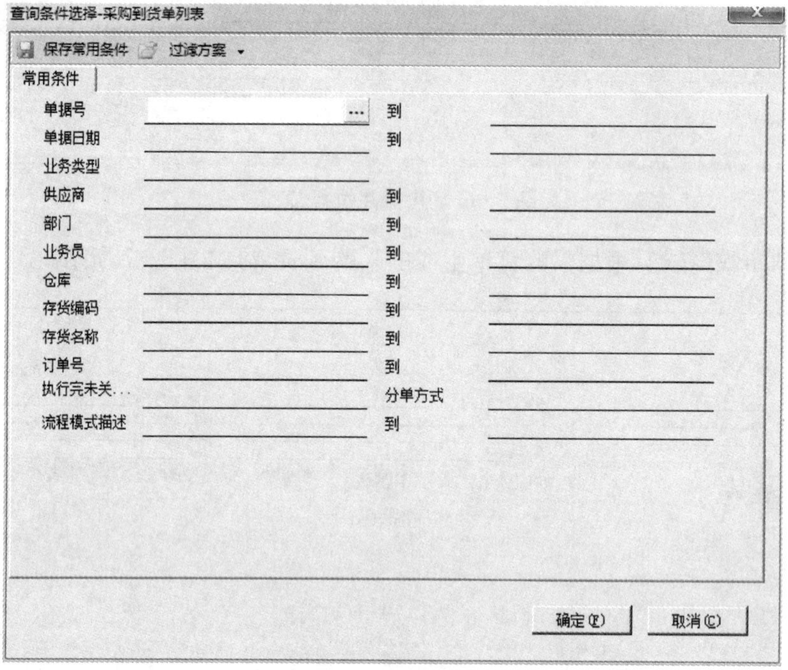

图 5-8 "查询条件选择-采购到货单列表"窗口

(3) 打开"到货单生单列表",如图 5-9 所示。

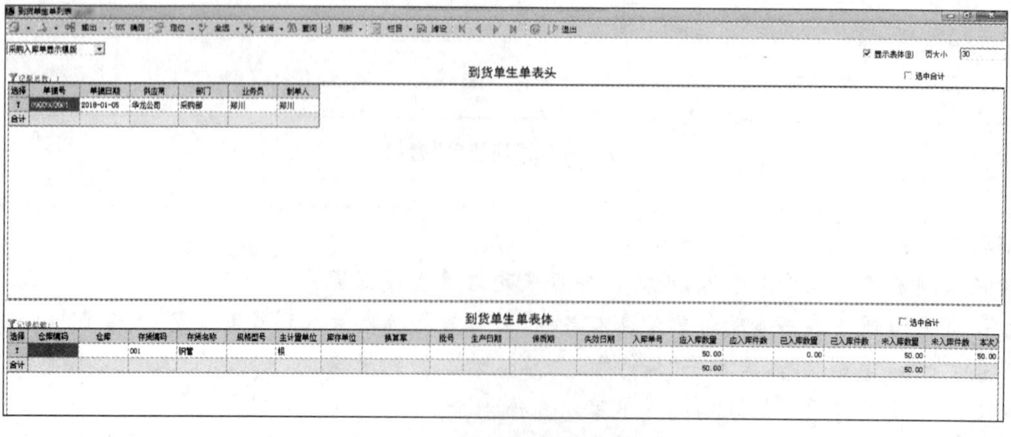

图 5-9 "到货单生单列表"窗口

(4) 选择相应的“到货单生单表头”，单击“确定”按钮，系统自动生成采购入库单，选择仓库为“原材料库”，单击“保存”按钮，如图 5-10 所示。

图 5-10　“采购入库单”窗口

(5) 单击“审核”按钮，系统提示“该单据审核成功！”，如图 5-11 所示。

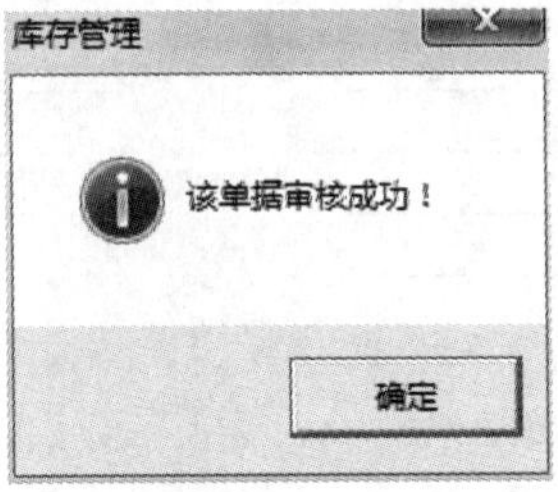

图 5-11　“单据审核成功提示”窗口

指导提示：

- 以账套主管“001 钱飞”打开数据权限控制设置，取消所有记录级数据权限控制
- 采购入库单必须在库存管理系统录入或生成。
- 在库存管理系统录入或生成的采购入库单，可以在采购管理系统查看，但不能修改或删除。

- 如果需要手工录入采购入库单,则在库存管理系统打开采购入库单窗口时,单击“增加”按钮,可以直接录入采购入库单信息。
- 如果在采购选项中设置了“普通业务必有订单”,则采购入库单不能手工录入,只能参照生成。如果需要手工录入采购入库单,则需要先取消“普通业务必有订单”选项。
- 采购入库单可以拷贝采购订单生成,也可以拷贝到采购到货单生成。根据上游单据拷贝生成下游单据后,上游单据不能直接修改、弃审。删除下游单据后,其上游单据才能执行“弃审”操作,弃审后才能修改。
- 查询采购入库单,可以在采购系统查看“采购入库单列表”。

4. 填制采购专用发票

(1) 2018年1月5日,采购部郑川在企业应用平台中执行“业务工作”→“供应链”→“采购管理”→“采购发票”→“专用采购发票”命令,打开“专用发票”窗口。

(2) 单击“增加”按钮,选择“生单”→“入库单”命令,打开“查询条件选择—采购人库单列表过滤”窗口,单击“确定”按钮,如图5-12所示。

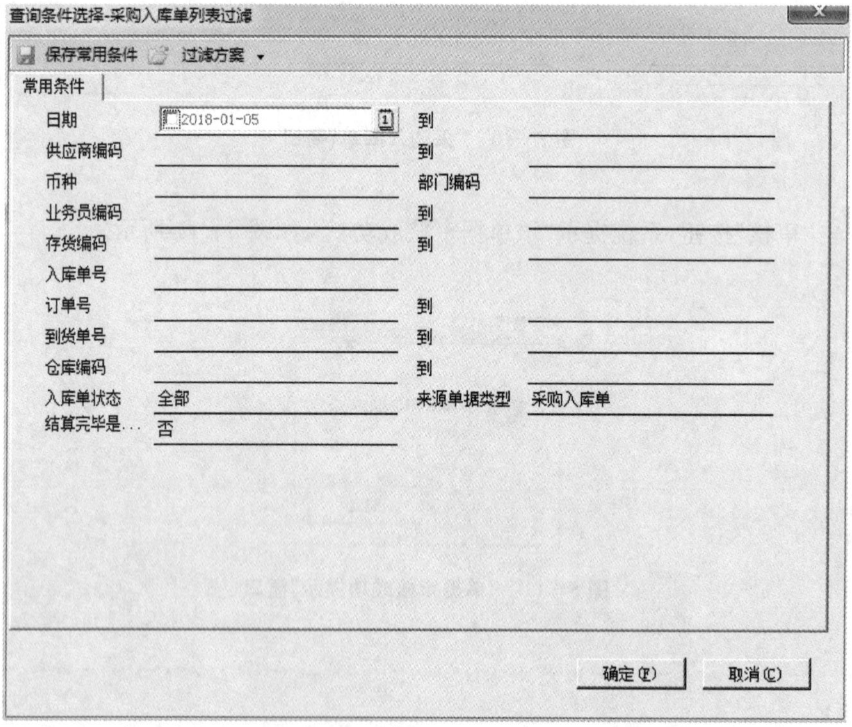

图5-12 “查询条件选择-采购入库单列表过滤”窗口

(3) 系统弹出“拷贝并执行”窗口,选中所要拷贝的采购人库单,如图5-13所示。

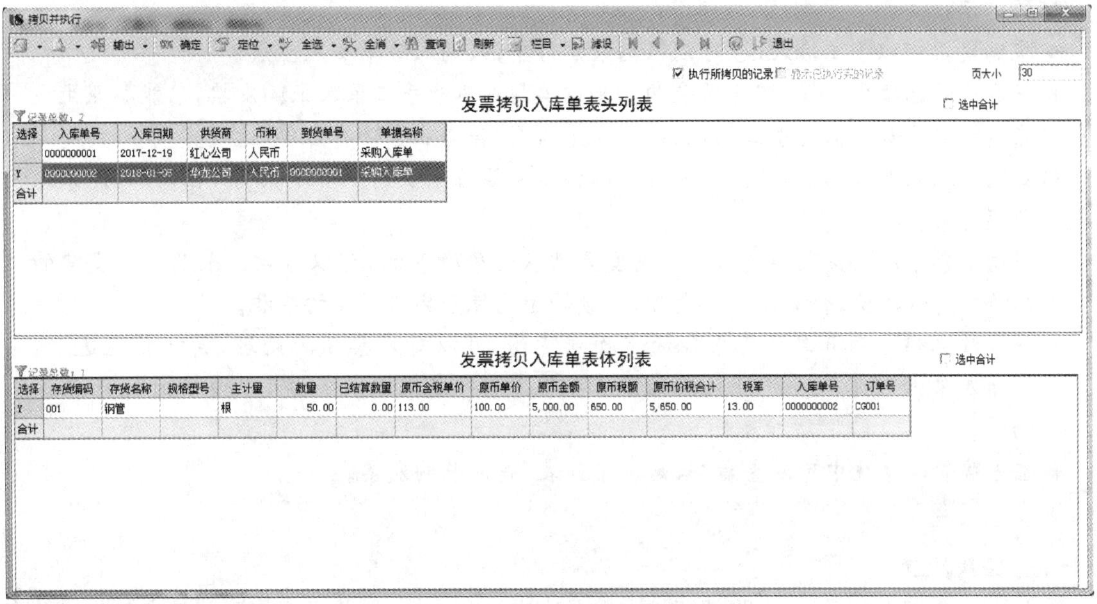

图 5-13　“拷贝并执行”窗口

(4) 单击“确定”按钮，系统自动生成采购专用发票，修改发票号为“4632648”，“税率”为“13”，如图 5-14 所示，系统自动弹出“采购管理”窗口，单击“否”按钮，单击“保存”按钮。

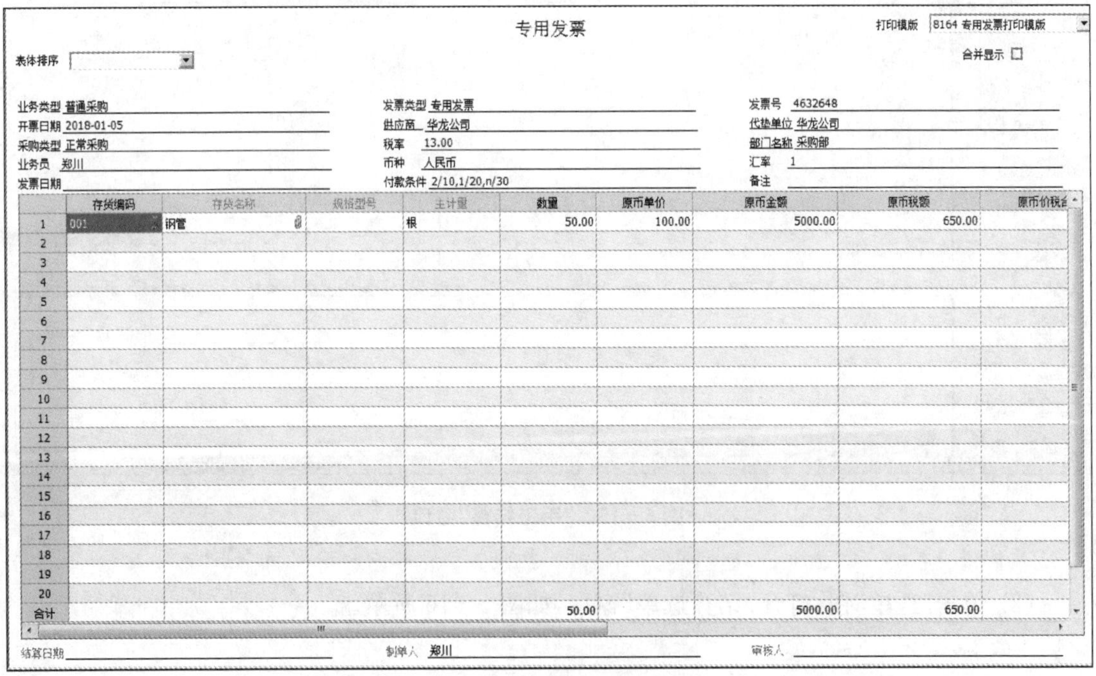

图 5-14　“采购专用发票”窗口

指导提示：

- 采购发票可以手工输入，也可以根据采购订单，采购入库单参照生成。
- 果在采购选项中设置了"普通采购必有订单"，则不能手工录入采购发票，只能参照生成采购发票。如果需要手工录入，则需要先取消"普通业务必有订单"选项。
- 如果录入采购专用发票，需要先在基础档案中设置有关开户银行信息，否则，只能录入普通发票。
- 采购发票中的表头税率是根据专用发票默认税率带入的，可以修改。采购专用发票的单价为无税单价，金额为无税金额，税额等于无税金额与税率的乘积。
- 如果收到供应商开具的发票但没有收到货物，可以对发票压单处理，待货物运达后，再输入采购入库单并进行采购核算；也可以先将发票输入系统，以便实时统计在途物资。
- 在采购管理系统中可以查看"采购发票列表"查询采购发票。

5. 采购结算

(1) 2018年1月5日，采购部郑川在企业应用平台中执行"业务工作"→"供应链"→"采购管理"→"采购结算"→"手工结算"命令，开"手工结算"窗口，如图5-15所示。

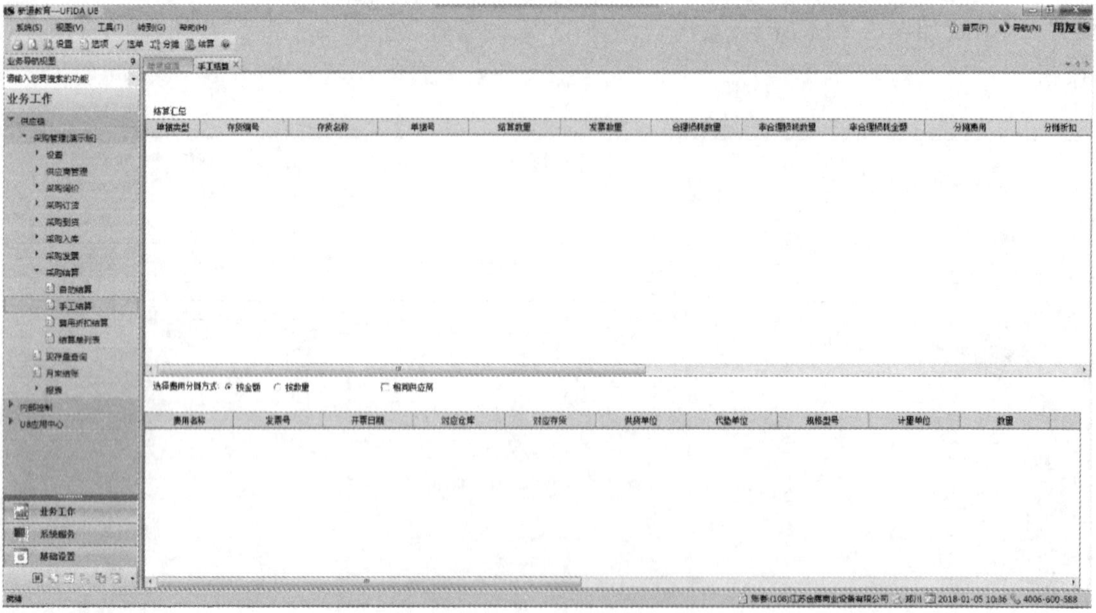

图5-15 "手工结算"窗口

(2) 单击"选单"钮，打开"结算选单"窗口，如图5-16所示。

图 5-16 "结算选单"窗口

(3) 单击"查询"按钮，打开"查询条件选择一采购手工结算"窗口，如图 5-17 所示。

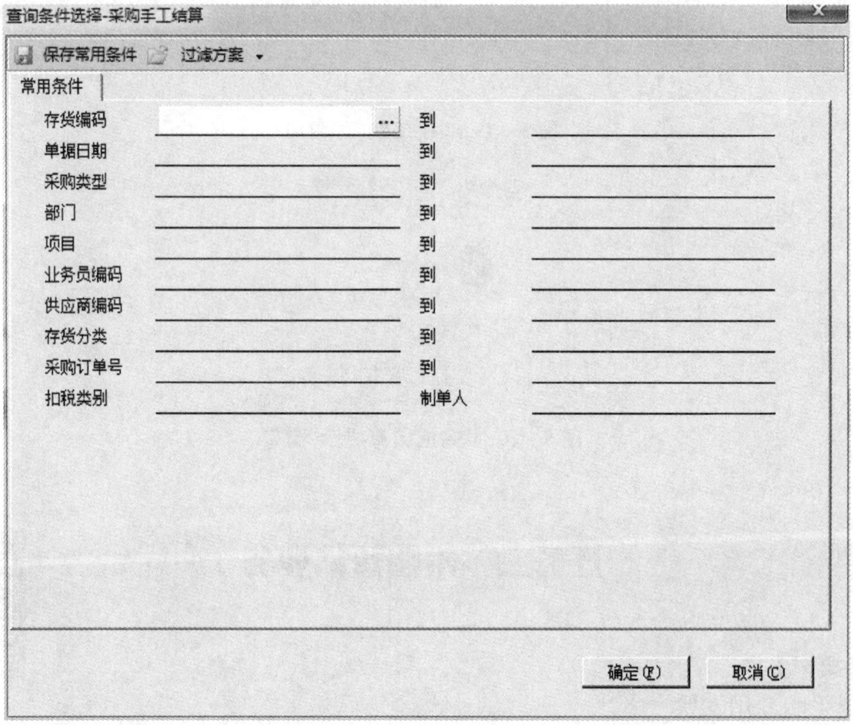

图 5-17 "查询条件选择-采购手工结算"窗口

(4) 选择相应的"采购发票"和"入库单"，如图 5-18 所示，单击"确定"按钮。

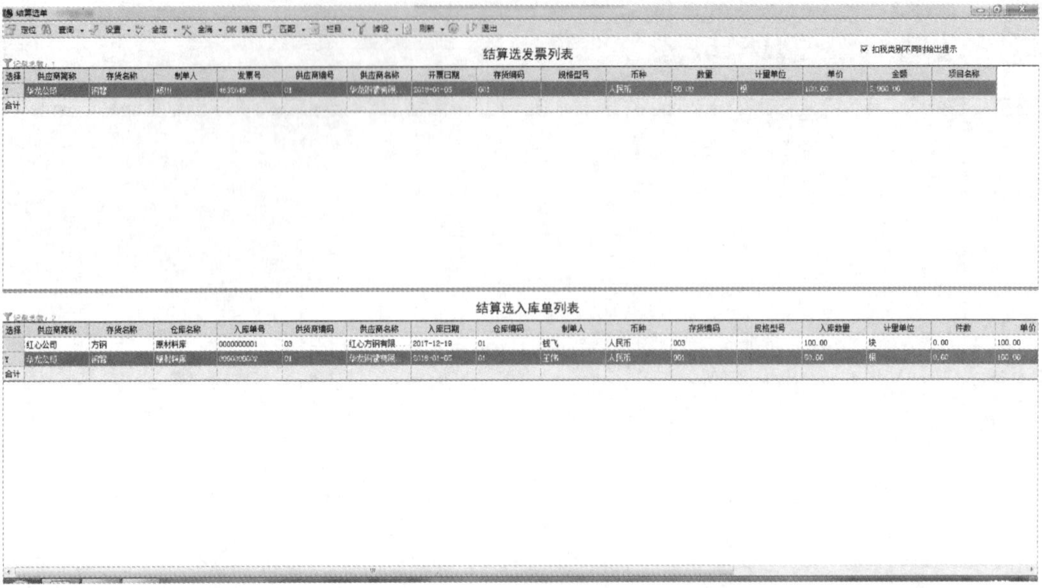

图 5 - 18 “结算选单”窗口

(5) 系统回到“手工结算”窗口，单击“结算”按钮，系统显示“完成结算!”，如图 5 - 19、图 5 - 20 所示。

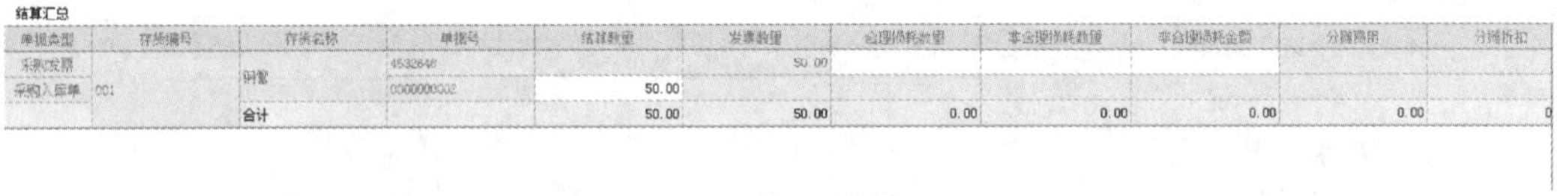

图 5 - 19 “手工结算”窗口

图 5 - 20 “完成结算提示”窗口

任务二 采购暂估业务

项目五
任务二操作视频

【任务要求】

● 填制采购专用发票

【任务资料】

2018 年 1 月 10 号，郑川收到 2017 年 12 月 19 日向红心公司采购方钢的发票。取得与业务相关的原始单据如图 5 - 21 所示。

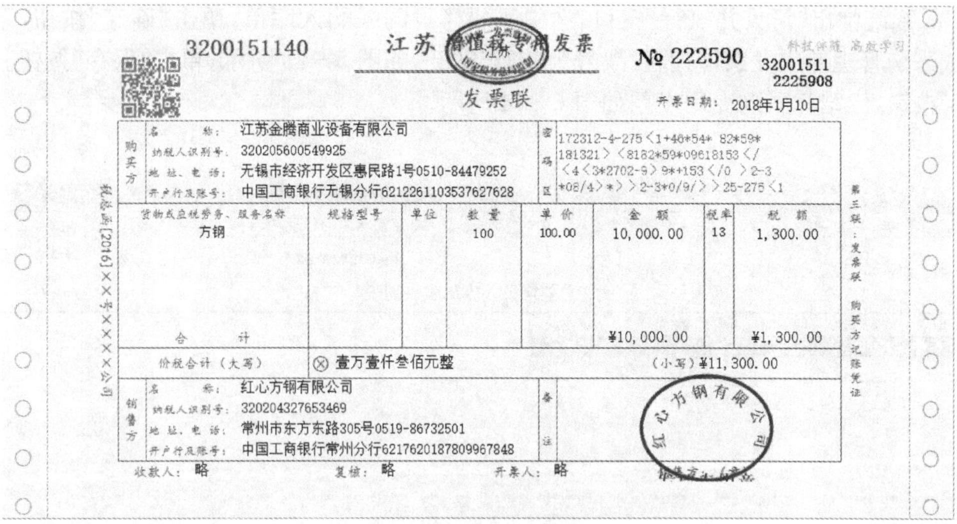

3200151140 江苏增值税专用发票 № 222590 32001511 2225908

发票联 开票日期：2018年1月10日

购买方	名称：江苏金腾商业设备有限公司 纳税人识别号：320205600549925 地址、电话：无锡市经济开发区惠民路1号0510-84479252 开户行及账号：中国工商银行无锡分行6212261103537627628			密码区	172312-4-275<1+46*54* 82*59* 181321><8182*59*09618153</ <4<3*2702-9>9*+153</0 >2-3 *08/4>*>>2-3*0/9/>>25-275<1		
货物或应税劳务、服务名称	规格型号	单位	数量	单价	金额	税率	税额
方钢			100	100.00	10,000.00	13	1,300.00
合计					¥10,000.00		¥1,300.00
价税合计（大写）	⊗壹万壹仟叁佰元整				（小写）¥11,300.00		
销售方	名称：红心方钢有限公司 纳税人识别号：320204327653469 地址、电话：常州市东方东路305号0519-86732501 开户行及账号：中国工商银行常州分行6217620187809967848			备注			

收款人：略 复核：略 开票人：略

第三联：发票联 购买方记账凭证

图 5－21 增值税专用发票

【任务准备】

以 005 郑川的身份填制采购专用发票填制采购专用发票

【任务指导】

(1) 2018 年 1 月 10 号，采购部郑川在企业应用平台中执行“业务工作”→“供应链”→“采购管理”→“采购发票”→“专用采购发票”命令，打开“采购专用发票”窗口。

(2) 单击“增加”按钮，选择“生单”“入库单”命令，打开“查询条件选择-采购入库单列表过滤”窗口，单击“确定”按钮。如图 5－22 所示。

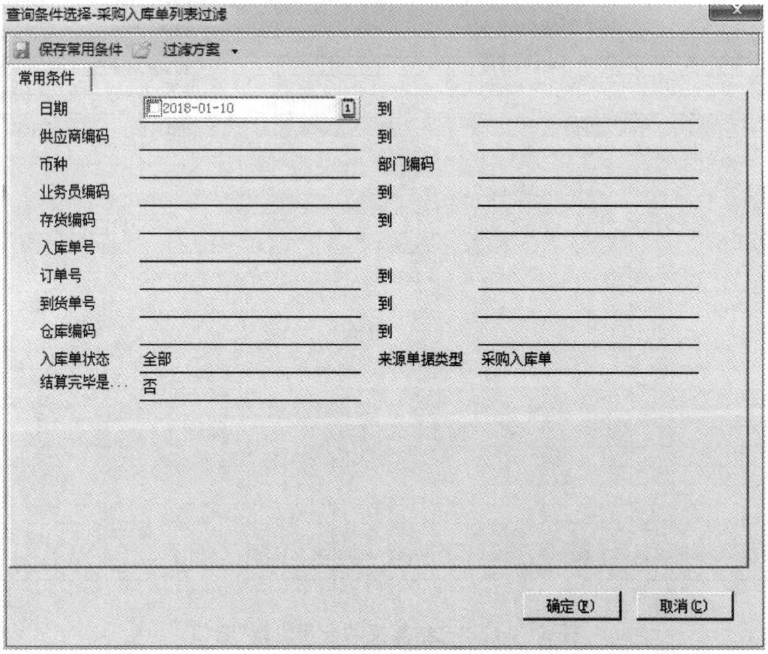

图 5－22 “查询条件选择-采购入库单列表过滤”窗口

(3) 系统弹出“拷贝并执行”窗口，选中所要拷贝的采购入库单，单击“确定”按钮，系统自动生成采购管理专用发票，修改发票号为“2225908”，如图 5-23 所示，单击“保存”按钮。单击“结算”按钮，已结算采购专用发票如图 5-24 所示。

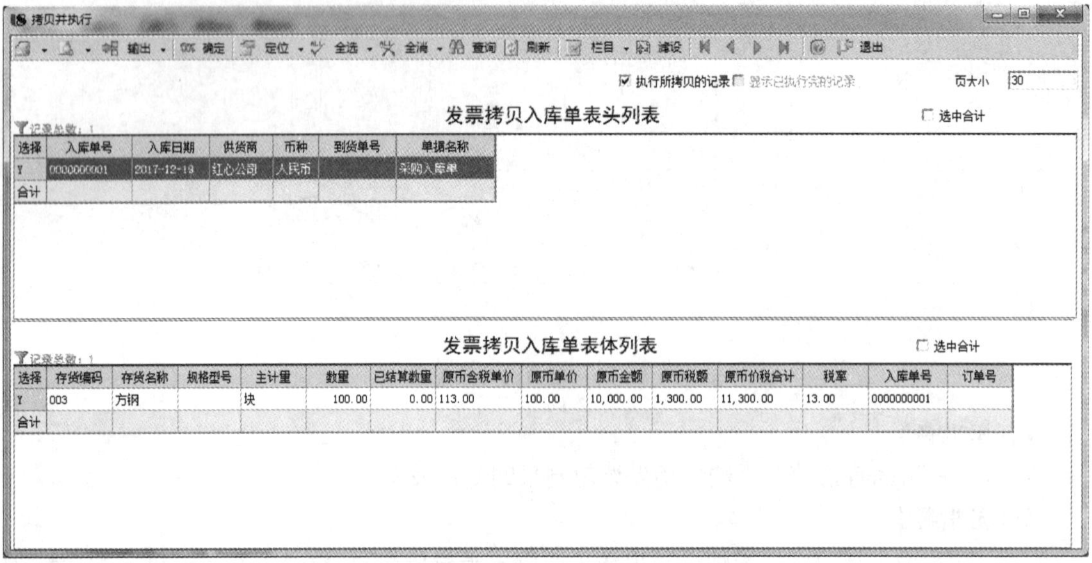

图 5-23 “拷贝并执行”窗口

图 5-24 “已结算采购专用发票”窗口

任务三　普通销售业务

项目五
任务三操作视频

【任务要求】

- 填制销售订单
- 生成销售专用发票
- 查询发货单
- 生成销售出库单

【任务资料】

2018 年 1 月 14 日，李娜与长江公司签订购销合同，取得与业务相关的原始单如图 5－25～5－27 所示。

科技伴随 高效学习

购 销 合 同

合同编号 XS001

购货单位（甲方）：　长江有限公司

供货单位（乙方）：　江苏金腾商业设备有限公司

根据《中华人民共和国合同法》及国家相关法律、法规之规定，甲乙双方本着平等互利的原则，就甲方购买乙方货物一事达成以下协议。

一、货物的名称、数量及价格：

货物名称	规格型号	单位	数量	单价	金额	税率	价税合计
钢制货架			1000	300.00	300,000.00	13%	339,000.00
合计（大写）　叁拾万叁仟元整							339,000.00

二、交货方式和费用承担：交货方式：购货方自行提货，交货时间：2018年1月14日前，交货地点：长江有限公司，运费由购买方承担。

三、付款时间与付款方式：2018年1月31日前，转账支票。

四、质量异议期：订货方对供货方的货物质量有异议时，应在收到货物后 30日 内提出，逾期视为货物质量合格。

五、未尽事宜经双方协商可作补充协议，与本合同具有同等效力。

六、本合同自双方签字、盖章之日起生效；本合同壹式贰份，甲乙双方各执壹份。

甲方（签章）：	乙方（签章）：
授权代表：郑志龙	授权代表：钱飞
地　址：南京市中山路11号	地　址：无锡市经济开发区惠民路1号
电　话：025-84268791	电　话：0510-84479252
日　期：2018 年 1 月 14 日	日　期：2018 年 1 月 14 日

图 5－25　购销合同

科技伴随 高效学习

3200151140 江苏增值税专用发票 № 448025 32001511 4480253

发票联 开票日期：2018年1月14日

购买方	名称：长江有限公司 纳税人识别号：320205671890785 地址、电话：南京市中山路11号025-84268791 开户行及账号：中国工商银行南京分行6222024301062857981				密码区	172312-4-275 <1+46*54* 82*59* 181321> <8162*59*09618153</ <4<3*2702-9>9*+153</0 >2-3 *08/4>*>>2-3*0/9/>>25-275<1		
货物或应税劳务、服务名称	规格型号	单位	数量	单价	金额	税率	税额	
钢制货架			1000	300.00	300,000.00	13	39,000.00	
合计					¥300,000.00		¥39,000.00	
价税合计（大写）	⊗叁拾叁万玖仟元整				（小写）¥339,000.00			
销售方	名称：江苏金腾商业设备有限公司 纳税人识别号：320205600549925 地址、电话：无锡市经济开发区惠民路1号0510-84479252 开户行及账号：中国工商银行无锡分行6212261103537627628				备注			

收款人： 复核： 开票人： 销售方：（章）

税总函[2016]××号××××公司

第三联：发票联 购买方记账凭证

图 5－26 增值税专用发票

科技伴随 高效学习

出库单 No. 6194106

购货单位：长江有限公司 2018 年 1 月 14 日

编号	品名	规格	单位	数量	单价	金额	备注
001	钢制货架		个	1000	300.00	300,000.00	
合计						300,000.00	

仓库主管：略 记账：略 保管：略 经手人：略 制单：略

第一联 存根联

图 5－27 出库单

【任务准备】

以 006 李娜的身份填制销售订单、销售专用发票(复核)

【任务指导】

1. 填制销售订单

(1) 2018 年 1 月 14 日，销售部李娜在企业应用平台中执行“业务工作”→“供应链”→“销售管理”→“销售订货”→“销售订单”命令，打开“销售订单”窗口。

(2) 单击“增加”按钮，修改“订单编号”为“XS001”，选择“销售类型”为“正常销售”，选择“客户”为“长江公司”，选择“部门”为“销售部”，选择“业务员”为“李娜”，输入“税率”为“13”，付款条件为“01”，在表体中，选择“存货编码”为“004(钢制货架)”，输入“数量”为“1000”，“无税单价”为“300”，修改“预发货日期”为“2018－01－14”，单击“保存”按钮。

(3) 单击“审核”按钮，审核填制的销售订单，如图 5－28 所示。

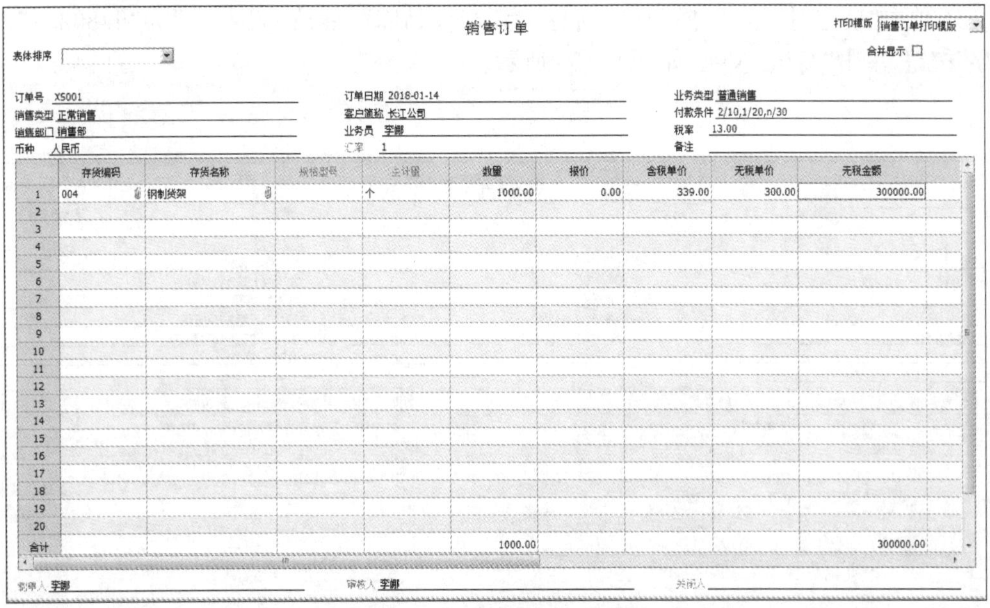

图 5-28　“销售订单”窗口

2. 生成销售专用发票

(1) 2018 年 1 月 14 号，销售部李娜在企业应用平台中执行“业务工作”→“供应链”→“销售管理”→“销售开票”→“销售专用发票”命令，打开“销售专用发票”窗口。

(2) 单击“增加”按钮，系统弹出“查询条件选择—参照订单”窗口，选择相应的订单，如图 5-29 所示。

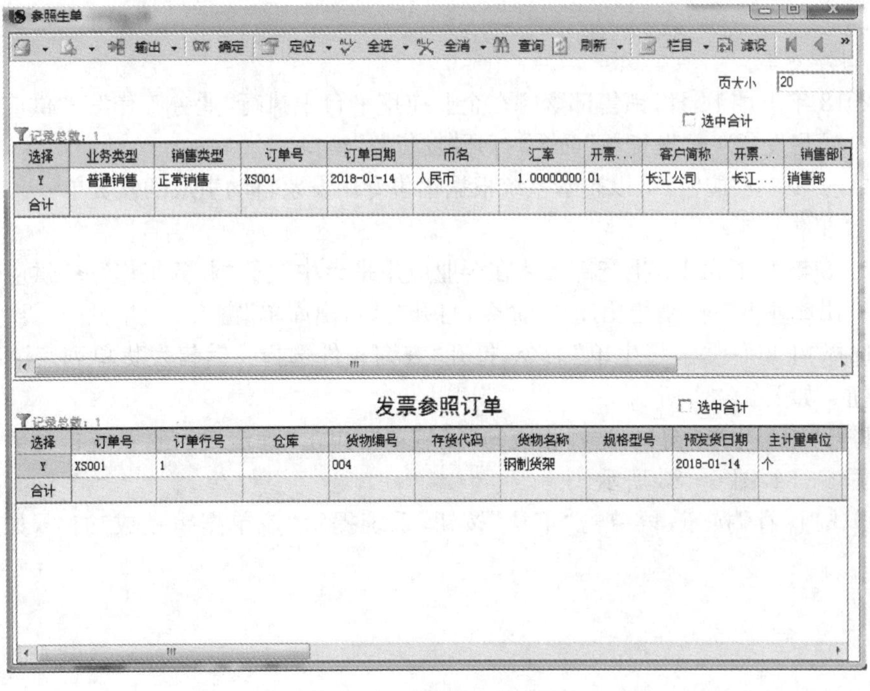

图 5-29　“参照生单”窗口

(3) 单击“确定”按钮,选择“仓库名称”为“产成品库”,修改“发票号”为“4480253”,单击“保存”按钮,单击“复核”按钮,如图 5-30 所示。

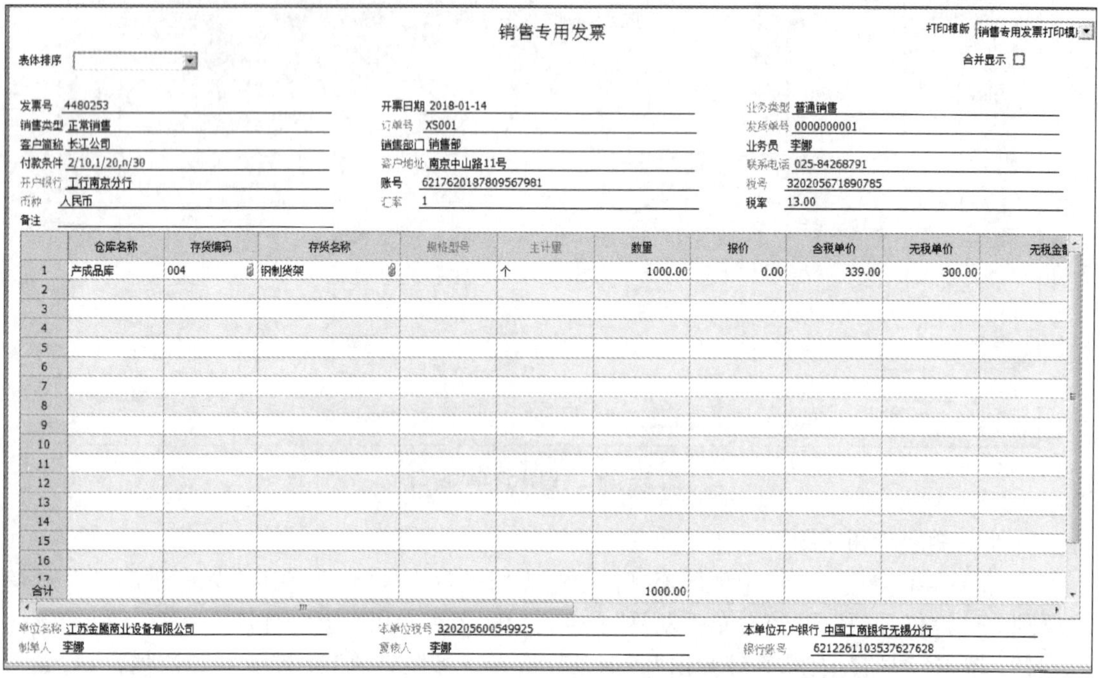

图 5-30 “销售专用发票”窗口

3. 查询发货单

(1) 2018 年 1 月 14 日,销售部李娜在企业应用平台中执行“业务工作”→“供应链”→“销售管理”→“销售发货”→“发货单”命令,打开“发货单”窗口。

(2) 单击“← →”按钮,可以查看系统根据销售专用发票自动生成的发货单。

4. 生成销售出库单

(1) 2018 年 1 月 14 日,生产部王伟在企业应用平台中执行“业务工作”→“供应链”→“库存管理”→“出库业务”→“销售出库单”命令,打开“销售出库单”窗口。

(2) 选择“生单”→“销售生单”命令,打开“查询条件选择—销售发货单列表”窗口,单击“确定”按钮。如图 5-31 所示。

(3) 打开“销售生单”窗口,选择相应的“发货单”,单击“确定”按钮,系统自动生成销售出库单。如图 5-32,图 5-33 所示。

(4) 单击“保存”按钮,再单击“审核”按钮,系统提示“该单据审核成功!”,如图 5-34 所示。

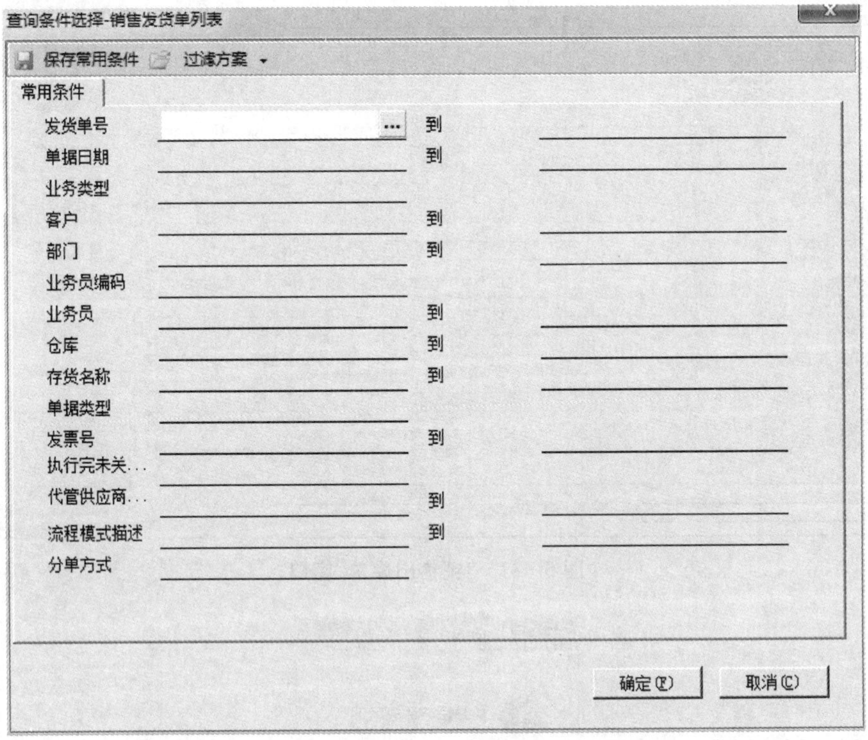

图 5－31　“查询条件选择—销售发货单列表”窗口

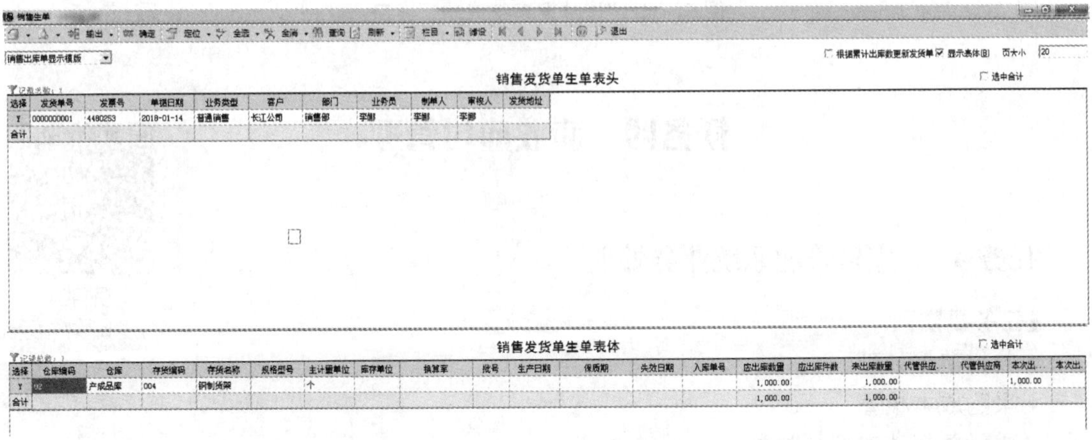

图 5－32　“销售生单”窗口

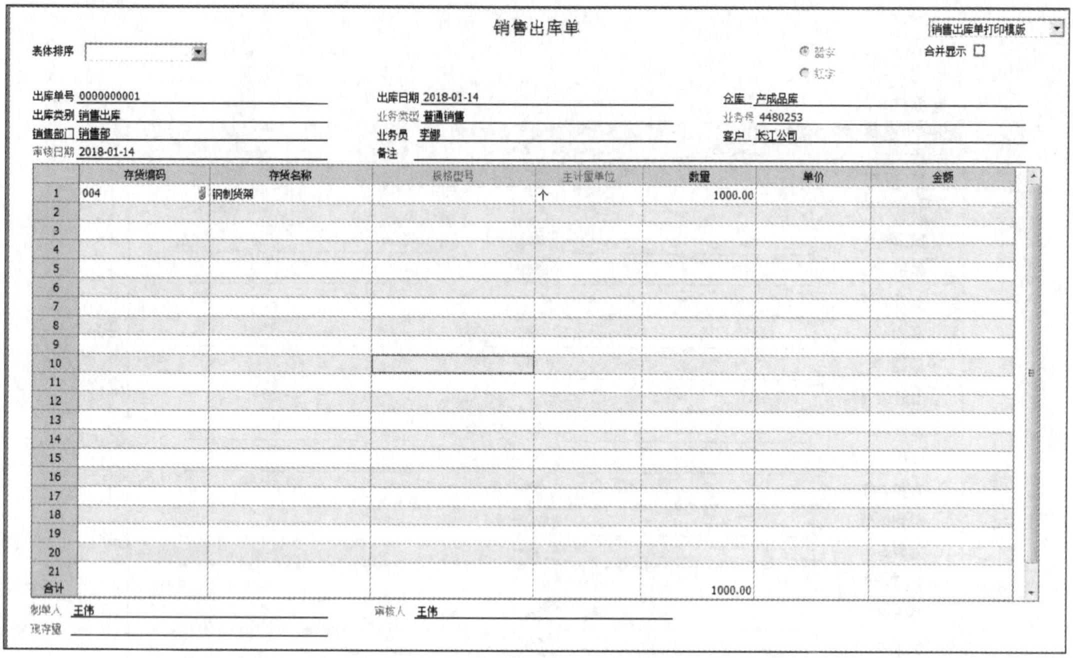

图 5-33 “销售出库单”窗口

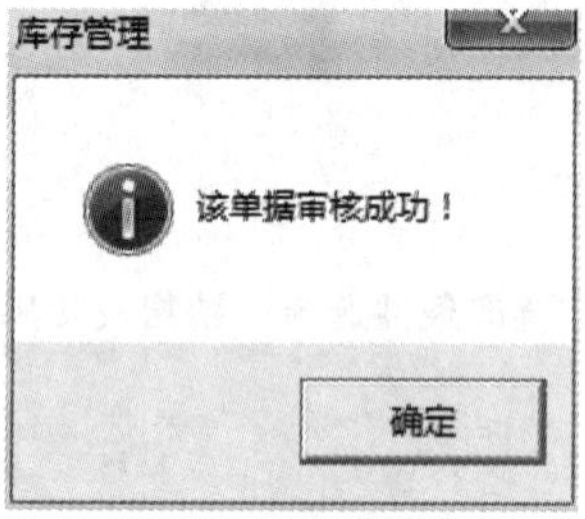

图 5-34 “该单据审核成功！”窗口

任务四 应收应付管理

项目五
任务四操作视频

任务 4.1 应付管理系统业务处理

【任务要求】

- 收付单据处理
- 采购成本核算
- 应付单据的审核与制单
- 结算成本处理
- 生成红蓝回冲单凭证

【任务资料】

2018 年 1 月 5 号，从长江公司采购钢管；2018 年 1 月 10 号，收到 2017 年 12 月 19 日向红海公司采购方钢的发票；2018 年 1 月 14 日，与长江公司签订购销合同，销售钢制货架。

【任务准备】

以 003 周游的身份审核发票、单据记账并制单、结算成本处理并制单。

以 007 王伟的身份填制销售出库单(审核)。

以 003 周游的身份审核发票(制单)、单据记账。

【任务指导】

1. 收付单据处理

(1) 以“003”周游的身份登录企业应用平台，日期为 2018 年 1 月 5 日，执行“业务工作”→“财务会计”→“应付款管理”→“应付单据处理”→“应付单据审核”命令，打开“应付单据查询条件”窗口，如图 5－35 所示。

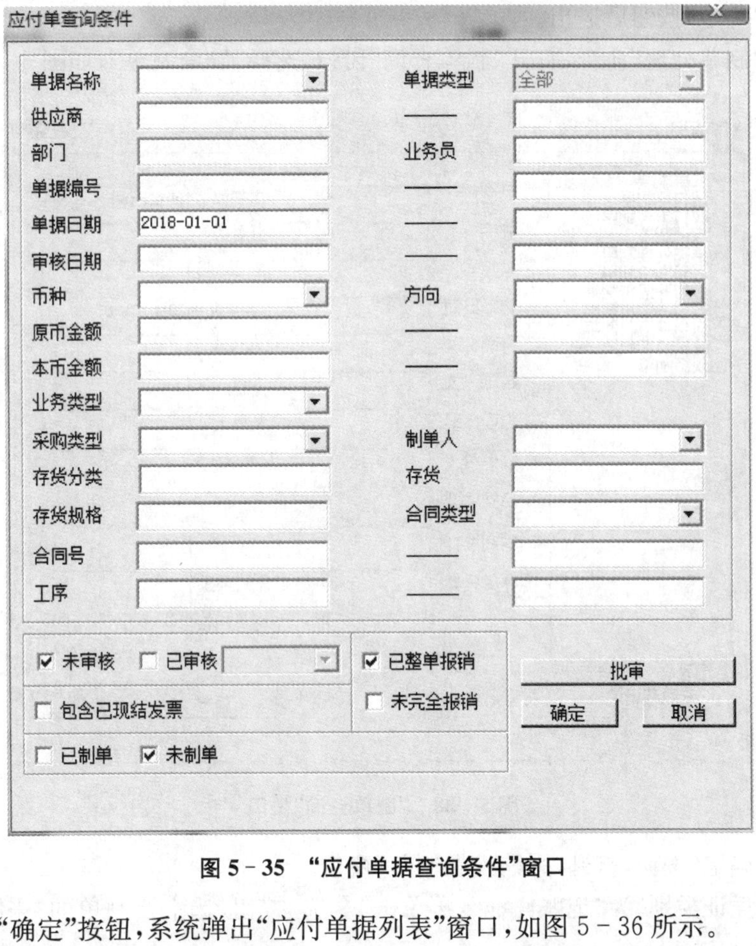

图 5－35　“应付单据查询条件”窗口

(2) 单击“确定”按钮，系统弹出“应付单据列表”窗口，如图 5－36 所示。

应付单据列表

记录总数：2

选择	审核人	单据日期	单据类型	单据号	供应商名称	部门	业务员	制单人	币种	汇率	原币金额	本币金额	备注
		2018-01-05	采购专...	4632648	华龙钢管有限公司	采购部	郑川	郑川	人民币	1.00000000	5,650.00	5,650.00	
		2018-01-10	采购专...	2225908	红心方钢有限公司	采购部	郑川	郑川	人民币	1.00000000	11,300.00	11,300.00	
合计											16,950.00	16,950.00	

图 5－36　“应付单据列表”窗口

(3) 单击“选择”栏,选择相应数据,单击“审核”按钮,系统完成审核并给出审核报告,如图 5－37 所示。

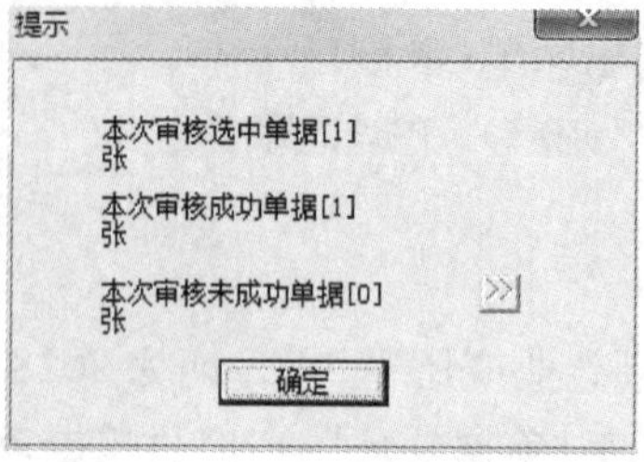

图 5－37 “应付单据审核成功”窗口

(4) 单击“确定”按钮后退出。

(5) 执行“制单处理”命令,打开“制单查询”窗口,选择“发票制单”,如图 5－38 所示。

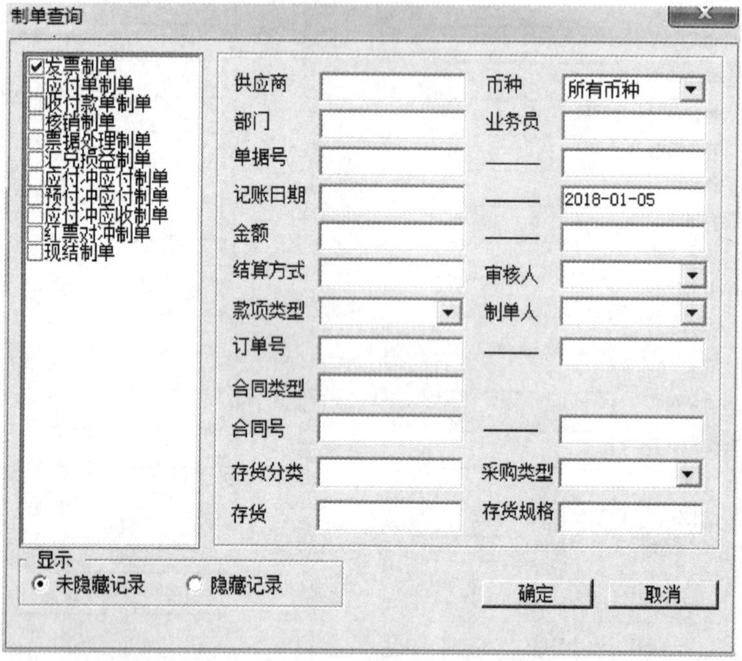

图 5－38 “制单查询”窗口

(6) 单击“确定”按钮,打开“采购发票制单”窗口。

(7) 选择“凭证类别”为“记账凭证”,再单击“全选”按钮,选中要制单的“采购专用发票”,如图 5－39 所示。

图 5－39 “采购发票制单”窗口

(8) 单击“制单”按钮，生成一张记账凭证，单击“保存”按钮，如图 5-40 所示。

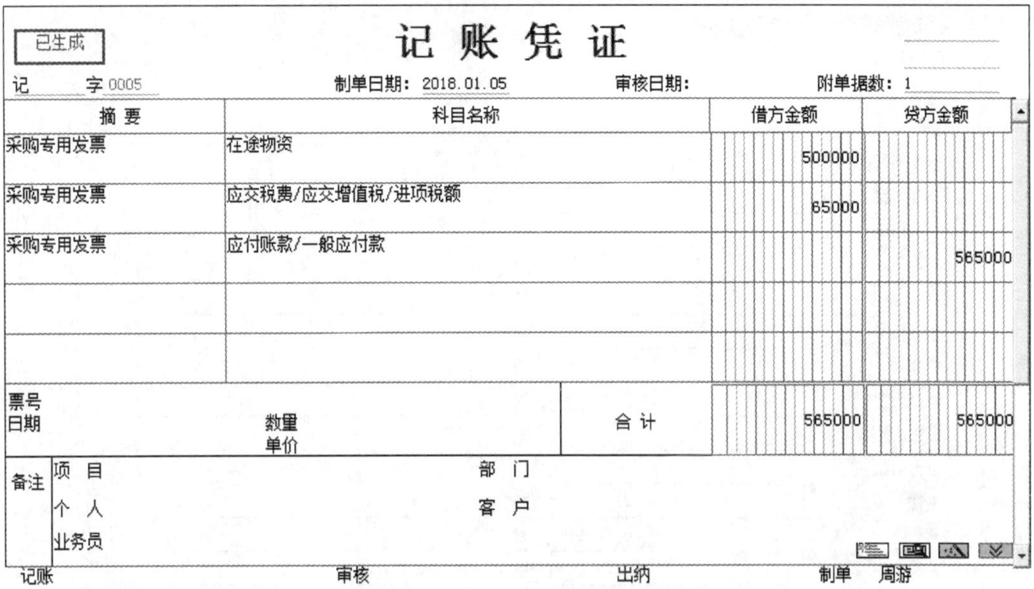

已生成

记 账 凭 证

记　字 0005　　制单日期：2018.01.05　　审核日期：　　附单据数：1

摘要	科目名称	借方金额	贷方金额
采购专用发票	在途物资	500000	
采购专用发票	应交税费/应交增值税/进项税额	65000	
采购专用发票	应付账款/一般应付款		565000
票号 日期 数量 单价	合 计	565000	565000

备注　项 目　　部 门
　　　个 人　　客 户
　　　业务员

记账　审核　出纳　制单　周游

图 5-40　“记账凭证”窗口

指导提示：

◆ 如果无法审核凭证，在企业应用平台中执行“业务工作”“财务会计”“应付款管理”“设置”“选项”命令，打开“账套参数设置”窗口，出现“选项修改需要重新登录才能生效”窗口，单击“确定”按钮，点击“权限与预警”，取消“控制操作员权限”。

◆ 应付科目可以在应付款系统的初始设置中设置，如果账套未设置，可以在生成凭证后补充填入。

◆ 只有采购结算后的采购发票才能自动传递到应付款管理系统，并且需要在应付款管理系统审核确认，才能形成应付账款。

◆ 在应付款管理系统中可以根据采购发票制单，也可以根据应付单或其他单据制单。

◆ 在应付款管理系统中可以根据一条记录制单，也可以根据多条记录合并制单，用户可以根据选择制单序号进行处理。

◆ 可以在系统结算后针对每笔业务立即制单，也可以月末一次制单。

◆ 采购发票需要在存货核算系统记账。但可以在采购发票记账前制单，也可以在采购发票记账后制单。

2. 采购成本核算

(1) 2018 年 1 月 5 号，财务部周游在企业应用平台中执行“业务工作”→“供应链”→“存货核算”→“业务核算”→“正常单据记账”命令，打开“查询条件选择”窗口，如图 5-41 所示。

(2) 单击“确定”按钮，打开“正常单据记账列表”窗口。

(3) 单击“选择”栏，选择“钢管”一栏，如图 5-42 所示。

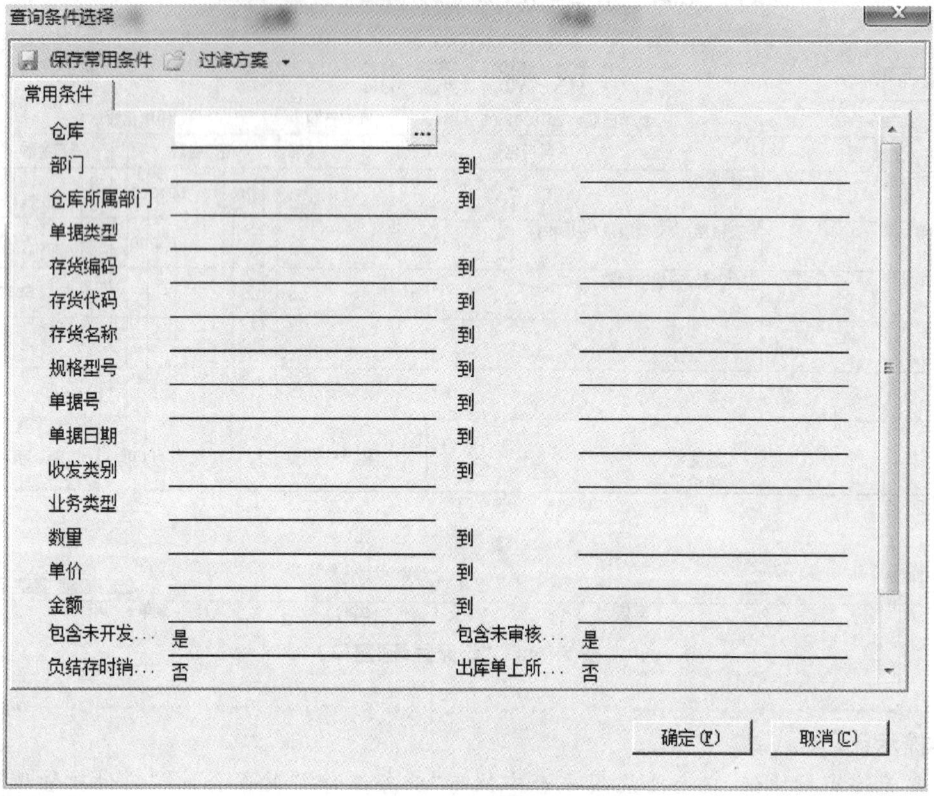

图 5-41 “查询条件选择”窗口

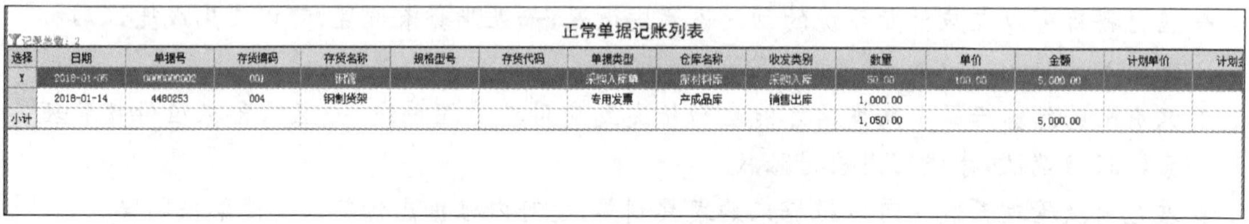

正常单据记账列表

记录总数：2

选择	日期	单据号	存货编码	存货名称	规格型号	存货代码	单据类型	仓库名称	收发类别	数量	单价	金额	计划单价	计划金
Y	2018-01-05	0000000002	001	钢管			采购入库单	原材料库	采购入库	50.00	100.00	5,000.00		
	2018-01-14	4460253	004	钢制货架			专用发票	产成品库	销售出库	1,000.00				
小计										1,050.00		5,000.00		

图 5-42 “正常单据记账列表”窗口

(4) 单击“记账”按钮,将采购入库单记账,系统提示“记账成功”,如图 5-43 所示。

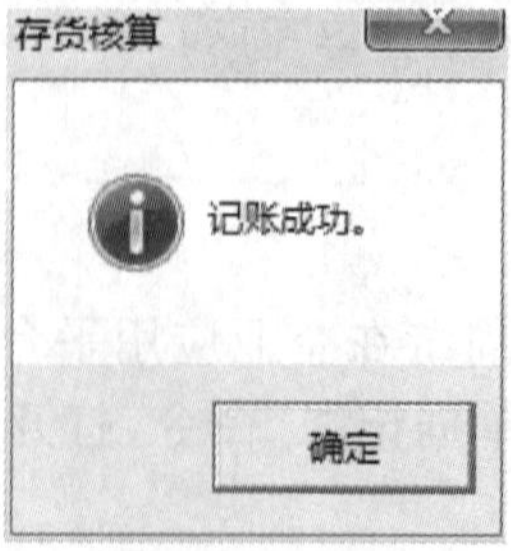

图 5-43 “记账成功提示”窗口

（5）单击“确定”按钮。

（6）执行“财务核算”→“生成凭证”命令，单击“选择”按钮，打开“查询条件”窗口，如图5－44所示。

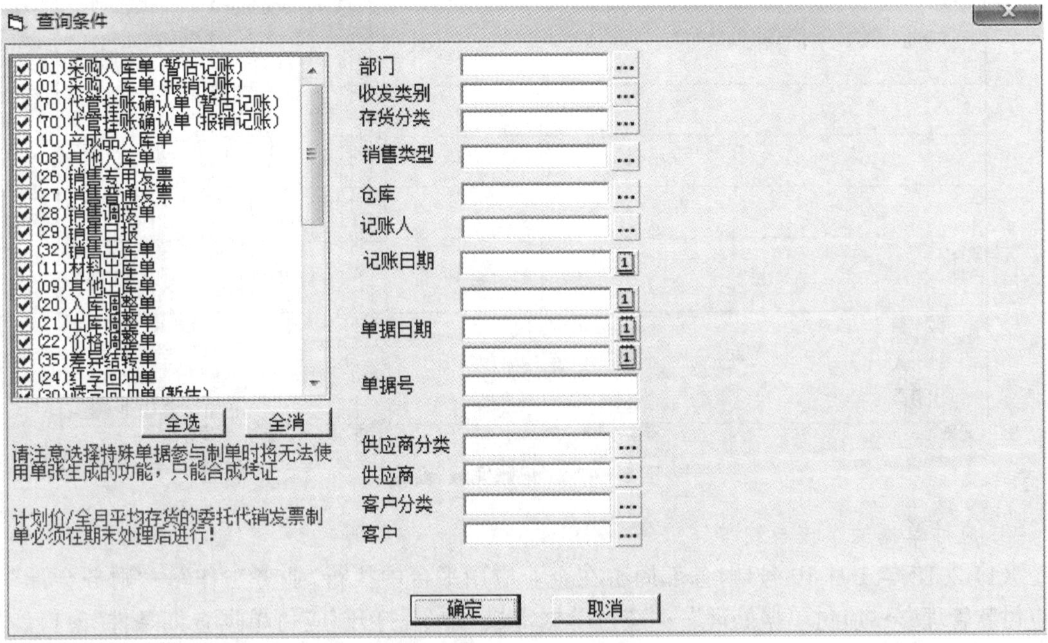

图5－44　“查询条件”窗口

（7）单击“确定”按钮，打开“未生成凭证单据一览表”窗口，如图5－45所示。

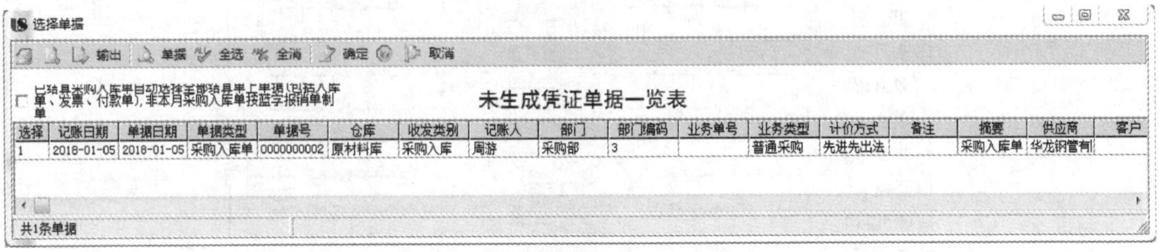

图5－45　“未生成凭证单据-览表”窗口

（8）单击“选择”栏，或单击“全选”按钮，选中待生成凭证的单据，单击“确定”按钮。

（9）选择“凭证类别”为“记账凭证”，如图5－46所示。

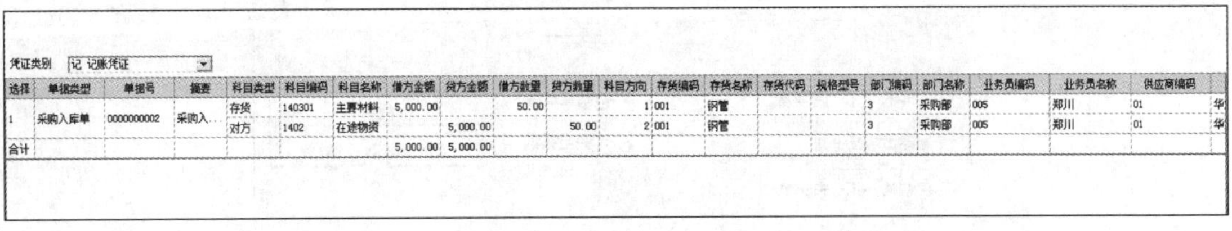

凭证类别
记 记账凭证
选择
单据类型
单据号
摘要
科目类型
科目编码
科目名称
借方金额
贷方金额
借方数量
贷方数量
科目方向
存货编码
存货名称
存货代码
规格型号
部门编码
部门名称
业务员编码
业务员名称
供应商编码
1
采购入库单
0000000002
采购入...
存货
140301
主要材料
5,000.00
50.00
1
001
钢管
3
采购部
005
郑川
01
对方
1402
在途物资
5,000.00
50.00
2
合计
5,000.00
5,000.00

图5－46　“生成凭证”窗口

（10）单击“生成”按钮，生成一张记账凭证，单击“保存”按钮，如图5－47所示。

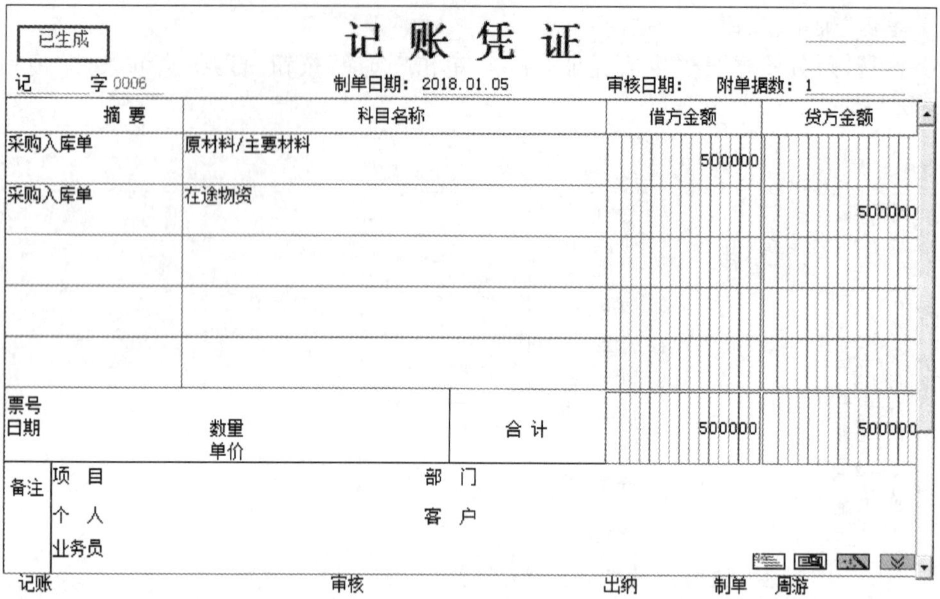

图 5-47 “记账凭证”窗口

3. 应付单据的审核与制单

(1) 2018 年 1 月 10 号，财务部周游在企业应用平台中执行“业务工作”→“财务会计”→“应付款管理”→“应付单据处理”→“应付单据审核”命令，打开“应付单据查询条件”窗口。如图 5-48 所示。

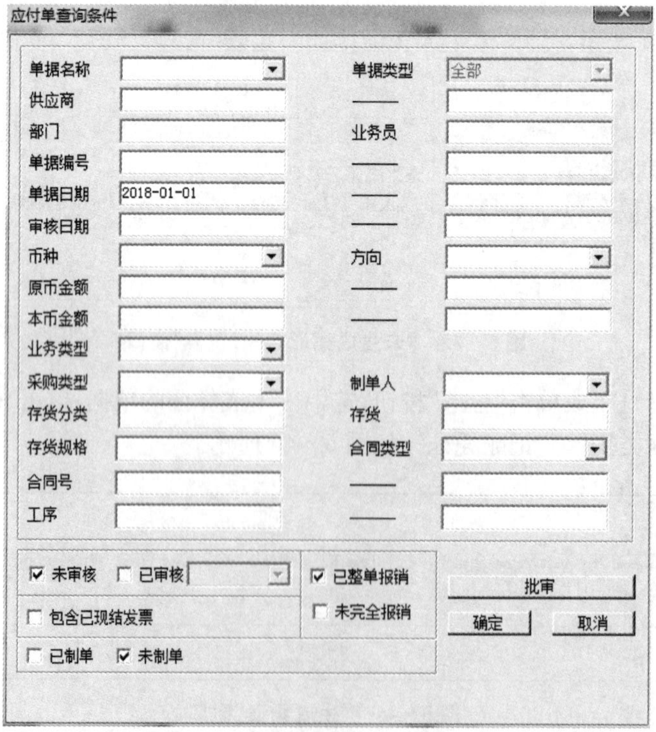

图 5-48 “应付单据查询条件”窗口

(2) 单击“确定”按钮，系统弹出“应付单据列表”窗口。

(3) 双击“选择”栏，或单击“全选”按钮，单击“审核”按钮，系统完成审核并给出审核报告，如图 5－49，图 5－50 所示。

应付单据列表

选择	审核人	单据日期	单据类型	单据号	供应商名称	部门	业务员	制单人	币种	汇率	原币金额	本币金额	备注
Y		2018-01-10	采购专	2225308	红心方钢有限公司	采购部	郑川	郑川	人民币	1.00000000	11,300.00	11,300.00	
合计											11,300.00	11,300.00	

图 5－49　“应付单据列表”窗口

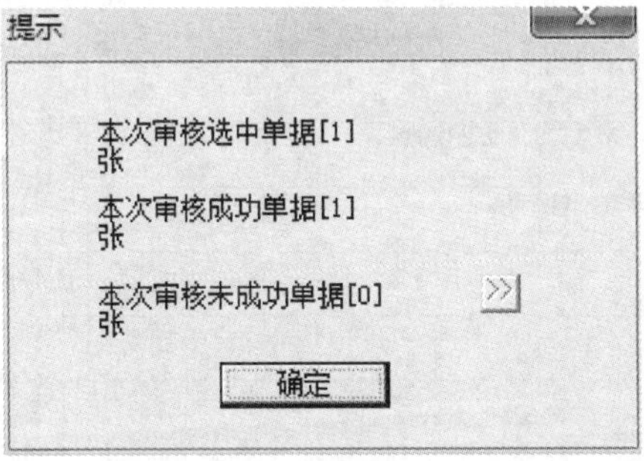

图 5－50　“审核成功提示”窗口

(4) 执行“制单处理”命令，打开“制单查询”窗口，选择“发票制单”。如图 5－51 所示。

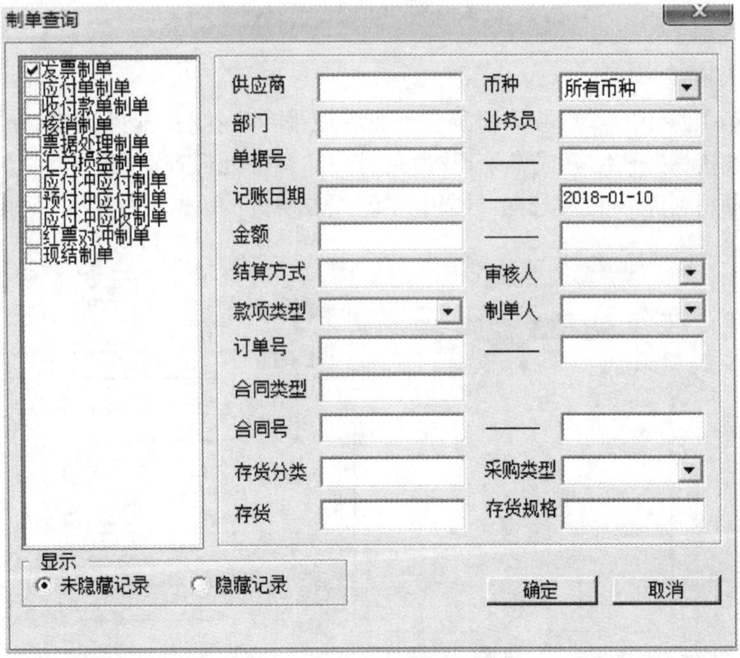

图 5－51　“制单查询”窗口

(5) 单击“确定”按钮，打开“采购发票制单”窗口。

(6) 选择“凭证类别”为“记账凭证”，再单击“全选”按钮，选中要制单的“采购专用发票”。如图 5－52 所示。

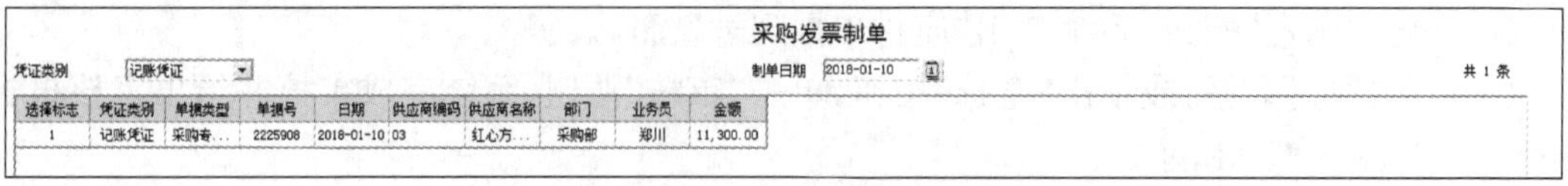

采购发票制单
凭证类别
记账凭证
制单日期
2018-01-10
共 1 条
选择标志
凭证类别
单据类型
单据号
日期
供应商编码
供应商名称
部门
业务员
金额
1
记账凭证
采购专...
2225908
2018-01-10
03
红心方...
采购部
郑川
11,300.00

图 5－52 “采购发票制单”窗口

(7) 单击“制单”按钮,生成一张记账凭证,单击“保存”按钮,如图 5－53 所示。

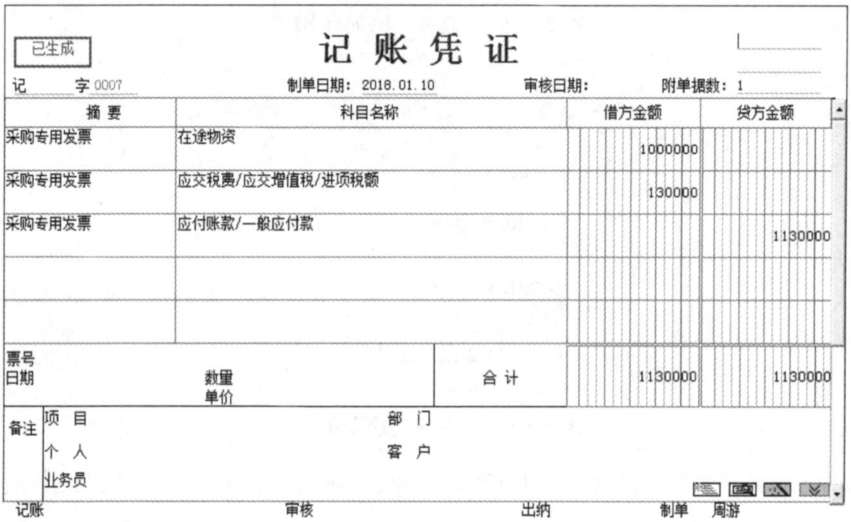

已生成
记 账 凭 证
记 字 0007
制单日期: 2018.01.10
审核日期:
附单据数: 1
摘 要
科目名称
借方金额
贷方金额
采购专用发票
在途物资
1000000
采购专用发票
应交税费/应交增值税/进项税额
130000
采购专用发票
应付账款/一般应付款
1130000
票号
日期
数量
单价
合 计
1130000
1130000
备注
项 目
部 门
个 人
客 户
业务员
记账
审核
出纳
制单
周游

图 5－53 “记账凭证”窗口

4. 结算成本处理

(1) 2018 年 1 月 10 号,财务部周游在企业应用平台中执行“业务工作”→“供应链”→“存货核算”→“业务核算”→“结算成本处理”命令,打开“暂估处理查询”窗口。

(2) 选择“原材料库”前的复选框,再选中“未全部结算完的单据是否显示”。如图 5－54 所示。

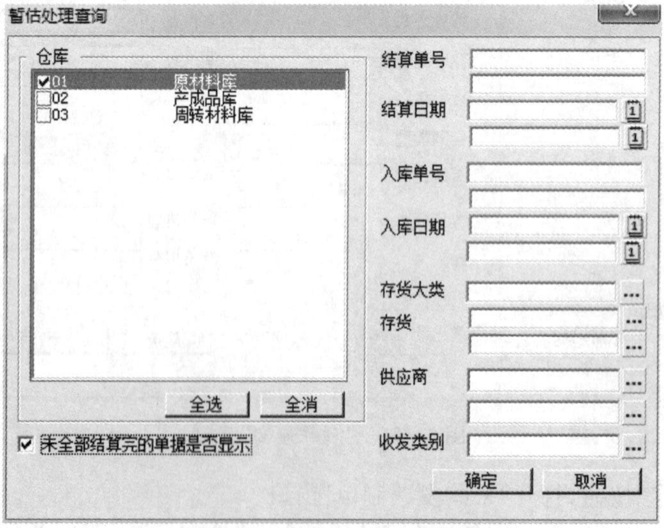

图 5－54 “暂估处理查询”窗口

(3) 单击“确定”按钮，打开“暂估结算表”窗口。

(4) 单击“选择”栏，或单击“全选”按钮，选中要暂估结算的结算单，如图 5－55 所示，再单击“暂估”按钮，系统提示“暂估处理完成。”，单击“确定”按钮。如图 5－56 所示。

结算成本处理

选择	结算单号	仓库编码	仓库名称	入库单号	入库日期	存货编码	存货名称	计量单位	数量	暂估单价	暂估金额	结算数量	结算单价	结算金额	收发类...	材料费	加工费	单据类型	业务类型
Y	000000000...	01	原材料库	0000000001	2017-12-19	003	方钢	块	100.00	100.00	10,000.00	100.00	100.00	10,000.00	采购入库			01	普通采购
合计									100.00		10,000.00	100.00		10,000.00					

图 5－55　“结算成本处理”窗口

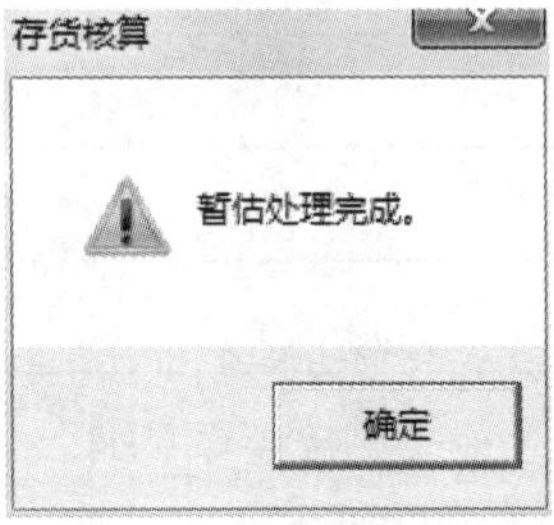

图 5－56　“暂估处理完成。”窗口

5. 生成红蓝回冲单凭证

(1) 2018 年 1 月 10 号，财务部周游在企业应用平台中执行“业务工作”→“供应链”→“存货核算”→“财务核算”→“生成凭证”命令，打开“生成凭证”窗口。

(2) 单击“选择”按钮，打开“查询条件”窗口。

(3) 单击“确定”按钮，打开“未生成凭证单据一览表”窗口。

(4) 单击“全选”按钮，如图 5－57 所示。

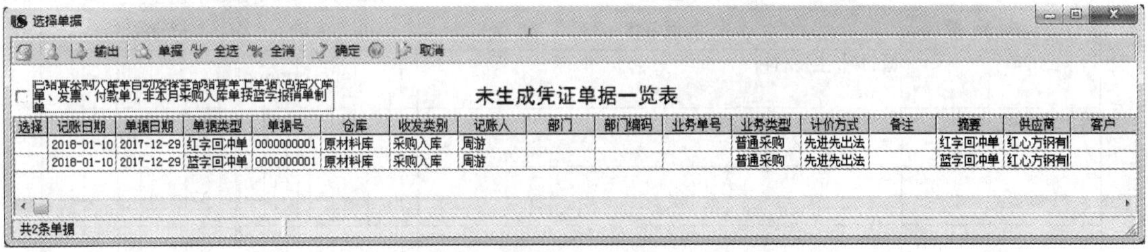

未生成凭证单据一览表

选择	记账日期	单据日期	单据类型	单据号	仓库	收发类别	记账人	部门	部门编码	业务单号	业务类型	计价方式	备注	摘要	供应商	客户
	2018-01-10	2017-12-29	红字回冲单	0000000001	原材料库	采购入库	周游				普通采购	先进先出法		红字回冲单	红心方钢有	
	2018-01-10	2017-12-29	蓝字回冲单	0000000001	原材料库	采购入库	周游				普通采购	先进先出法		蓝字回冲单	红心方钢有	

图 5－57　“未生成凭证单据-览表”窗口

(5) 单击“确定”按钮，打开“生成凭证”窗口，如图 5－58 所示。

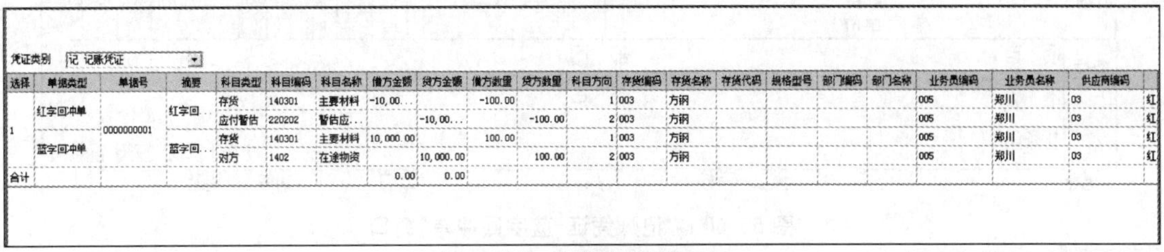

选择	单据类型	单据号	摘要	科目类型	科目编码	科目名称	借方金额	贷方金额	借方数量	贷方数量	科目方向	存货编码	存货名称	存货代码	规格型号	部门编码	部门名称	业务员编码	业务员名称	供应商编码	
1	红字回冲单	0000000001	红字回...	存货	140301	主要材料	-10,00...		-100.00		1	003	方钢					005	郑川	03	红
				应付暂估	220202	暂估应...		-10,00...		-100.00	2	003	方钢					005	郑川	03	红
	蓝字回冲单		蓝字回...	存货	140301	主要材料	10,000.00		100.00		1	003	方钢					005	郑川	03	红
				对方	1402	在途物资		10,000.00		100.00	2	003	方钢					005	郑川	03	红
合计							0.00	0.00													

图 5－58　“生成凭证”窗口

(6) 单击“生成”按钮,生成两张记账凭证,单击“保存”按钮,系统提示“凭证赤子提示”窗口,单击“继续”按钮。

(7) 单击“→”按钮,继续单击“保存”按钮,如图5-59、图5-60所示。

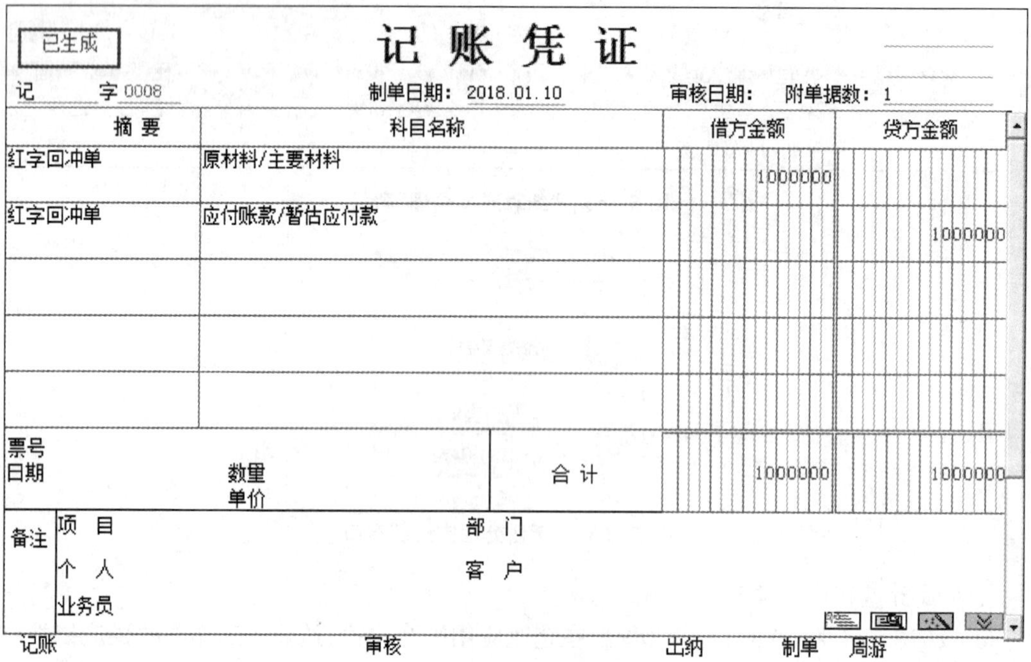

已生成

记账凭证

记 字 0008 制单日期:2018.01.10 审核日期: 附单据数:1

摘要	科目名称	借方金额	贷方金额
红字回冲单	原材料/主要材料	1000000	
红字回冲单	应付账款/暂估应付款		1000000
票号 日期 数量 单价	合计	1000000	1000000

备注 项目 部门 个人 客户 业务员

记账 审核 出纳 制单 周游

图5-59 “记账凭证-红字回冲单”窗口

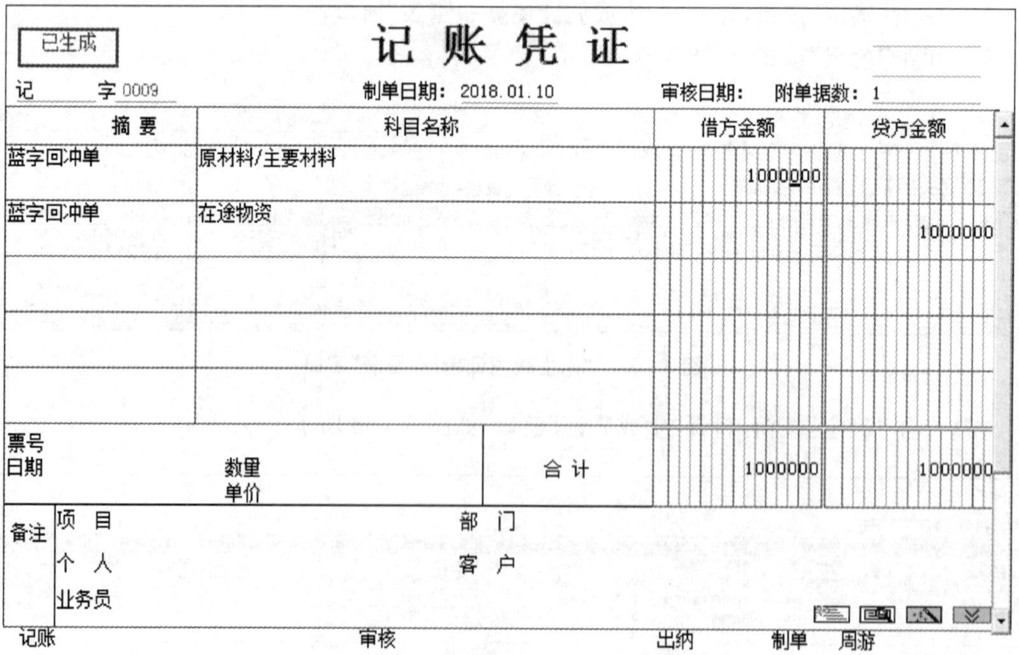

已生成

记账凭证

记 字 0009 制单日期:2018.01.10 审核日期: 附单据数:1

摘要	科目名称	借方金额	贷方金额
蓝字回冲单	原材料/主要材料	1000000	
蓝字回冲单	在途物资		1000000
票号 日期 数量 单价	合计	1000000	1000000

备注 项目 部门 个人 客户 业务员

记账 审核 出纳 制单 周游

图5-60 “记账凭证-蓝字回冲单”窗口

任务 4.2　应收管理系统业务处理

【任务要求】

- 付款单据处理
- 单据记账

【任务资料】

2018 年 1 月 14 日，与正飞公司签订购销合同，销售滑道。

【任务准备】

以 003 周游的身份审核发票(制单)、单据记账。

【任务指导】

1. 付款单据处理

(1) 2018 年 1 月 14 日，财务部周游在企业应用平台中执行“业务工作”→“财务会计”→“应收款管理”→“应收款单据处理”→“应收单据审核”命令，单击“确定”按钮，打开“应收单据列表”窗口，单击“全选”按钮，单击“审核”按钮，如图 5－61，图 5－62 所示。

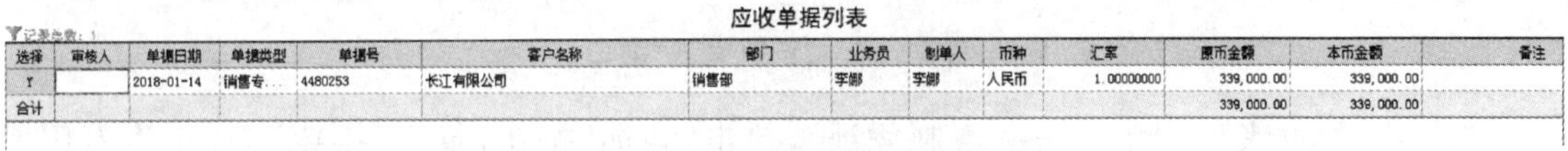

应收单据列表

选择	审核人	单据日期	单据类型	单据号	客户名称	部门	业务员	制单人	币种	汇率	原币金额	本币金额	备注
Y		2018-01-14	销售专...	4480253	长江有限公司	销售部	李娜	李娜	人民币	1.00000000	339,000.00	339,000.00	
合计											339,000.00	339,000.00	

图 5－61　“应收单据列表”窗口

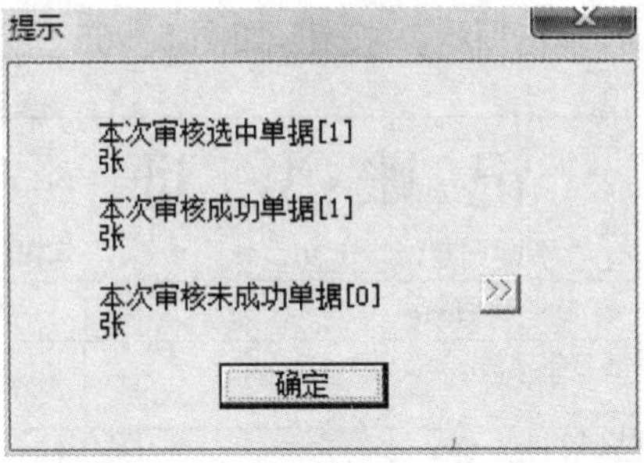

图 5－62　“审核成功提示”窗口

(2) 执行“制单处理”命令，选择“发票制单”，单击“确定”，选择需要制单的记录，凭证类别选中“记账凭证”，单击“制单”，系统生成相关凭证，单击“保存”。如图 5－63，图 5－64 所示。

销售发票制单

凭证类别 记账凭证　　制单日期 2018-01-14　　共 1 条

选择标志	凭证类别	单据类型	单据号	日期	客户编码	客户名称	部门	业务员	金额
1	记账凭证	销售专...	4480253	2018-01-14	01	长江有...	销售部	李娜	339,000.00

图 5－63　“销售发票制单”窗口

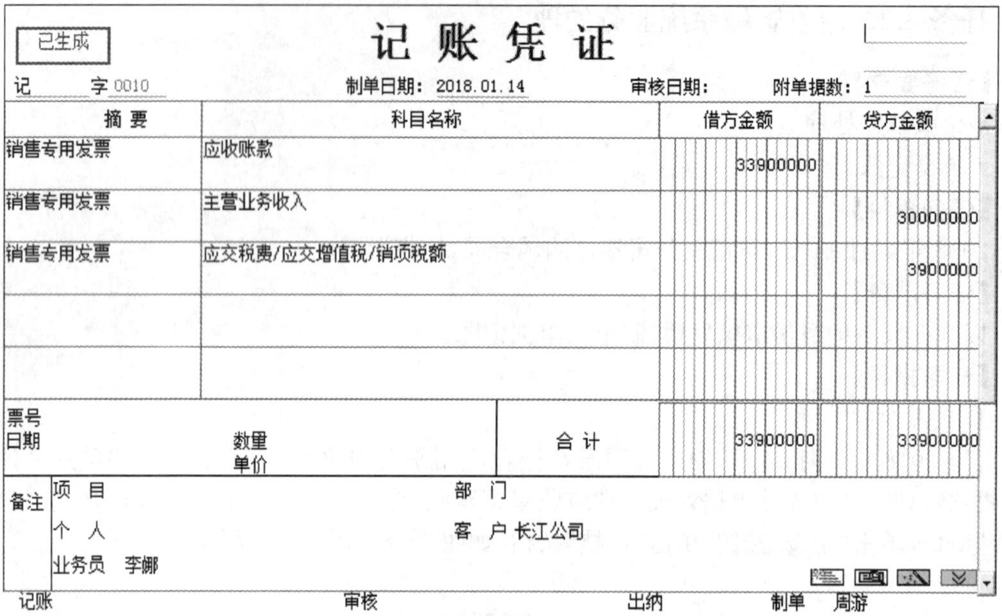

已生成
记账凭证
记 字 0010
制单日期：2018.01.14
审核日期：
附单据数：1
摘要
科目名称
借方金额
贷方金额
销售专用发票
应收账款
33900000
销售专用发票
主营业务收入
30000000
销售专用发票
应交税费/应交增值税/销项税额
3900000
票号
日期
数量
单价
合计
33900000
33900000
备注
项目
部门
个人
客户 长江公司
业务员 李娜
记账
审核
出纳
制单
周游

图5-64 “记账凭证”窗口

(3) 执行“总账”→“凭证”→“填制凭证”，单击“增加”按钮，录入“摘要”为“销售专用发票”，“借方科目”为“6401 主营业务成本”，“借方金额”为“150000”，“贷方科目”为“140501 库存商品/钢制货架”，系统弹出“辅助项”，在“数量”栏输入“1000”，在单价栏输入“150”，“贷方金额”为“150000”，录入相关数据，单击“保存”按钮，如图5-65所示。

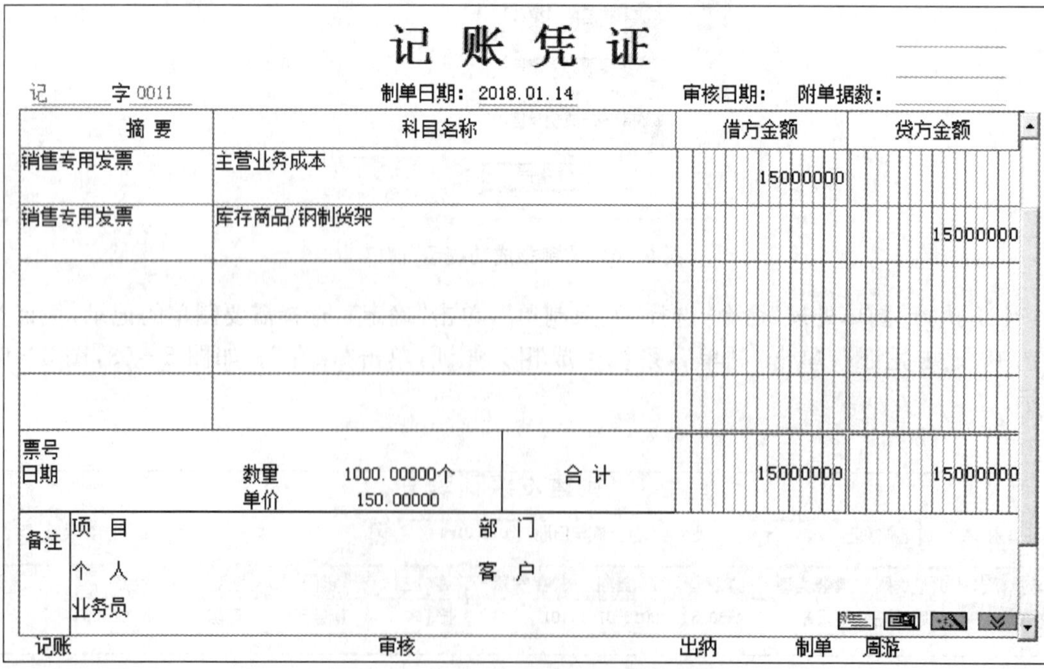

记账凭证
记 字 0011
制单日期：2018.01.14
审核日期：
附单据数：
摘要
科目名称
借方金额
贷方金额
销售专用发票
主营业务成本
15000000
销售专用发票
库存商品/钢制货架
15000000
票号
日期
数量 1000.00000个
单价 150.00000
合计
15000000
15000000
备注
项目
部门
个人
客户
业务员
记账
审核
出纳
制单
周游

图5-65 “记账凭证”窗口

指导提示：

◆ 如果无法审核凭证，在企业应用平台中执行“业务工作”“财务会计”“应收款管理”“设置”“选项”命令，打开“账套参数设置”窗口，出现“选项修改需要重新登录才能生效”窗口，单击“确定”按钮，点击“权限与预警”，取消“控制操作员权限”。

2. 单据记账

(1) 2018 年 1 月 14 日，财务部周游在企业应用平台中执行“业务工作”→“供应链”→“存货核算”→“业务核算”→“正常单据记账”命令，打开“查询条件选择”窗口。如图 5 - 66 所示。

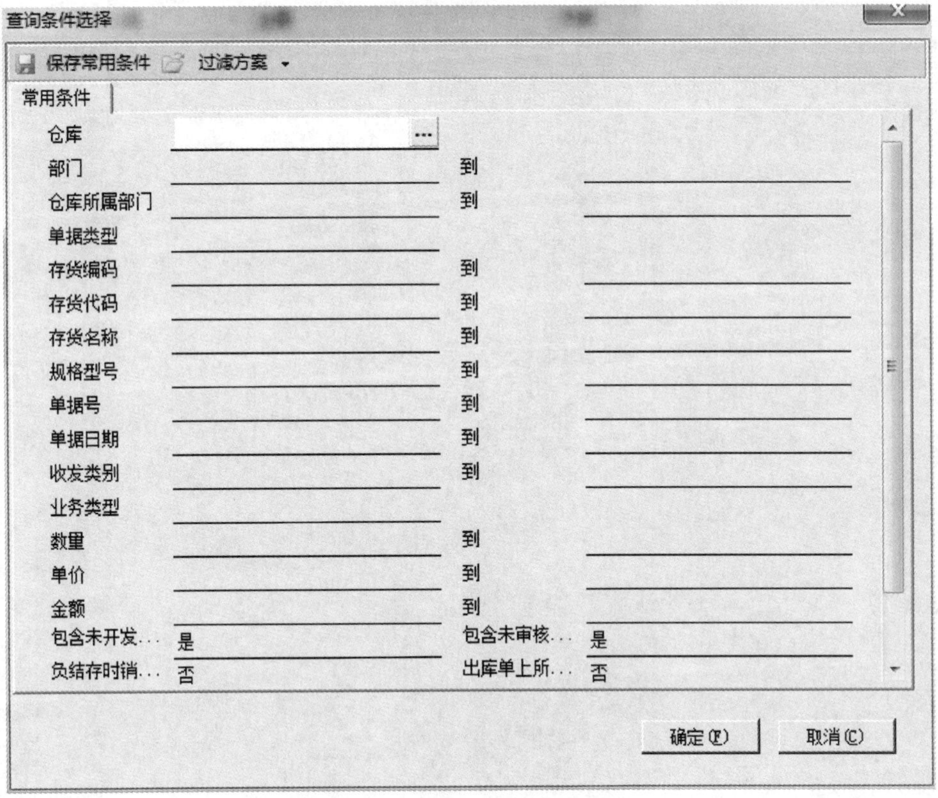

图 5 - 66　“查询条件选择”窗口

(2) 单击“确定”按钮，打开“正常单据记账列表”窗口。

(3) 单击“全选”按钮。如图 5 - 67 所示。

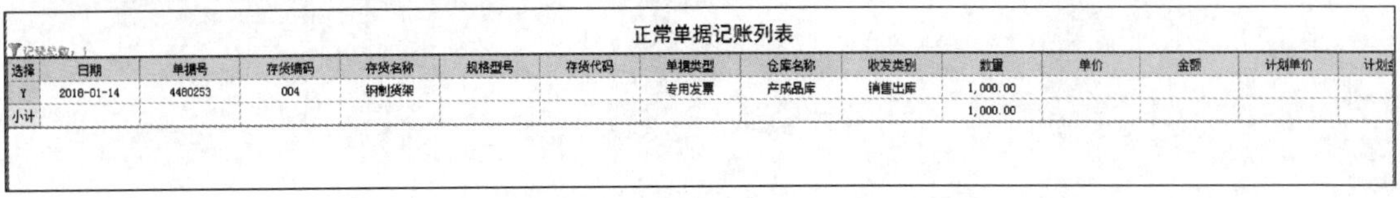

正常单据记账列表

选择	日期	单据号	存货编码	存货名称	规格型号	存货代码	单据类型	仓库名称	收发类别	数量	单价	金额	计划单价	计划金
Y	2018-01-14	4480253	004	钢制货架			专用发票	产成品库	销售出库	1,000.00				
小计										1,000.00				

图 5 - 67　“正常单据记账列表”窗口

(4) 单击"记账"按钮,将销售专用发票记账,系统提示"记账成功"。如图5-68所示。

图5-68 "记账成功。"窗口

项目六　固定资产管理

任务一　建立固定资产账套

项目六
任务操作视频

【任务要求】

固定资产账套建立

【任务资料】

108 账套固定资产系统参数:

启用日期:2018 年 1 月

主要计提折旧方法:平均年限法(一)

汇总分配期间:1 个月,当(月初已计提月份=可使用月份-1)将剩余折旧全部提足

类别编码:2-1-1-2,自动编码按"类别编号+序号"

序号长度:3

要求固定资产系统与账务系统对账:固定资产对账科目为"1601 固定资产",累计折旧对账科目为"1602 累计折旧",减值准备缺省入账科目"1603 固定资产减值准备",增值税进项税额缺省入账科目"22210101 进项税额",固定资产清理缺省入账科目"1606 固定资产清理",对账不平衡的情况下允许月末结账,业务发生后立即制单。

【任务准备】

2018 年 1 月 1 日,以 001 钱飞账套主管身份登录,建立固定资产账套。

【任务指导】

(1) 在企业应用平台中,执行"业务工作"→"财务会计"→"固定资产",系统打开"这是第一次打开此账套,还未进行过初始化,是否进行初始化?",如图 6-1 所示。

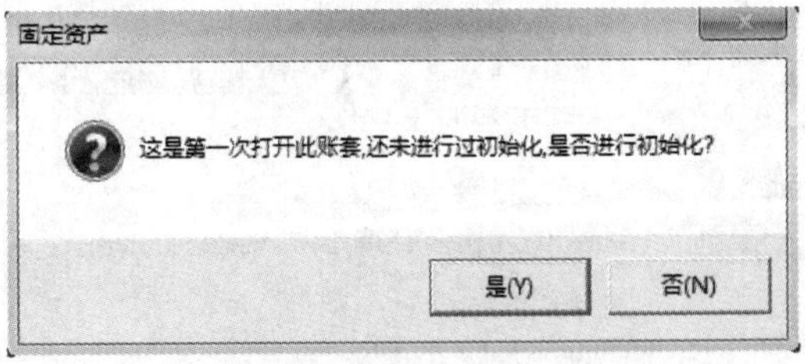
固定资产
这是第一次打开此账套,还未进行过初始化,是否进行初始化?
是(Y)
否(N)

图 6-1 "固定资产初始化提示"窗口

(2) 单击"是"按钮,打开固定资产"初始化账套向导-约定及说明"窗口,如图 6-2 所示。

(3) 选中"我同意"单击按钮,单击"下一步"按钮,打开固定资产"初始化账套向导-启用月份"窗口。系统默认账套启用月份"2018.01"如图 6-3 所示。

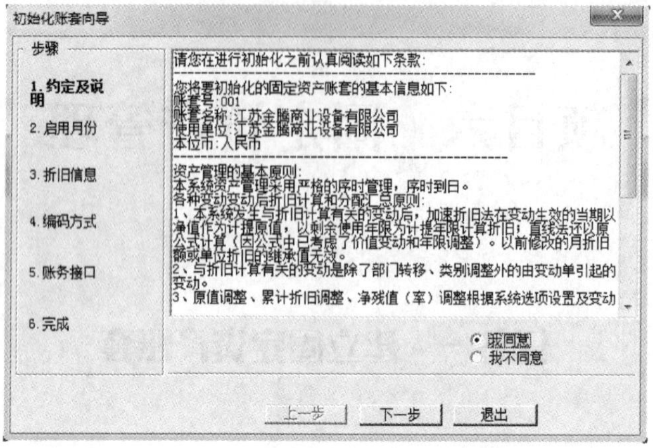
初始化账套向导
步骤
1.约定及说明
2.启用月份
3.折旧信息
4.编码方式
5.账务接口
6.完成
请您在进行初始化之前认真阅读如下条款:
您将要初始化的固定资产账套的基本信息如下:
账套号:001
账套名称:江苏金鹏商业设备有限公司
使用单位:江苏金鹏商业设备有限公司
本位币:人民币
资产管理的基本原则:
本系统资产管理采用严格的序时管理,序时到日。
各种变动变动后折旧计算和分配汇总原则:
1、本系统发生与折旧计算有关的变动后,加速折旧法在变动生效的当期以净值作为计提原值,以剩余使用年限为计提年限计算折旧;直线法还以原公式计算(因公式中已考虑了价值变动和年限调整)。以前修改的月折旧额或单位折旧的继承值无效。
2、与折旧计算有关的变动是除了部门转移、类别调整外的由变动单引起的变动。
3、原值调整、累计折旧调整、净残值(率)调整根据系统选项设置及变动
我同意
我不同意
上一步
下一步
退出

图 6-2 "初始化账套向导 1"窗口

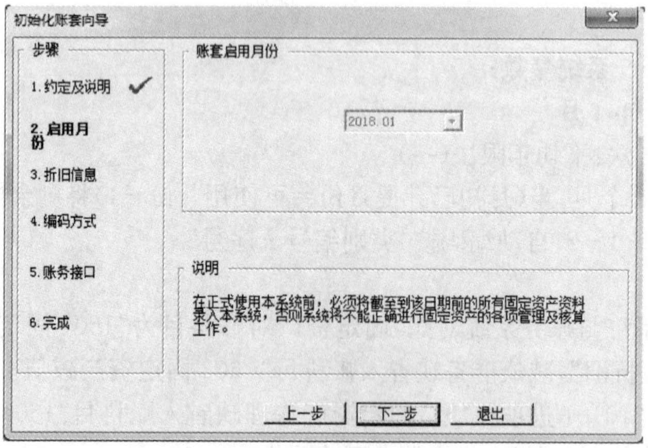
初始化账套向导
步骤
1.约定及说明
2.启用月份
3.折旧信息
4.编码方式
5.账务接口
6.完成
账套启用月份
2018.01
说明
在正式使用本系统前,必须将截至到该日期前的所有固定资产资料录入本系统,否则系统将不能正确进行固定资产的各项管理及核算工作。
上一步
下一步
退出

图 6-3 "初始化账套向导 2"窗口

(4) 单击"下一步"按钮,打开固定资产"初始化账套向导-折旧信息"窗口,选择主要这就方法为"平均年限法(一)",折旧汇总分配周期为"1 个月",选中"当(月初已计提月份=可使用月份-1)将剩余折旧全部提足",如图 6-4 所示。

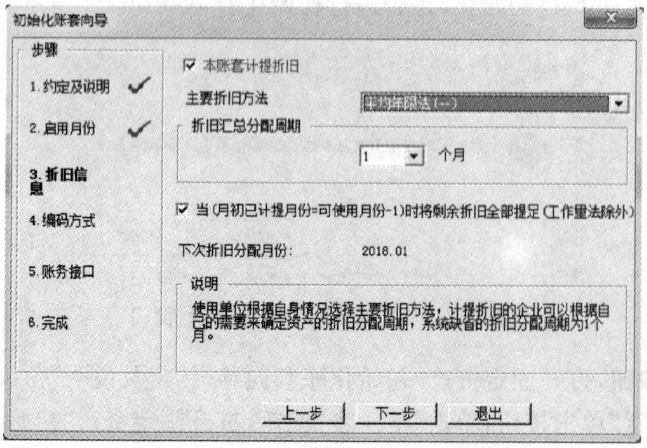
初始化账套向导
步骤
1.约定及说明
2.启用月份
3.折旧信息
4.编码方式
5.账务接口
6.完成
本账套计提折旧
主要折旧方法
平均年限法(一)
折旧汇总分配周期
1
个月
当(月初已计提月份=可使用月份-1)时将剩余折旧全部提足(工作量法除外)
下次折旧分配月份:
2018.01
说明
使用单位根据自身情况选择主要折旧方法,计提折旧的企业可以根据自己的需要来确定资产的折旧分配周期,系统缺省的折旧分配周期为1个月。
上一步
下一步
退出

图 6-4 "初始化账套向导 3"窗口

(5) 单击“下一步”按钮，打开固定资产“初始化账套向导一编码方式”窗口。选择固定资产编码方式为“自动编码”及“类别编码＋序号”，编码长度为“2－1－1－2”序号长度为”3”，如图 6－5 所示。

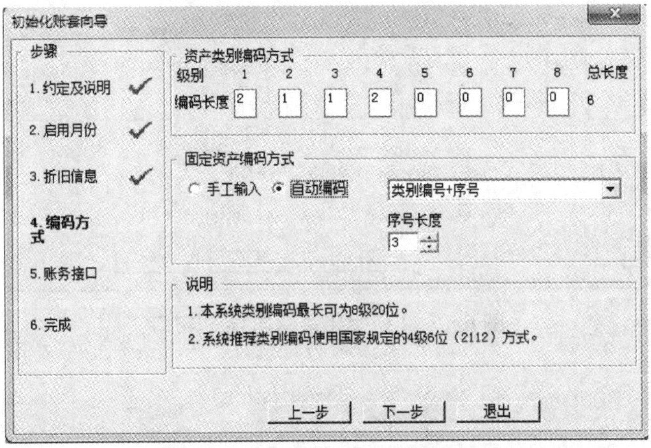

图 6－5　“初始化账套向导 4”窗口

(6) 单击“下一步”按钮，打开固定资产“初始化账套向导-财务接口”窗口。在“固定资产对账科目”栏录入“1601 固定资产”，“累计折旧对账科目”栏录入“1602 累计折旧”，选中“在对账不平情况下允许固定资产月末结账”复选框，如图 6－6 所示。

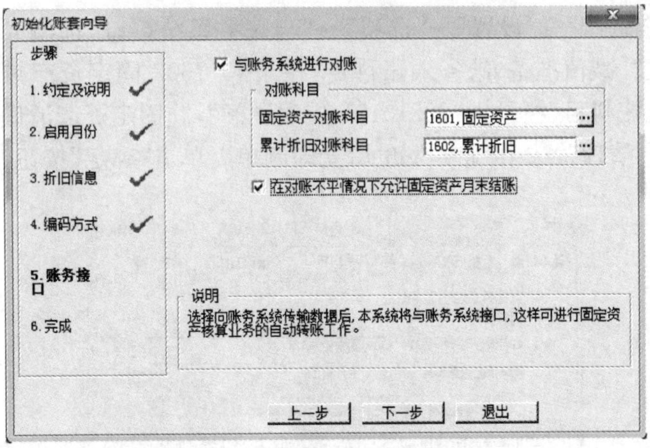

图 6－6　“初始化账套向导 5”窗口

(7) 单击“下一步”按钮，打开固定资产“初始化账套向导-完成”窗口，如图 6－7 所示。

(8) 单击“完成”按钮，系统弹出“已完成了新账套的所有工作，是否确定所设置的信息完全正确并保存对新账套的所有设置?”信息提示框，如图 6－8 所示。

(9) 单击“是”按钮，系统提示“已成功初始化本固定资产账套!”如图 6－9 所示。

(10) 单击“确定”按钮，固定资产建账完成。

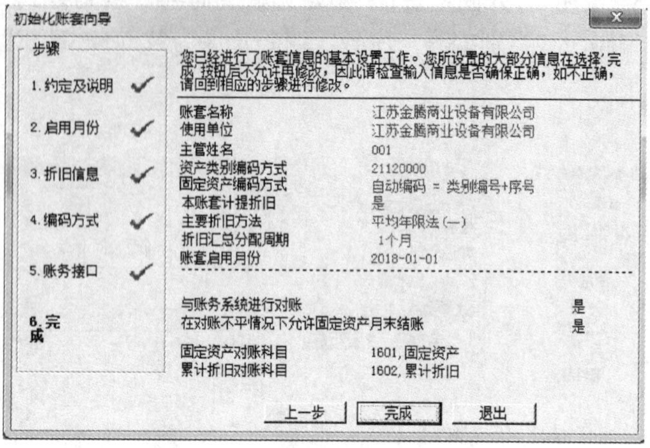

图 6-7 “初始化账套向导 6”窗口

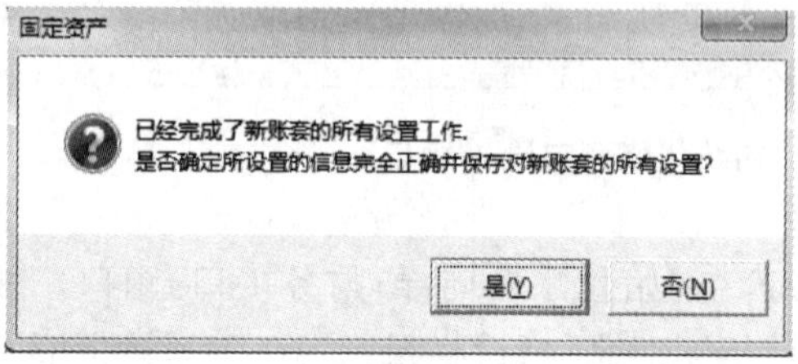

图 6-8 “固定资产提示”窗口

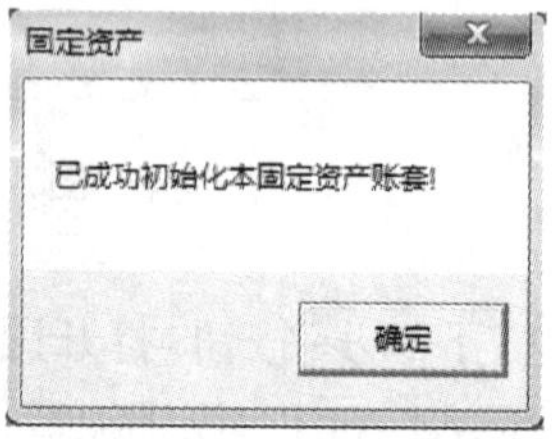

图 6-9 “已成功初始化本固定资产账套提示”窗口

(11) 执行“固定资产”→“设置”→“选项”→“与账务系统接口”选项卡，单击“编辑”按钮，激活“选项”窗口，在“[减值准备]缺省入账科目”栏录入“1603 固定资产减值准备”，在“[增值税进项税额]缺省入账科目”栏录入“22210101 进项税额”，“[固定资产清理]缺省入账科目”栏录入“1606 固定资产清理”，选中“业务发生后立即制单”，单击“确定”按钮，如图 6-10 所示。

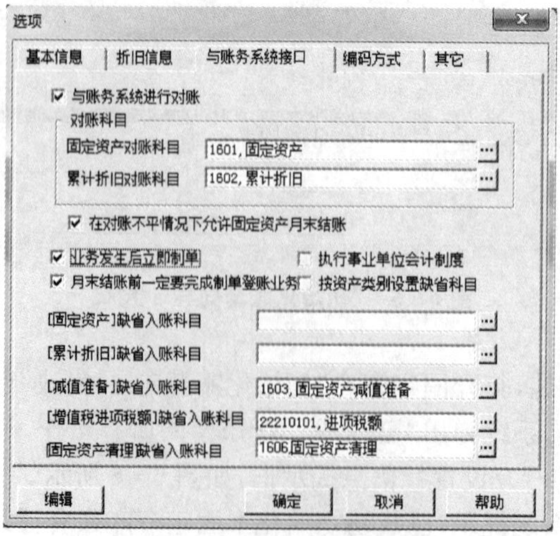

图 6-10 “固定资产选项”窗口

指导提示：

◆ 在“固定资产初始化向导一启用月份”中所列示的启用月份只能查看，不能修改。启用日期确定后，在该日期前的所有固定资产都将作为期初数据，在启用月份开始计提折旧。

任务二　基础信息设置

【任务要求】

- 增加部门对应折旧科目
- 增加固定资产类别
- 增加固定资产增减方式
- 固定资产原始卡片录入

【任务资料】

相关信息如表 6 - 1 至表 6 - 5 所示。

表 6 - 1　部门对应折旧科目

部门名称	对应折旧科目
总经办	660205“管理费用——折旧费”
财务部	660205“管理费用——折旧费”
采购部	660205“管理费用——折旧费”
销售部	510101“管理费用——折旧费”
生产部	660105“销售费用——折旧费”

表 6 - 2　固定资产类别

编码	类别名称	使用年限	净残值率	计提属性	折旧方法	卡片样式
01	房屋及建筑物	30 年	5%	正常计提	平均年限法(一)	通用样式
02	办公设备	5 年	3%	正常计提	平均年限法(一)	通用样式
03	机器设备	10 年	3%	正常计提	平均年限法(一)	通用样式

表 6 - 3　固定资产增加方式

增加方式	对应入账科目
直接购入	100201“银行存款-建行存款”
在建工程转入	1604“在建工程”
盘盈	1901“待处理财产损溢”

表6-4　固定资产减少方式

减少方式	对应入账科目
出售	1606"固定资产清理"
报废	1606"固定资产清理"
盘亏	1901"待处理财产损溢"

表6-5　固定资产卡片

卡片编号	固定资产编号	固定资产名称	类别编号	部门名称	增加方式	使用状况	使用年限(月)	开始使用日期	原值	净残值率	累计折旧	对应折旧科目
00001	01001	办公楼	01	总经办	在建工程转入	在用	30年360月	2016-12-18	270 000	5%	8 550	管理费用——折旧费 660205
00002	01002	厂房	01	生产部	在建工程转入	在用	30年360月	2016-12-18	500 000	5%	15 833	制造费用——折旧费 510101
00003	03001	机器设备	03	生产部	直接购入	在用	10年120月	2016-12-18	200 000	3%	19 400	制造费用——折旧费 510101
00004	02001	电脑	02	财务部	直接购入	在用	5年60月	2017-3-10	12 000	3%	1 677	管理费用——折旧费 660205
		合计							982 000		45 160	

【任务准备】

2018年1月1日,以"001钱飞"的账套主管的身份,登录企业应用平台。

【任务指导】

1. 设置部门对应折旧科目:

(1) 在企业应用平台中,执行"财务会计"→"固定资产"→"设置"→"部门对应折旧科目"命令,进入"部门对应折旧科目-单张视图"窗口。

(2) 选择"总经办"所在行,单击"修改"按钮,打开"单张视图"窗口,也可直接选中部门编码目录中的"总经办",单击打开"单张视图"选项卡,在"折旧科目"栏录入或选择"660205",如图6-11所示。

(3) 单击"保存"按钮,依次方法继续录入其他部门对应的折旧科目。如图6-12所示。

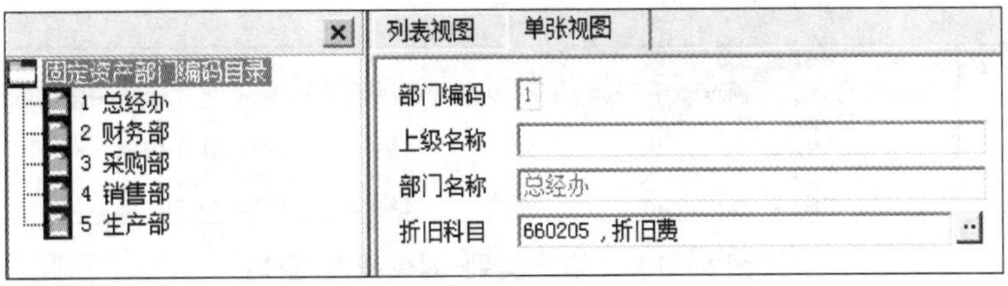

图 6－11　“部门对应折旧科目”窗口

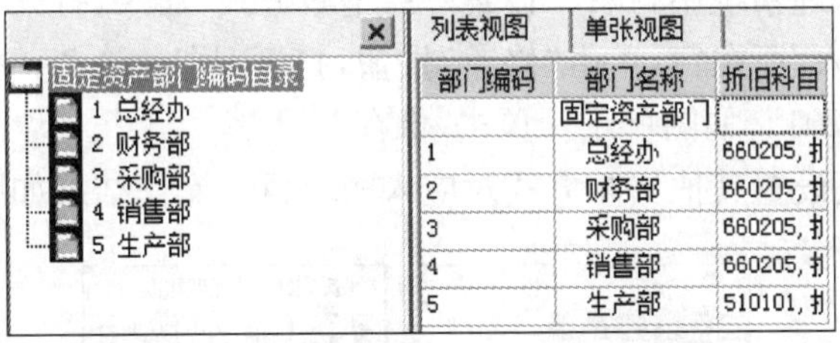

图 6－12　“部门对应折旧科目结果”窗口

指导提示：

◆ 因本系统录入卡片时，只能选择明细级部门，所以设置折旧科目也只有给明细级设置才有意义。

2. 设置固定资产类别：

(1) 在固定资产管理系统中，执行“设置”→“资产类别”命令，进入“资产类别-列表视图”窗口。

(2) 单击“增加”按钮，打开“资产类别-单张视图”窗口。

(3) 在“类别名称”栏录入“房屋及建筑”，在“使用年限”栏录入“30”，在“净残值率”栏录入“5”，单击“卡片样式”选项卡，选择“通用样式”按钮，“计提属性”为“正常计提”，“折旧方法”为“平均年限法(一)”，单击“确认”按钮，返回“资产类别”窗口，单击“保存”按钮。如图 6－13 所示。

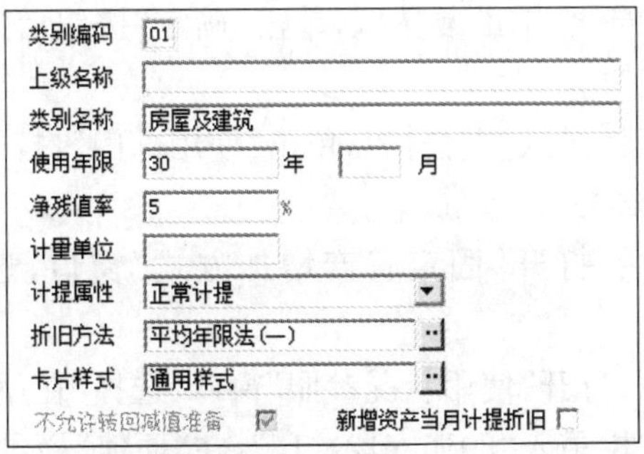

图 6－13　“增加固定资产类别”窗口

(4) 以此方法继续录入其他资产类别，录入完成，单击“保存”按钮。

(5) 单击“放弃”按钮，系统提示“是否取消本次操作”，单击“是”按钮，返回“资产类别-列表视图”窗口,如图 6-14 所示。

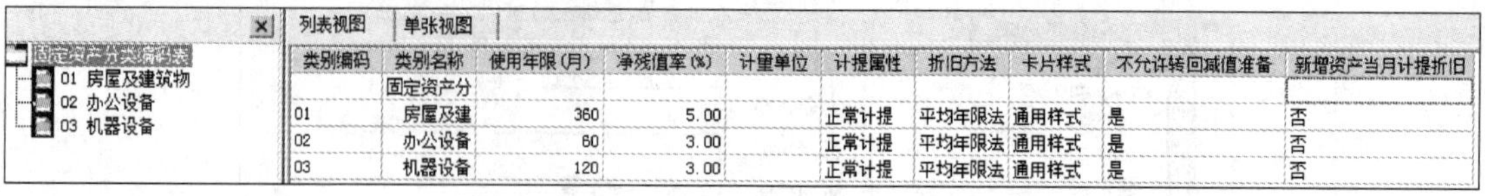

图 6-14 “资产类别-列表视图”窗口

3. 设置固定资产增减方式:

(1) 在固定资产管理系统中,执行“设置”→“增减方式”命令,打开“增减方式”窗口。

(2) 选中“直接购入”所在行,单击“修改”按钮,打开“增减方式-单张视图”窗口,在“对应入账科目”栏录入“100201”,如图所示。单击“保存”。

(3) 依此方法继续设置其他增减方式对应入账科目。操作结果如图 6-15 所示。

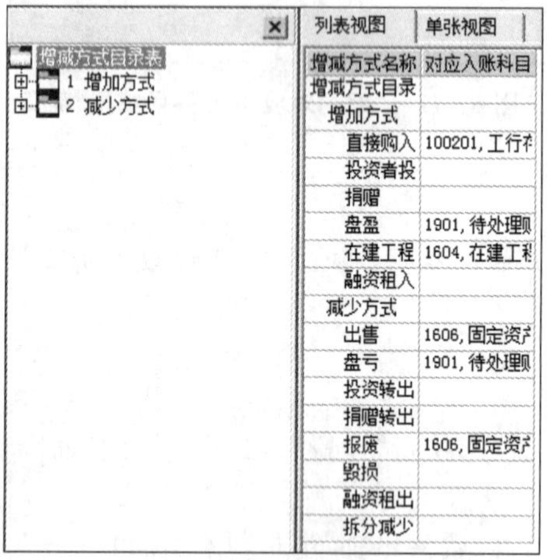

图 6-15 “固定资产增减方式”窗口

4. 录入固定资产原始卡片:

(1) 在固定资产管理系统中,执行“固定资产”→“卡片”→“录入原始卡片”命令,打开“固定资产类别档案”窗口。

(2) 选择“01 房屋及建筑物”前的复选框,单击“确定”按钮后进入“固定资产卡片[录入原始卡片]:00001 号卡片]”窗口。

(3) 在“固定资产名称”栏录入“办公楼”,单击“使用部门”,打开“使用部门”窗口,选择“单部门使用”复选框,选择“总经办”。

(4) 单击“增加方式”栏,打开“固定资产增加方式”窗口,选择“在建工程转入”,单击“确认”。

(5) 单击“使用状况”栏,打开“使用状况参照”窗口,选择“在用”,单击“确认”按钮。

(6) 在“开始使用日期”栏录入“2016-12-18”,在“原值”栏录入“270000”,在“累计折旧”栏录入“8550”,“净残值率”为“5%”“对应折旧科目”为“管理费用——折旧费”,其他数据默认,单击“保存”,操作结果如图 6-16 所示,系统提示“数据成功保存”。

(7) 单击“确认”按钮,以此方法继续录入其他的固定资产卡片。

固定资产卡片

卡片编号	00001			日期	2018-01-01
固定资产编号	01001	固定资产名称			房屋及建筑办公楼
类别编号	01	类别名称			房屋及建筑
规格型号		使用部门			总经办
增加方式	在建工程转入	存放地点			
使用状况	在用	使用年限(月)	360	折旧方法	平均年限法(一)
开始使用日期	2016-12-18	已计提月份	12	币种	人民币
原值	270000.00	净残值率	5%	净残值	13500.00
累计折旧	8550.00	月折旧率	0.0026	本月计提折旧额	702.00
净值	261450.00	对应折旧科目	660205,折旧费	项目	
录入人	钱飞			录入日期	2018-01-01

图 6－16　“第 1 号固定资产卡片”窗口

(8) 固定资产卡片录入完成,执行“财务会计”→“固定资产”→“卡片”→“卡片管理”命令,打开“查询条件-卡片管理”窗口,取消日期选择,单击“确定”按钮,即可查询所有原始卡片信息。如图 6－17 所示。

按部门查询

固定资产部门编码目录
- 1 总经办
- 2 财务部
- 3 采购部
- 4 销售部
- 5 生产部

在役资产

卡片编号	开始使用日期	使用年限(月	原值	固定资产编号	净残值率	录入人
00001	2016.12.18	360	270,000.00	01001	0.05	钱飞
00002	2016.12.18	360	500,000.00	01002	0.05	钱飞
00003	2016.12.18	120	200,000.00	03001	0.03	钱飞
00004	2017.03.10	60	12,000.00	02001	0.03	钱飞
合计:(共计			982,000.00			

图 6－17　“固定资产卡片列表”窗口

指导提示:

◆ 固定资产卡片的使用年限要转化成月。

任务三　固定资产业务处理

【任务要求】

- 修改固定资产原始卡片
- 新增固定资产卡片
- 固定资产评估
- 固定资产折旧
- 固定资产减少

【任务资料】

1. 修改固定资产原始卡片:

将卡片编号“00004”的固定资产电脑的使用部门修改为“生产部”。

2. 新增固定资产:

1月18日,购入的打印机一台,交给财务部使用,原值3 000元,使用年限5年,按平均年限法(一)计提折旧,净残值率为3%。

卡片编号	固定资产编号	固定资产名称	类别编号	类别名称	部门名称	
00005	02002	打印机	02	办公设备	财务部	
增加方式	**使用状况**	**使用年限**	**开始使用日期**	**原值**	**净残值率**	**残值**
直接购入	在用	5年	2018-1-18	3 000	3%	90

3. 固定资产评估:

1月31日,对办公楼进行资产评估,评估结果为原值300 000元。

4. 固定资产折旧:

1月31日,对固定资产计提折旧。

5. 固定资产减少:

1月31日,电脑损坏,经领导批准,同意报废,并进行业务处理。

【任务准备】

2018年1月31日,以001钱飞账套主管的身份登录企业应用平台。

【任务指导】

1. 修改固定资产原始卡片:

(1) 执行"业务工作"→"财务会计"→"固定资产"→"卡片"→"卡片管理"命令,进入"查询条件选择-卡片管理"窗口,取消日期选择,如图6-18所示。

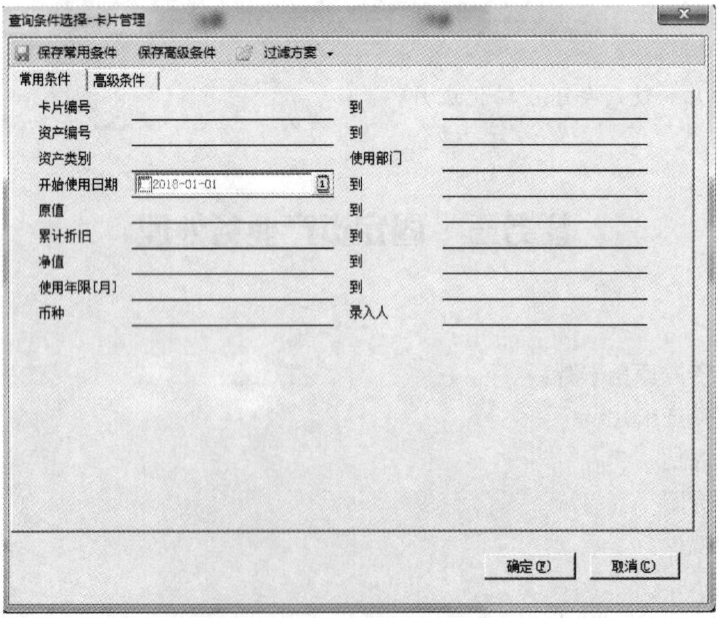

图6-18 "卡片管理"窗口

(2) 单击选中“00004”所在行，再单击“修改”按钮，进入“固定资产卡片编辑”窗口。

(3) 单击“修改”按钮，再单击“使用部门”栏，选择“生产部”。单击“保存”按钮，如图 6-19 所示。

固定资产卡片

卡片编号	00004			日期	2018-01-01
固定资产编号	02001	固定资产名称	电脑		
类别编号	02	类别名称	办公设备		
规格型号		使用部门	生产部		
增加方式	直接购入	存放地点			
使用状况	在用	使用年限(月)	60	折旧方法	平均年限法(一)
开始使用日期	2017-03-10	已计提月份	9	币种	人民币
原值	12000.00	净残值率	3%	净残值	360.00
累计折旧	1677.00	月折旧率	0.0162	本月计提折旧额	194.40
净值	10323.00	对应折旧科目	510101,折旧费	项目	
录入人	钱飞			录入日期	2018-01-01

图6-19　“修改第 4 号固定资产卡片窗口”窗口

指导提示：

◆ 当发现卡片有录入错误，或资产使用过程中有必要修改卡片的一些内容时，可以通过卡片修改功能实现，这种修改为无痕迹修改。

◆ 原始卡片的原值、使用部门、工作总量、使用状况、累计折旧、净残值(率)、折旧方法、使用年限、资产类别在没有做变动单或评估单的情况下，在录入当月可以无痕迹修改；如果做过变动单，只有删除变动单才能无痕迹修改；若各项目做过一次月末结账，只能通过变动单或评估单调整，不能通过卡片修改功能改变。

◆ 进入固定资产卡片管理窗口，取消开始使用日期前的复选框。

2. 新增固定资产卡片：

(1) 以“003 周游”的身份，登录企业应用平台，在固定资产管理系统，执行“业务工作”→“财务会计”→“固定资产”→“卡片”→“资产增加”命令，打开“固定资产类别参照档案”窗口。

(2) 双击“02 办公设备”，进入“固定资产卡片”窗口。

(3) 在“固定资产名称”栏录入“打印机”，选择“使用部门”为“财务部”，“增加方式”为“直接购入”，“使用状况”为“在用”，“原值”为“3 000”，“开始使用日期”为“2018-1-18”，“使用年限”为“5 年”，“净残值率”为“3%”，“残值”为“90”。如图 6-20 所示。

(4) 单击“保存”按钮，系统提示“数据成功共保存”。

(5) 单击“确定”按钮，系统弹出一张会计凭证，修改凭证字为“记账凭证”，在“借方科目”栏录入“1601 固定资产”。如图 6-21 所示。

固定资产卡片

卡片编号	00005			日期	2018-01-31
固定资产编号	02002	固定资产名称	打印机		
类别编号	02	类别名称	办公设备		
规格型号		使用部门	财务部		
增加方式	直接购入	存放地点			
使用状况	在用	使用年限(月)	60	折旧方法	平均年限法(一)
开始使用日期	2018-01-18	已计提月份	0	币种	人民币
原值	3000.00	净残值率	3%	净残值	90.00
累计折旧	0.00	月折旧率	0	本月计提折旧额	0.00
净值	3000.00	对应折旧科目	660205,折旧费	项目	
录入人	周游			录入日期	2018-01-31

图 6-20 “新增固定资产卡片”窗口

已生成

记 账 凭 证

记 字 0012 制单日期:2018.01.31 审核日期: 附单据数:0

摘要	科目名称	借方金额	贷方金额
直接购入资产.	固定资产	300000	
直接购入资产.	银行存款/工行存款		300000
票号 日期	数量 单价 合计	300000	300000

备注 项 目 部 门
个 人 客 户
业务员

记账 审核 出纳 制单 周游

图 6-21 “生成记账凭证”窗口

(6) 单击“保存”按钮,凭证保存成功。

指导提示:

◆ 新卡片录入的第一个月不提折旧,折旧额为空或为零。

◆ 原值录入的必须是卡片录入月初的价值,否则将会出现计算错误。

◆ 如果录入的累计折旧、累计工作量大于零,说明是旧资产,该累计折旧或累计工作量是进入本单位前的值。

◆ 已计提月份必须严格按照该资产在其他单位已经计提或估计已计提的月份数，不包括使用期间停用等不计提折旧的月份。
◆ 只有当资产开始计提折旧后才可以使用资产减少功能，否则，减少资产只有通过删除卡片来完成。

3. 固定资产评估：

(1) 以“003 周游”的身份登录企业应用平台，在固定资产管理系统，执行“业务工作”→“财务会计”→“固定资产”→“卡片”→“资产评估”命令，打开“资产评估”窗口。

(2) 单击“增加”按钮，打开“评估资产选择”对话框，选中“原值”，“累计折旧”。如图 6 - 22 所示。

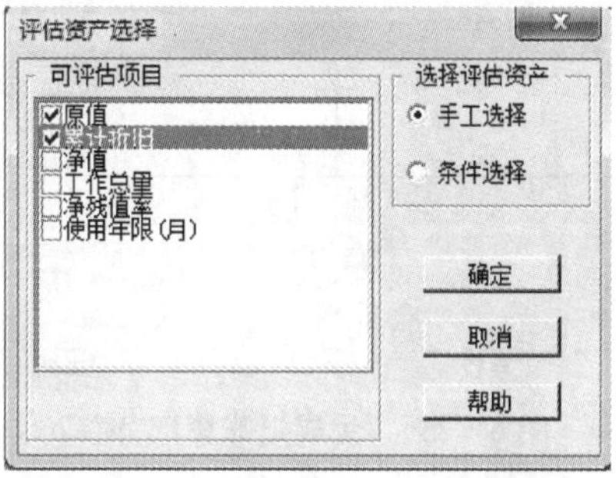

图 6 - 22　“评估资产选择”窗口

(3) 单击“确定”按钮，在“资产评估”界面中，在“卡片编号”栏录入或选择“00001”，“资产编号”自动弹出“01001”。在“评估后原值”栏录入“300000”。如图 6 - 23 所示。

卡片编号: 00001 - 办公楼
资产编号: 01001
计算公式
撤消修改
卡片编号 | 固定资... | 固定资... | 评估状态 | 评估前原值 | 评估后原值 | 评估前累计折旧 | 评估后累计折旧 | 评估前净值 | 评估后净值
00001 | 01001 | 办公楼 | Y | 270,000.00 | 300,000.00 | 8,550.00 | 8,550.00 | 261,450.00 | 291,450.00

图 6 - 23　“资产评估”窗口

(4) 单击“保存”按钮，系统提示“是否确认要进行资产评估?”。如图 6 - 24 所示。

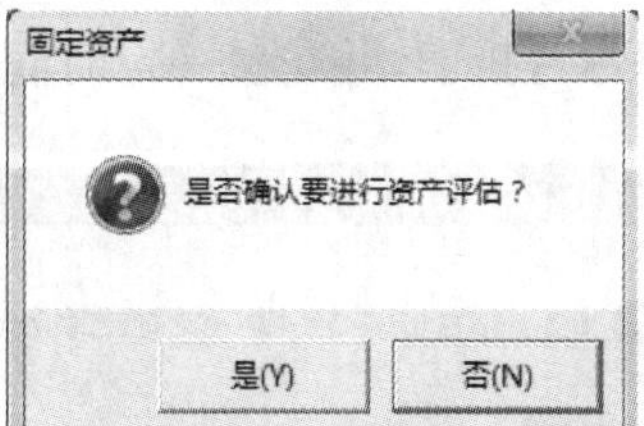

图 6 - 24　“是否确认要进行资产评估提示”窗口

(5) 单击“是”按钮，系统提示“数据保存成功”。

(6) 单击“确定”按钮，系统自动弹出会计凭证，修改该凭证为“记账凭证”，在“借方科目”

栏录入“1601 固定资产”,在“贷方科目”栏录入“4002 资本公积”。

(7) 单击“保存”按钮,凭证保存成功。如图 6-25 所示。

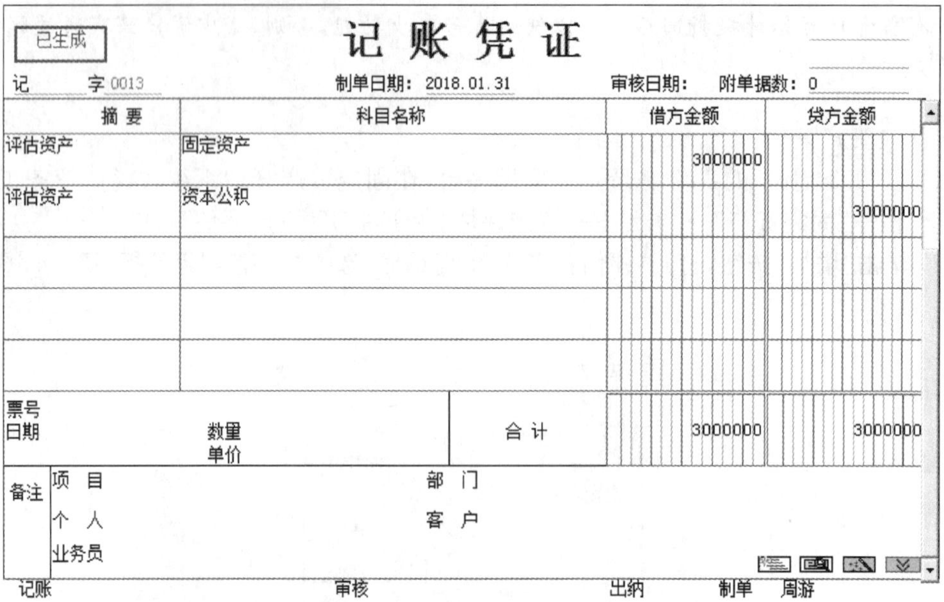

图 6-25 “生成记账凭证”窗口

4. 固定资产折旧:

(1) 执行“业务工作”→“财务会计”→“固定资产”→“处理”→“计提本月折旧”命令,打开“固定资产”对话框。

(2) 打开“是否要查看折旧清单”,单击“是”按钮。如图 6-26 所示。

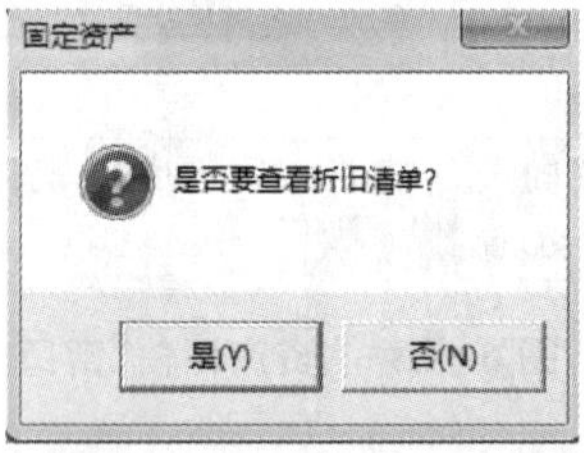

图 6-26 “是否要查看折旧清单提示”窗口

(3) 系统提示“本操作将计提本月折旧,并花费一定时间,是否继续?”,如图 6-27 所示。

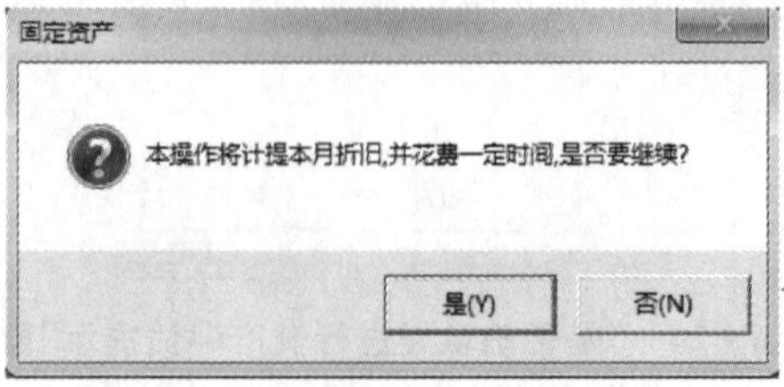

图 6-27 “固定资产提示”窗口

(4) 单击“是”按钮，打开“折旧清单”。

(5) 单击“退出”按钮，系统提示“计提折旧完成”，如图 6－28 所示。

图 6－28　“计提折旧完成提示”窗口

(6) 单击“确定”按钮，打开“折旧分配表”，如图 6－29 所示。

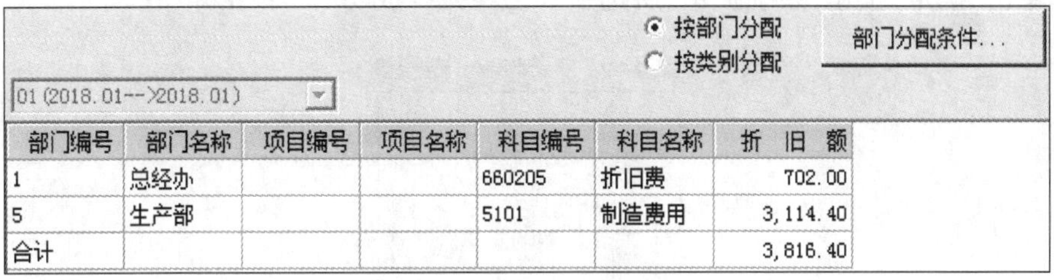

部门编号	部门名称	项目编号	项目名称	科目编号	科目名称	折　旧　额
1	总经办			660205	折旧费	702.00
5	生产部			5101	制造费用	3,114.40
合计						3,816.40

图 6－29　“折旧分配表”窗口

(7) 单击“凭证”按钮，生成记账凭证，修改凭证为“记账凭证”，在“贷方科目”栏录入“1602 累计折旧”。

(8) 单击“保存”按钮，凭证保存成功，如图 6－30 所示。

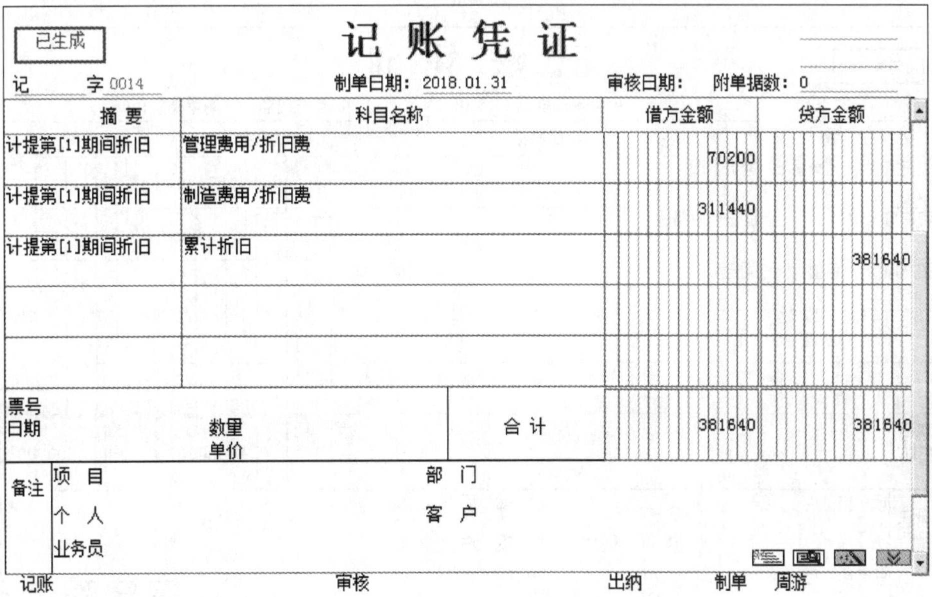

图 6－30　“生成记账凭证”窗口

5. 固定资产减少：

(1) 执行“业务工作”→“财务会计”→“固定资产”→“卡片”→“资产减少”命令，打开“资产减少”窗口。

(2) 在“卡片编号”栏录入或选择“00004”，单击“增加”按钮，“资产编号”栏自动弹出“02001”，在“减少方式”栏选择“报废”，在“清理原因”栏录入“机械老化”，如图6-31所示。

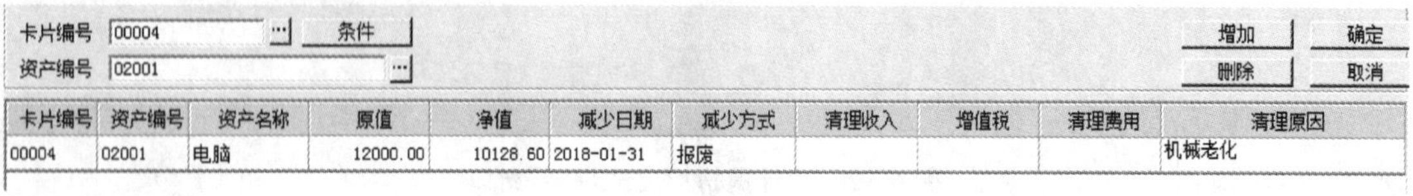

卡片编号 00004
条件
资产编号 02001
增加
确定
删除
取消
卡片编号 资产编号 资产名称 原值 净值 减少日期 减少方式 清理收入 增值税 清理费用 清理原因
00004 02001 电脑 12000.00 10128.60 2018-01-31 报废 机械老化

图6-31 “固定资产减少”窗口

(3) 单击“确定”按钮，系统提示“所选卡片已经减少成功”。如图6-32所示。

图6-32 “所选卡片已减少成功提示”窗口

(4) 单击“确定”按钮，系统弹出一张凭证，选择“记账凭证”，在“借方科目”栏录入“1602 累计折旧”。在“贷方科目”栏录入“1601 固定资产”，单击“保存”按钮，凭证保存成功。如图6-33所示。

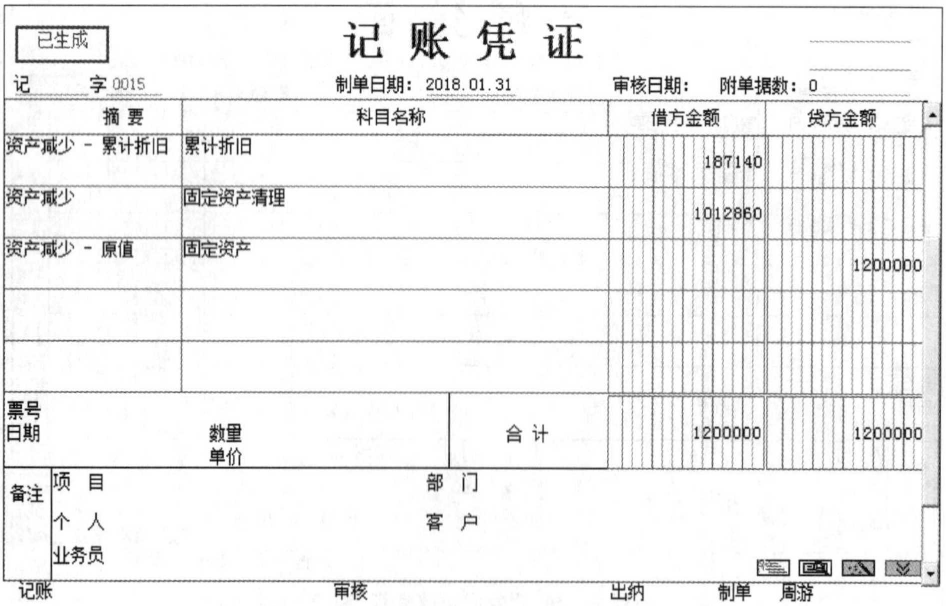

图6-33 “生成记账凭证”窗口

(5) 在总账管理系统中，执行"业务工作"→"财务会计"→"总账"→"凭证"→"填制凭证"命令，打开"凭证"窗口。

(6) 单击"增加"按钮，录入电脑清理收入的会计凭证，在"借方"栏录入"1001 库存现金"，"借方金额"录入"10128.60"。"贷方科目"栏录入"1606 固定资产清理"，"贷方金额"录入"10128.60"。如图 6－34 所示。

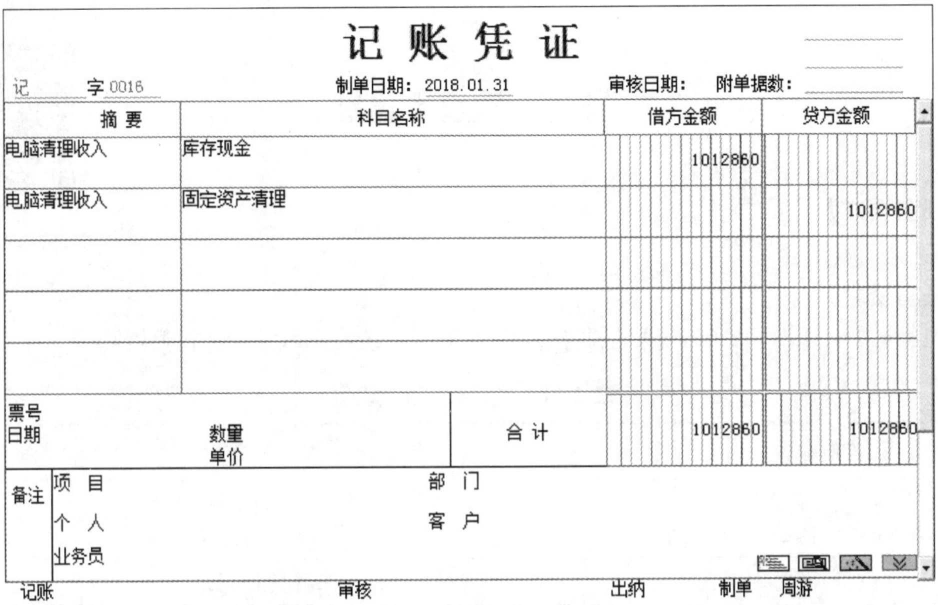

图 6－34　"新增记账凭证"窗口

(7) 单击"保存"按钮。

指导提示：

◆ 本账套需要进行计提折旧后，才能资产减少。

项目七　薪资管理

任务一　建立工资账套

项目七
任务操作视频

【任务要求】

● 建立工资账套

【任务资料】

2018 年 1 月 1 日,以 001 钱飞的身份,设置工资系统参数设置、建立工资账套。

表 7－1　工资系统参数设置

控制参数	参数设置
参数设置	单个工资类别 不核算计件工资
扣税设置	代扣个人所得税
扣零设置	不进行扣零处理
人员编码	与公共平台保持一致

【任务准备】

2018 年 1 月 1 日,以“001 钱飞“的身份登录企业应用平台,设置薪资管理系统参数。

【任务指导】

(1) 在企业应用平台,执行“业务工作”→“人力资源”→“薪资管理”命令,打开“建立工资套-参数设置”窗口。

(2) 选择本账套所需处理的工资类别个数为“单个”,“币别”默认“人民币 RMB”,如图 7－1 所示。

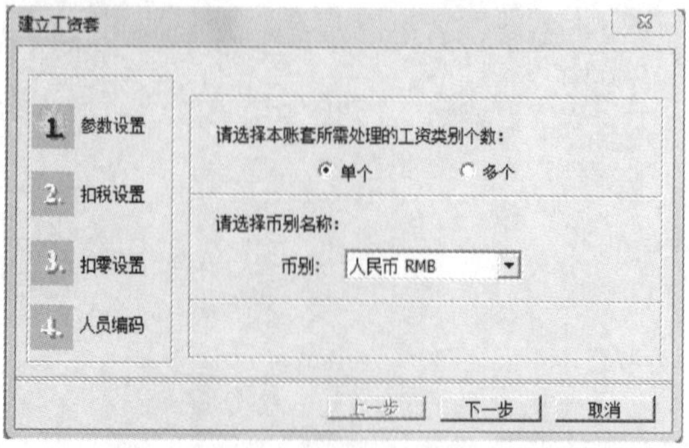

图 7－1　“建立工资套-参数设置”窗口

(3) 单击“下一步”按钮，打开“建立工资套-扣税设置”窗口，选中“是否从工资中代扣个人所得税”复选框，如图 7－2 所示。

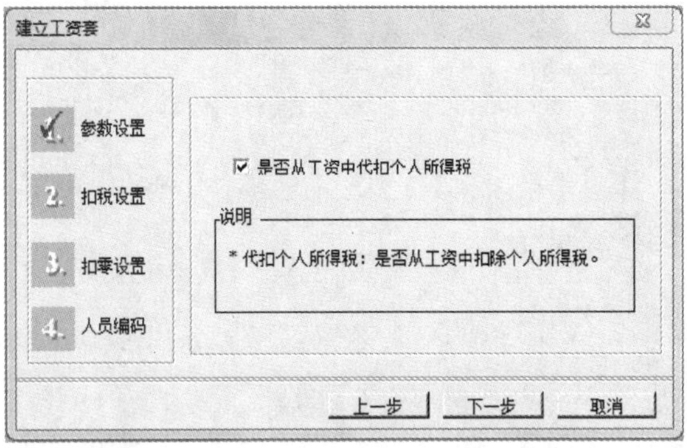

图 7－2　“建立工资套-扣税设置”窗口

(4) 单击“下一步”按钮，打开“建立工资账套-扣零设置”窗口，取消“扣零”复选框，如图 7－3 所示。

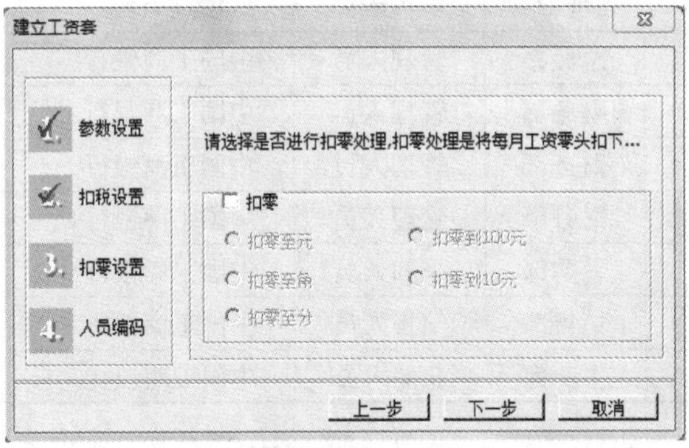

图 7－3　“建立工资套-扣零设置”窗口

(5) 单击“下一步”按钮，打开“建立工资账套-人员编码”，系统默认“本系统要求您对员工进行统一编号，人员编码同公共平台的人员编码保持一致”，如图 7－4 所示。

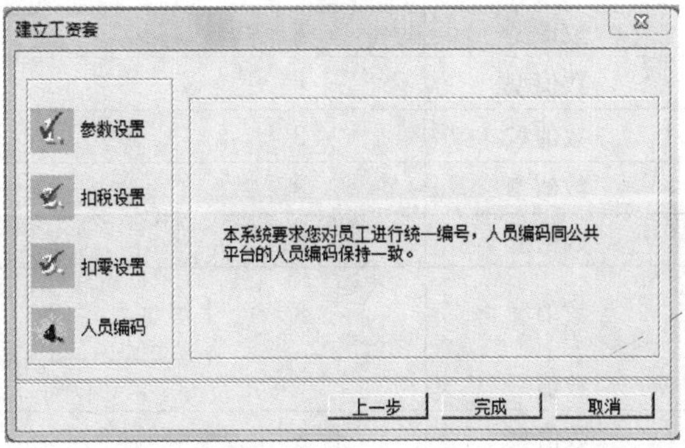

图 7－4　“建立工资套-人员编码”窗口

(6) 单击“完成”按钮，完成建立工资套的过程。

任务二　基础信息设置

【任务要求】

- 人员档案设置
- 工资项目设置
- 系统公式设置
- 扣税依据设置
- 工资数据变动
- 工资分摊设置

【任务资料】

2018 年 1 月 31 日，001 钱飞 登录企业应用平台，设置基础信息，资料如下：

表 7-2　人员档案

人员编码	人员姓名	部门	人员类别	银行名称	银行账号
101	钱飞	总经办	管理人员	中国工商银行	6200581103000195601
201	李健	财务部	管理人员	中国工商银行	6200581103000195602
202	周游	财务部	管理人员	中国工商银行	6200581103000195603
203	王金铭	财务部	管理人员	中国工商银行	6200581103000195604
301	郑川	采购部	采购人员	中国工商银行	6200581103000195605
401	李娜	销售部	销售人员	中国工商银行	6200581103000195606
501	王伟	生产部	仓储人员	中国工商银行	6200581103000195607

表 7-3　工资项目资料

项目名称	类 型	长 度	小数位	增减项
基本工资	数值型	8	2	增项
岗位工资	数值型	8	2	增项
奖金	数值型	8	2	增项
交补	数值型	8	2	增项
事假天数	数值型	8	2	其他
事假扣款	数值型	8	2	减项
福利补贴	数值型	8	2	增项
五险一金计提基数	数值型	8	2	其他
计税工资	数值型	8	2	其他
设定提存计划	数值型	8	2	减项
社会保险费	数值型	8	2	减项
住房公积金	数值型	8	2	减项

职工工资计算公式如下：

奖金＝ iff(人员类别＝"采购人员" or 人员类别＝"销售人员",1 200,800)

交补＝ iff(人员类别＝"企业管理人员",600,iff(人员类别＝"销售人员" or 人员类别＝"采购人员",800,600))

应发合计＝基本工资＋岗位工资＋奖金＋交补＋福利补贴

事假扣款＝事假天数×50

实发合计＝应发合计－扣款合计

五险一金计提基数＝基本工资＋岗位工资

计税工资＝基本工资＋奖金＋交补＋岗位工资－设定提存计划－社会保险费

扣税依据设置：

“个人所得税”——计税工资，基数：5 000 附加费用：1 500

表 7－4　个人所得税税率表

级数	应纳税所得额(含税)	应纳税所得额(不含税)	税率(%)	速算扣除数
1	不超过 3 000 元的部分	不超过 2 910 元的部分	3	0
2	超过 3 000 元至 12 000 元的部分	超过 2 910 元至 11 010 元的部分	10	210
3	超过 12 000 元至 25 000 元的部分	超过 11 010 元至 21 410 元的部分	20	1 410
4	超过 25 000 元至 35 000 元的部分	超过 21 410 元至 28 910 元的部分	25	2 660
5	超过 35 000 元至 55 000 元的部分	超过 28 910 元至 42 910 元的部分	30	4 410
6	超过 55 000 元至 80 000 元的部分	超过 42 910 元至 59 160 元的部分	35	7 160
7	超过 80 000 元的部分	超过 59 160 元的部分	45	15 160

表 7－5　2018 年 1 月职工资资料　　单位：元

姓　名	基本工资	岗位工资	奖　金	福利补贴(替换)
钱　飞	7 000	1 000	800	200
李　健	6 500	800	800	200
周　游	5 000	600	800	200
王金铭	5000	600	800	200
郑　川	4 000	500	600	200
李　娜	4 000	500	600	200
王　伟	3 500	400	500	200

(1 月份工资变动如下：1 月份周游请假 5 天，王伟请假 3 天)

【任务准备】

以 001 钱飞的身份登录企业应用平台，设置薪资管理系统参数。

【任务指导】

1. 人员档案设置

(1) 在薪资管理系统中，执行“业务工作”→“人力资源”→“薪资管理”→“设置”→“人员档案”命令，打开“人员档案”窗口。

(2) 单击“批增”按钮，打开“人员批量增加”窗口。

(3) 在窗口左侧分别单击选中所有部门,单击"查询"按钮,弹出人员列表,如图 7-5 所示。

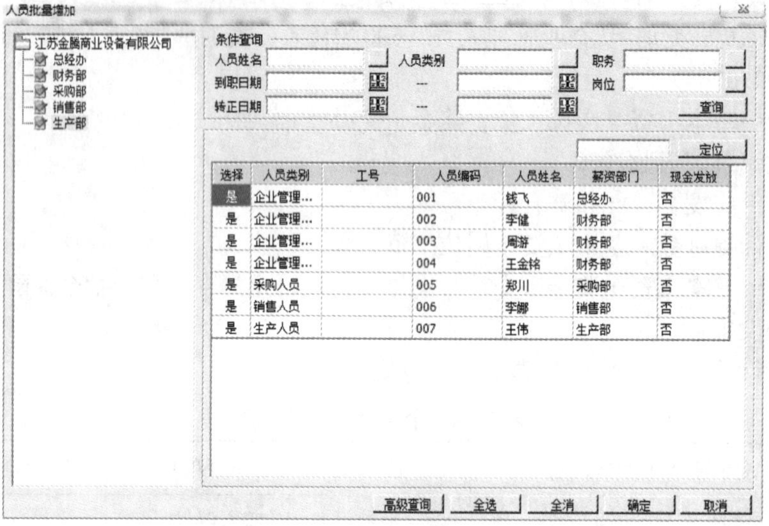

图 7-5 "人员批量增加"窗口

(4) 单击"确定"按钮,返回"人员档案"窗口。

(5) 双击人员档案记录打开"人员档案明细"窗口。在"基本信息"选项卡中,补充录入"银行名称"和"银行账号"信息,如图 7-6 所示。

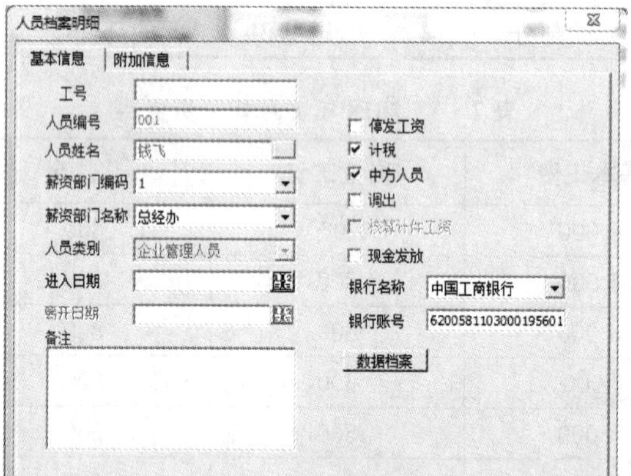

图 7-6 "人员档案明细"窗口

(6) 银行档案信息录入完成,单击"确定"按钮,返回"人员档案"窗口,如图 7-7 所示。

图 7-7 "人员档案"窗口

2. 工资项目设置

（1）在薪资管理系统中，执行“业务工作”→“人力资源”→“薪资管理”→“设置”→“工资项目设置”命令，打开“工资项目设置”窗口。

（2）单击“增加”按钮，从“名称参照”下拉列表中选择“基本工资”，默认类型为“数字”，小数位为“2”，增减项为“增项”。以此方法继续增加其他的工资项目，如图 7－8 所示。

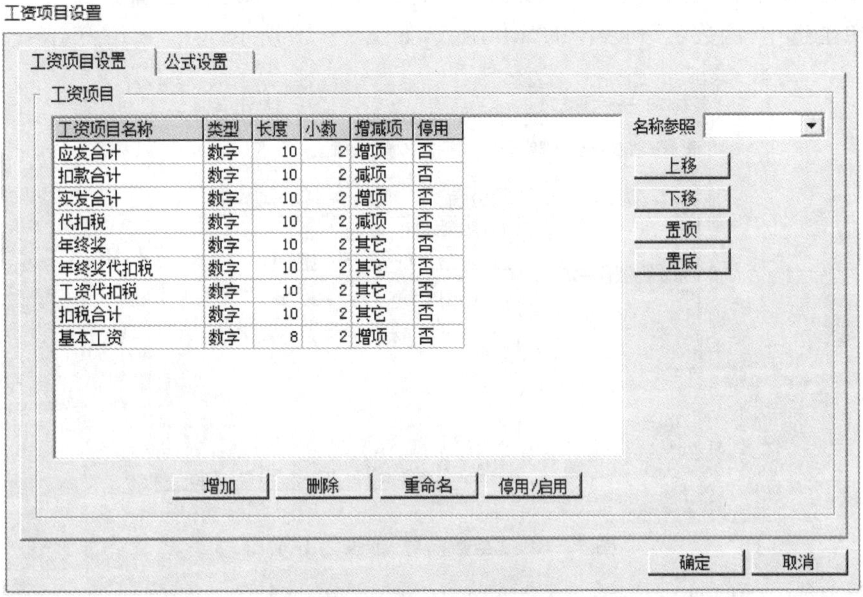

图 7－8　“工资项目设置”窗口(一)

（3）增加完成，单击“确定”按钮，退出“工资项目设置”窗口。如图 7－9 所示。

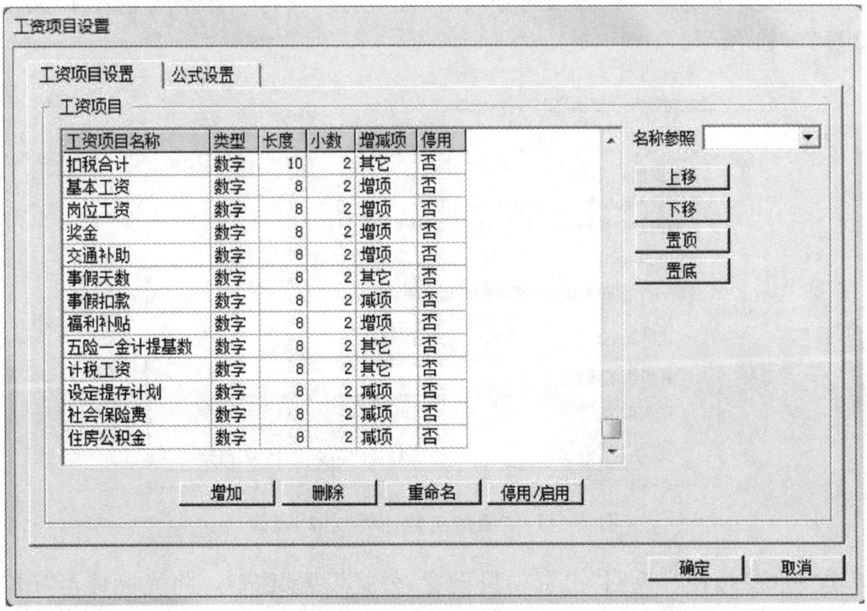

图 7－9　“工资项目设置”窗口(二)

3. 系统公式设置

交补公式设置：

(1) 在薪资管理系统中，执行“业务工作”→“人力资源”→“薪资管理”→“设置”→“工资项目设置”命令，打开“工资项目设置”窗口。选择“公式设置”选项卡，单击“增加”按钮，从下拉列表框中选择“交补”。

(2) 单击“函数公式向导输入...”按钮，打开“函数向导步骤之 1”窗口。

(3) 单击选中“函数名”列表中的“iff”函数，如图 7-10 所示。

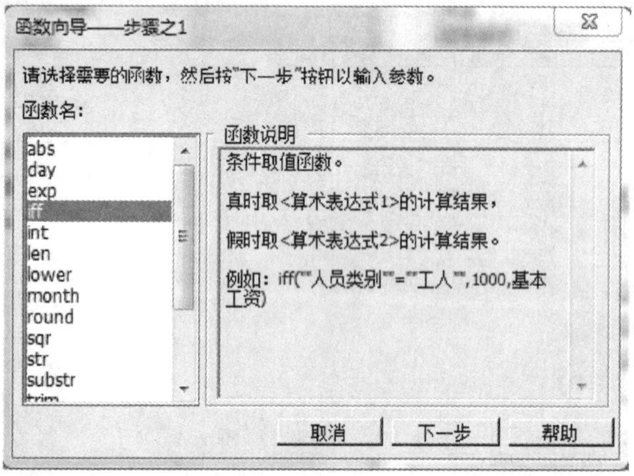

图 7-10 “函数向导-步骤之 1”窗口

(4) 单击“下一步”按钮，打开“函数向导-步骤之 2”窗口。

(5) 单击“逻辑表达式”栏右侧的”参照”按钮，打开“参照”窗口。

(6) 单击“参照列表”栏的下三角按钮，选择“人员类别”，再单击选中“企业管理人员”。

(7) 单击“确定”按钮，返回“函数向导-步骤之 2”窗口。在“算术表达式 1”文本框中录入“600”。如图 7-11 所示。

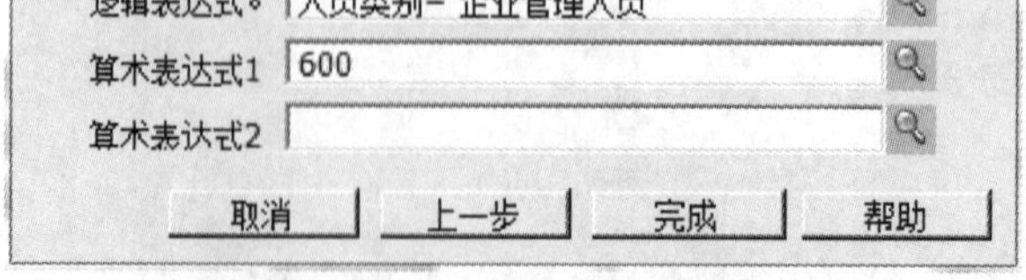

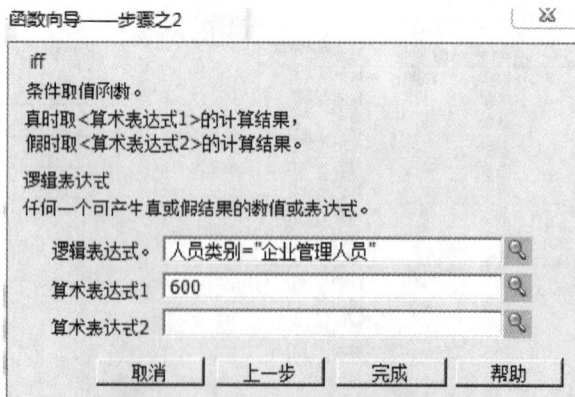

图 7-11 “函数向导-步骤之 2”窗口

(8) 单击“完成”按钮。返回“工资项目设置-公式设置”窗口。将光标移至“iff”函数的第三个参数位置即“600,”后面，继续单击【函数公式向导输入...】，如图 7-12 所示。

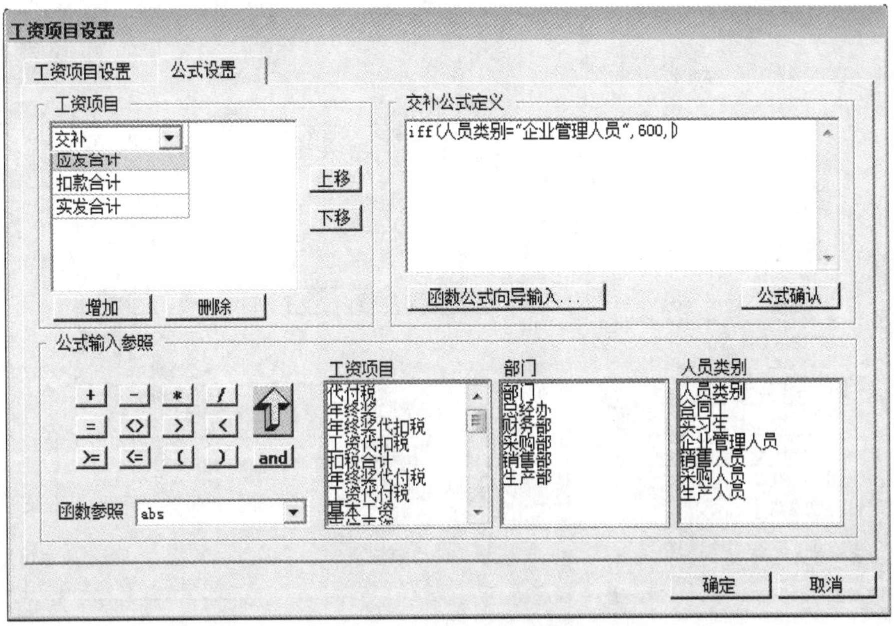

图 7-12　“工资项目设置”窗口

(9) 单击选中“函数名”列表中的“iff”，单击“下一步”按钮，打开“函数向导-步骤之 2”窗口。单击“逻辑表达式”栏右侧的参照按钮，打开“参照”窗口。

(10) 单击“参照列表”栏的下三角按钮，选择“人员类别”，再单击选中“销售人员”，在生成的逻辑表达式后面输入“or”，注意前后必须空格。

(11) 继续单击“参照”按钮，选择“人员类别”为“采购人员”。在“算术表达式 1”文本框中录入“800”，在“算术表达式 2”栏中输入“600”。如图 7-13 所示。

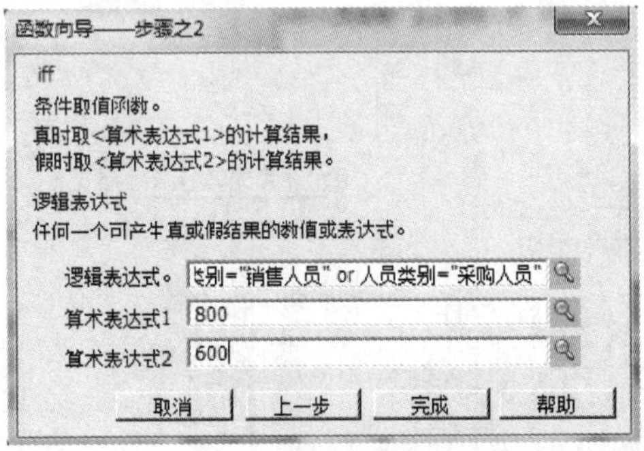

图 7-13　“函数向导-步骤之 2”窗口

(12) 单击“完成”按钮返回公式设置界面，如图 7-14 所示。

(13) 单击“公式确认”按钮。单击“确定”，退出。

五险一金计提基数公式设置：

(1) 在薪资管理系统中，执行“业务工作”→“人力资源”→“薪资管理”→“设置”→“工资项目设置”命令，打开“工资项目设置”窗口。选择“公式设置”选项卡，单击“增加”按钮，从下拉列表框中选择“五险一金基数设置”。

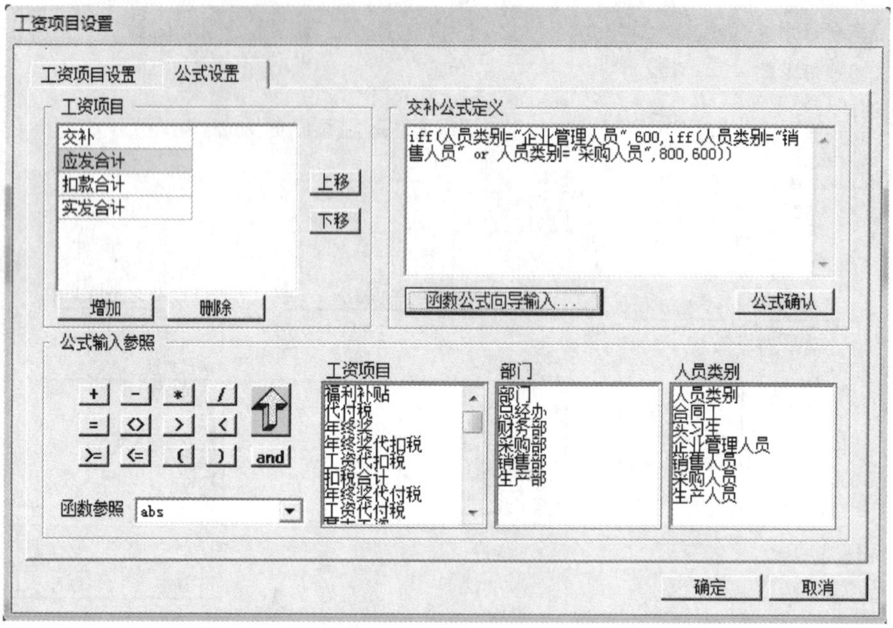

图7-14 “工资项目设置”窗口

(2) 在“五险一金技术设置公式定义”窗口，直接输入“基本工资+岗位工资”如图7-15所示。

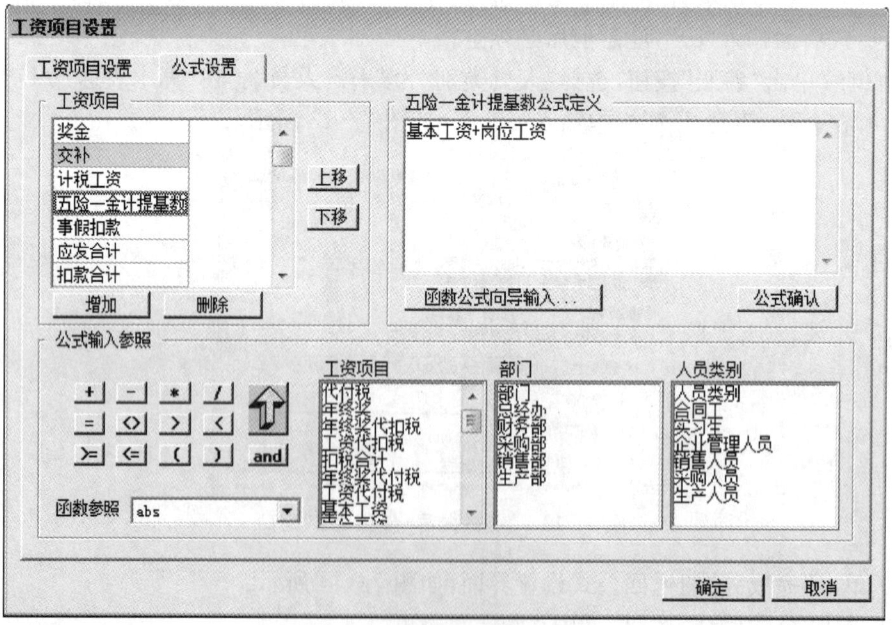

图7-15 “工资项目设置2”窗口

(3) 单击“公式确认”按钮。

(4) 依据资料，以此方法设置其余公式。

指导提示：

◆ 第一次使用工资系统必须将所有人员的基本工资数据录入系统。工资数据可以在录入人员档案时直接录入，需要计算的内容在此功能中进行计算；也可以在工资变动功能中录入，当工资数据发生变动时应在此录入。

◆ 如果工资数据的变化具有规律性，可以使用“替换”功能进行成批数据替换。在修改了某些数据、重新设置了计算公式、进行了数据替换或在个人所得税中执行了自动扣税等操作后，必须调用“计算”和“汇总”功能对个人工资数据重新计算，以保证数据正确。如果对工资数据只进行了“计算”的操作，则退出时系统提示“数据发生变动后尚来进行汇总，是否进行汇总？”，如果需要汇总则单击“是”按钮，否则，单击“否”按钮即可。

4. 扣税依据设置

（1）在薪资管理系统中，执行“业务工作”→“人力资源”→“薪资管理”→“设置”→“选项”命令，打开“选项”窗口。

（2）选项“扣税设置”选项卡，单击“编辑”按钮，把“个人所得税申请表中“收入额合计”项所对应的工资项目默认是“实发工资”修改为“计税工资”，如图 7－16 所示。

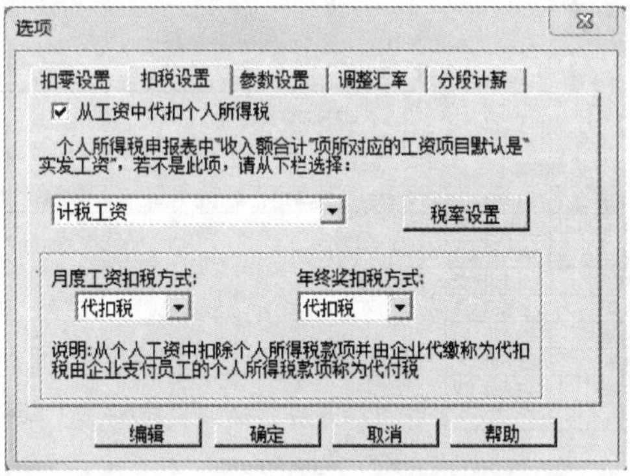

图 7－16　“薪资管理-选项”窗口

（3）单击“税率设置”按钮，打开“个人所得税申报表-税率表”窗口，“基数”为“5 000”“附加费用”为“1 500”，如图 7－17 示。

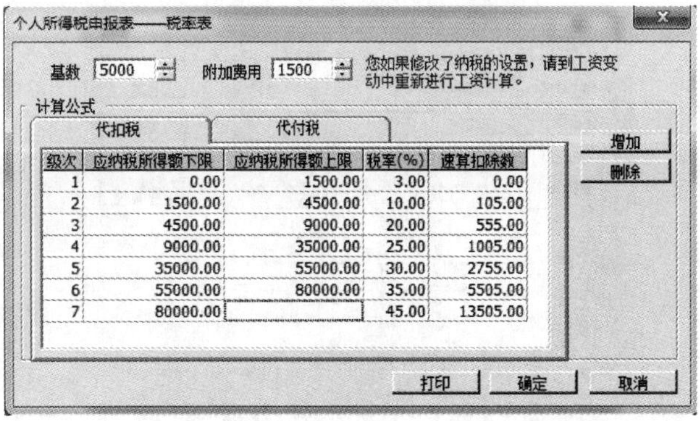

图 7－17　“个人所得税申报表-税率表”窗口

(4) 单击“确定”按钮,退出“个人所得申报表-税率表”窗口。

(5) 继续单击“确定”按钮,退出“选项”窗口。

5. 工资数据变动

(1) 在薪资管理系统中,执行“业务工作”→“人力资源”→“薪资管理”→“业务处理”→“工资变动”命令,打开“工资变动”窗口。

(2) 根据表 7-5 分别录入基本工资、奖金、岗位工资,标明周游事假 5 天,王伟事假 3 天,如图 7-18 所示。

工资变动

过滤器 所有项目 定位器

选择	工号	人员编号	姓名	部门	人员类别	年终奖	年终奖代扣税	工资代扣税	扣税合计	基本工资	岗位工资	奖金	交补	事假天数	事假扣款	福利补贴	五险一金计提基数	计税工资	设定提存计划	社会
		001	钱飞	总经办	企业管理人员					7,000.00	1,000.00	800.00								
		002	李健	财务部	企业管理人员					6,500.00	800.00	800.00								
		003	周游	财务部	企业管理人员					5,000.00	600.00	800.00		5.00						
		004	王金铭	财务部	企业管理人员					5,000.00	600.00	800.00								
		005	郑川	采购部	采购人员					4,000.00	500.00	600.00								
		006	李娜	销售部	销售人员					4,000.00	500.00	600.00								
		007	王伟	生产部	生产人员					3,500.00	400.00	500.00		3.00						
合计						0.00	0.00	0.00	0.00	35,000.00	4,400.00	4,900.00	0.00	8.00	0.00	0.00	0.00	0.00	0.00	

图 7-18 “工资变动”窗口

(3) 单击“全选”按钮,在人员记录的选择栏出现选中标记“Y”。

(4) 单击“替换”按钮,打开“工资项数据替换”对话框,选择将工资项目“福利补贴”替换成“200”,如图 7-19,7-20 所示。

工资变动

过滤器 所有项目 定位器

选择	工号	人员编号	姓名	部门	人员类别	年终奖	年终奖代扣税	工资代扣税	扣税合计	基本工资	岗位工资	奖金	交补
		001	钱飞	总经办	企业管理人员					7,000.00	1,000.00	800.00	
		002	李健	财务部	企业管理人员					6,500.00	800.00	800.00	
		003	周游	财务部	企业管理人员					5,000.00	600.00	800.00	
		004	王金铭	财务部	企业管理人员					5,000.00	600.00	800.00	
		005	郑川	采购部	采购人员					4,000.00	500.00	600.00	
		006	李娜	销售部	销售人员					4,000.00	500.00	600.00	
		007	王伟	生产部	生产人员					3,500.00	400.00	500.00	
合计						0.00	0.00	0.00	0.00	35,000.00	4,400.00	4,900.00	0.

当前月份:1月 总人数:7 当前人数:7

账套:(108)江苏金腾商业设备有限公司 钱飞(账套主管) 2018-01-31 11:46 4006-600-588

图 7-19 “工资变动”窗口(一)

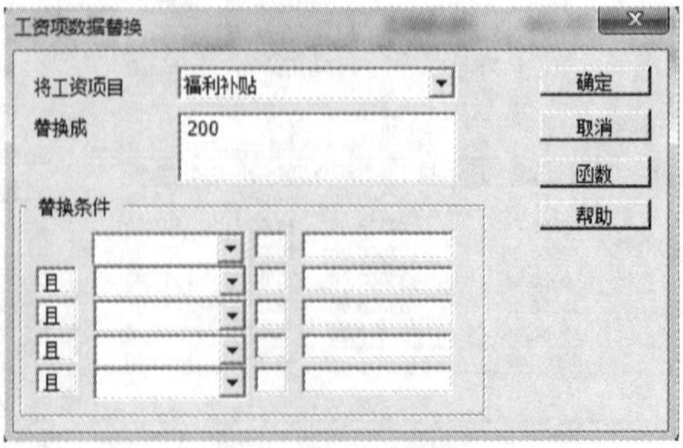

图 7-20 “工资项数据替换”窗口

(5) 单击“确定”返回,系统弹出“数据替换后将不可恢复,是否继续?”,单击“是”按钮,系统继续提示“7 条记录被替换,是否重新计算?”,单击“是”按钮返回。如图 7-21、图 7-22 所示。

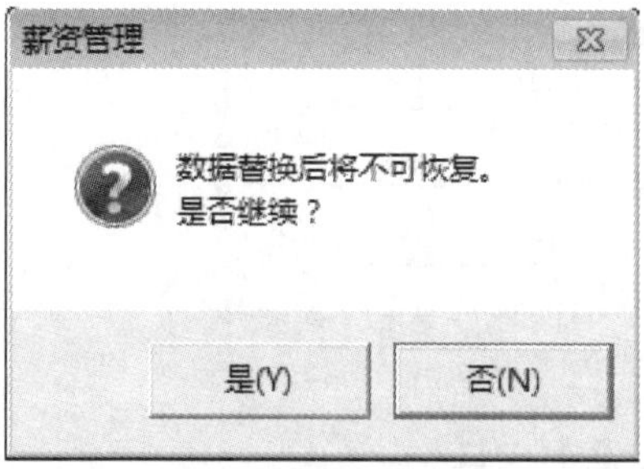

图 7-21　“薪资管理 1”窗口

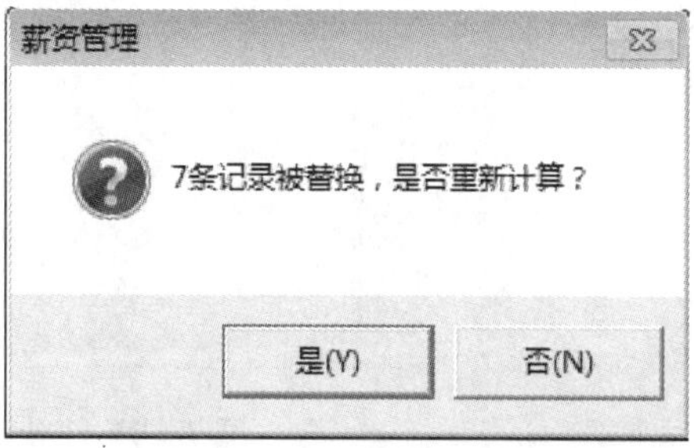

图 7-22　“薪资管理 2”窗口

(6) 单击“计算”按钮,再单击“汇总”按钮,计算全部工资项目内容。计算结果如图 7-23 所示。

工资变动

过滤器 所有项目　　定位器

选择	工号	人员编号	姓名	部门	人员类别	应发合计	扣款合计	实发合计	代扣税	年终奖	年终奖代扣税	工资代扣税	扣税合计	基本工资	岗位工资	奖金	交通补助	事假天数	事假
		001	钱飞	总经办	企业管理人员	9,600.00	335.00	9,265.00	335.00			335.00	335.00	7,000.00	1,000.00	800.00	600.00		
		002	李健	财务部	企业管理人员	8,900.00	265.00	8,635.00	265.00			265.00	265.00	6,500.00	800.00	800.00	600.00		
		003	周游	财务部	企业管理人员	7,200.00	95.00	7,105.00	95.00			95.00	95.00	5,000.00	600.00	800.00	600.00		
		004	王金铭	财务部	企业管理人员	7,200.00	95.00	7,105.00	95.00			95.00	95.00	5,000.00	600.00	800.00	600.00		
		005	郑川	采购部	采购人员	6,700.00	45.00	6,655.00	45.00			45.00	45.00	4,000.00	500.00	1,200.00	800.00		
		006	李娜	销售部	销售人员	6,700.00	45.00	6,655.00	45.00			45.00	45.00	4,000.00	500.00	1,200.00	800.00		
		007	王伟	生产部	生产人员	5,500.00	9.00	5,491.00	9.00			9.00	9.00	3,500.00	400.00	800.00	600.00		
合计						51,800.00	889.00	50,911.00	889.00			889.00	889.00	35,000.00	4,400.00	6,400.00	4,600.00		

图 7-23　“工资变动”窗口(二)

(7) 单击“退出”按钮。

6. 工资分摊设置

(1) 在薪资管理系统,执行“业务工作”→“人力资源”→“薪资管理”→“业务处理”→“工资分摊”命令,打开“工资分摊”窗口。如图 7-24 所示。

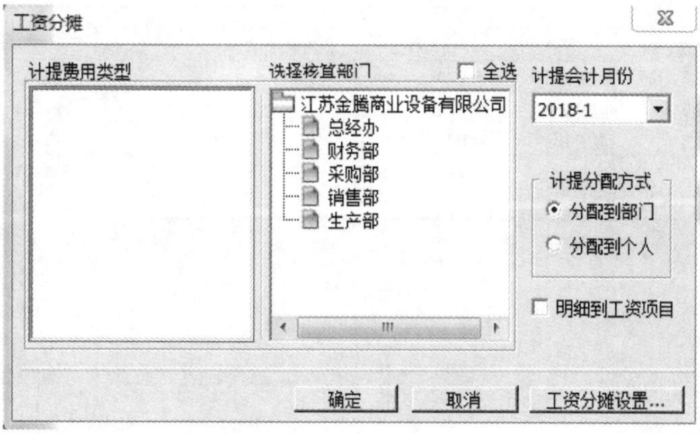

图 7-24　“工资分摊”窗口

(2) 单击“工资分摊设置…”按钮,打开“分摊类型设置”窗口。如图 7-25 所示。

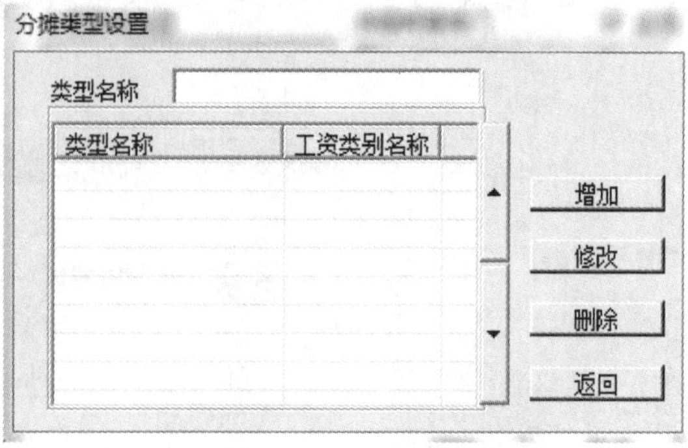

图 7-25 “分摊类型设置”窗口

(3) 单击“增加”按钮,打开“分摊计提比例设置”对话框。

(4) 在“计提类型名称”栏录入“计提工资”,“分摊计提比例”默认“100%”。如图 7-26 所示。

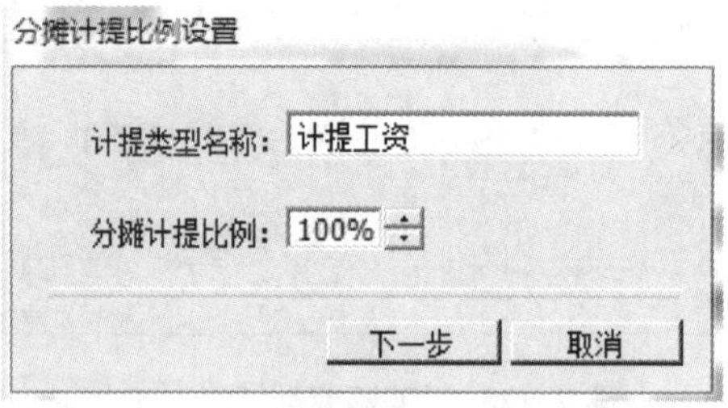

图 7-26 “分摊计提比例设置”窗口

(5) 单击“下一步”按钮,系统自动打开“分摊构成设置”窗口。分别选择“人员类别”、所属“部门名称”输入或选择不同人员类别“工资项目”“借方科目代码”“贷方科目代码”,如图7-27 所示。

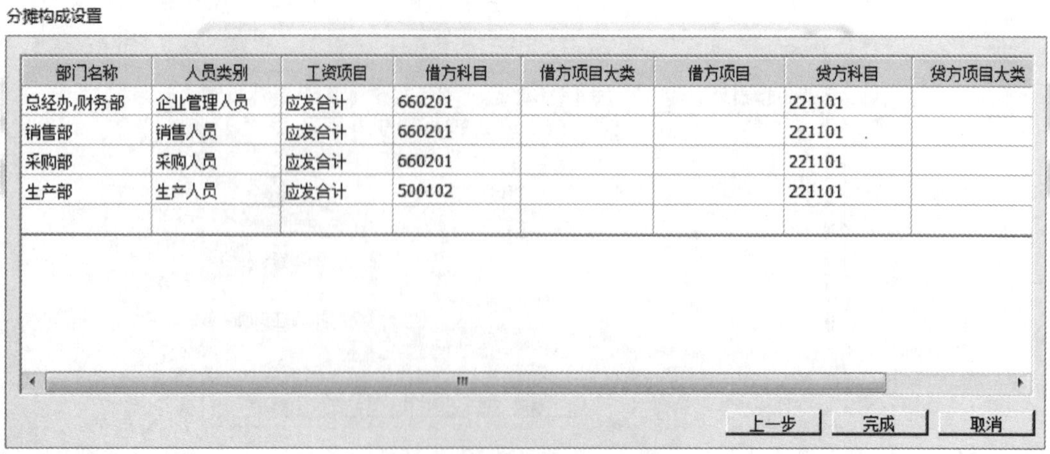

图 7-27 “分摊构成设置”窗口(一)

(6) 单击“增加”按钮，在“计提类型名称”栏录入“计提福利费”“分摊计提比例”改成“14%”。

(7) 单击“完成”按钮，系统自动弹出“分摊构成设置”窗口。分别选择“人员类别”、所属“部门名称”输入或选择不同人员类别“工资项目”“借方科目代码”“贷方科目代码”，如图7－28所示。

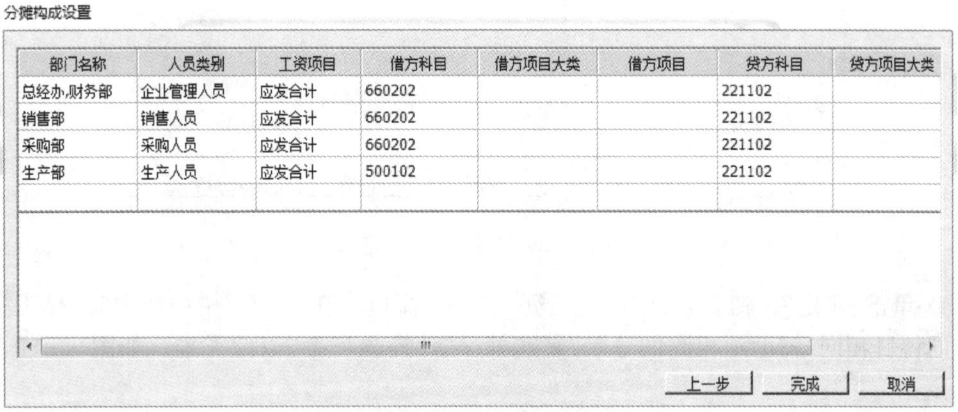
分摊构成设置

部门名称	人员类别	工资项目	借方科目	借方项目大类	借方项目	贷方科目	贷方项目大类
总经办,财务部	企业管理人员	应发合计	660202			221102	
销售部	销售人员	应发合计	660202			221102	
采购部	采购人员	应发合计	660202			221102	
生产部	生产人员	应发合计	500102			221102	

图 7－28　“分摊构成设置”窗口(二)

(8) 单击“完成”按钮，返回到“分摊类型设置”对话框。

(9) 单击“返回”按钮，返回到“工资分摊”对话框。

(10) 单击“取消”按钮，退出“工资分摊”窗口。

任务三　薪资业务处理

【任务要求】

计提工资费用

【任务资料】

2018 年 1 月 31 日，以 001 钱飞的身份登录企业应用管理平台，计提工资费用。

【任务准备】

以“001 钱飞”的身份。登录企业应用管理平台，登录日期为 2018 年 01 月 31 日。

【任务指导】

1. 计提工资费用

(1) 在薪资管理系统中，执行“业务工作”→“人力资源”→“薪资管理”→“业务处理”→“工资变动”命令，打开“工资变动”窗口，单击“计算”按钮，完成计算，单击“汇总”按钮，关闭“工资变动”窗口。

(2) 执行“业务工作”→“人力资源”→“薪资管理”→“业务处理”→“工资分摊”命令，打开“工资分摊”窗口。选中“计提工资”和“计提福利费”复选框。

(3) 单击“全选”复选框，选中所有部门，选中“明细工资项目”→“按项目核算”复选框。如图 7－29 所示。

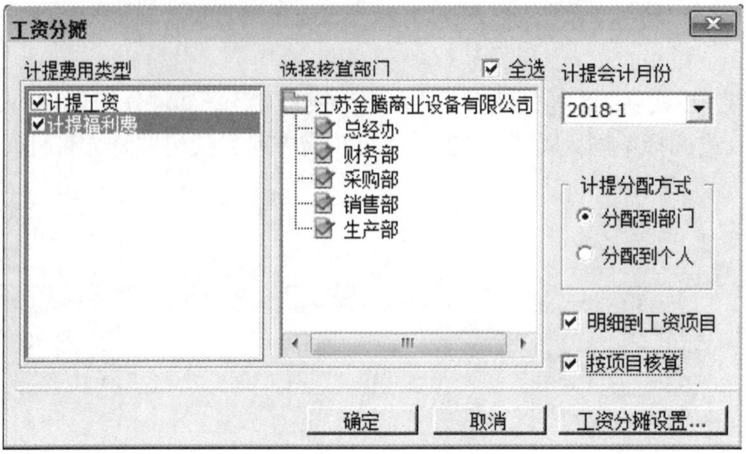

图 7-29 “工资分摊”窗口

(4) 单击“确定”按钮。打开“计提工资一览表”窗口。在“类型”栏中选中“计提工资”,选中“合同科目相同、辅助项相同的分录”复选框。“计提福利费”以此类推。如图 7-30、图 7-31 所示。

计提工资一览表

☑ 合并科目相同、辅助项相同的分录

类型 计提工资

计提会计月份 1月

部门名称	人员类别	应发合计						
		分配金额	借方科目	借方项目大类	借方项目	贷方科目	贷方项目大类	贷方项目
总经办	企业管理人员	9600.00	660201			221101		
财务部		23300.00	660201			221101		
采购部	采购人员	6700.00	660201			221101		
销售部	销售人员	6700.00	660201			221101		
生产部	生产人员	5500.00	500102			221101		

图 7-30 “工资计提工资一览表”窗口

计提福利费一览表

☑ 合并科目相同、辅助项相同的分录

类型 计提福利费

计提会计月份 1月

部门名称	人员类别	应发合计								
		计提基数	计提比例	计提金额	借方科目	借方项目大类	借方项目	贷方科目	贷方项目大类	贷方项目
总经办	企业管理人员	9600.00	14.00%	1344.00	660202			221102		
财务部		23300.00	14.00%	3262.00	660202			221102		
采购部	采购人员	6700.00	14.00%	938.00	660202			221102		
销售部	销售人员	6700.00	14.00%	938.00	660202			221102		
生产部	生产人员	5500.00	14.00%	770.00	500102			221102		

图 7-31 “福利费计提工资一览表”窗口

(5) 单击“批制”按钮。生成计提工资、计提福利费的会计凭证。

(6) 依次修改会计凭证类别为“记账凭证”,并保存会计凭证。如图 7-32、图 7-33 所示。

指导提示:

◆ 所有与工资相关的费用及基金均需建立相应的分摊类型名称及分类比例。

◆ 不同部门、相同人员类别可以设置不同的分摊科目。

◆ 不同部门、相同人员类别在设置时,可以一次选择多个部门。

记 账 凭 证

记 字 0017 － 0001/0002　　制单日期：2018.01.31　　审核日期：2018.01.31　　附单据数：0

摘要	科目名称	借方金额	贷方金额
计提福利费	生产成本/直接人工	77000	
计提福利费	应付职工薪酬/职工福利费		725200
计提福利费	管理费用/福利费	134400	
计提福利费	管理费用/福利费	326200	
计提福利费	管理费用/福利费	93800	
票号 日期	数量 单价　合计	725200	725200

备注　项目　　部门
　　　个人　　客户
　　　业务员

记账　钱飞　　审核　李健　　出纳　　制单　钱飞

图 7－32　“计提福利费记账凭证”窗口

记 账 凭 证

记 字 0018 － 0001/0002　　制单日期：2018.01.31　　审核日期：2018.01.31　　附单据数：0

摘要	科目名称	借方金额	贷方金额
计提工资	生产成本/直接人工	550000	
计提工资	应付职工薪酬/工资		5180000
计提工资	管理费用/工资	960000	
计提工资	管理费用/工资	2330000	
计提工资	管理费用/工资	670000	
票号 日期	数量 单价　合计	5180000	5180000

备注　项目　　部门
　　　个人　　客户
　　　业务员

记账　钱飞　　审核　李健　　出纳　　制单　钱飞

图 7－33　“计提工资记账凭证”窗口

项目八　期末处理与 UFO 报表系统

任务一　处理当月销售成本

项目八
任务一操作视频

【任务要求】

处理当月销售成本

【任务资料】

2018 年 1 月 31 日,以 001 钱飞的身份登录企业应用管理平台,进行期末处理。

【任务准备】

以“001 钱飞”的身份,登录企业应用管理平台,登录日期为 2018 年 01 月 31 日。

【任务指导】

(1)“001 钱飞”的身份登录企业应用平台,执行“财务会计”→“总账”→“账表”→“科目表”→“余额表”命令,打开“发生额及余额查询条件”窗口,在“科目”栏输入“5101－5101”,“级次”选择“2”,选中“包含未记账凭证”复选框,其他条件默认。如图 8－1 所示。

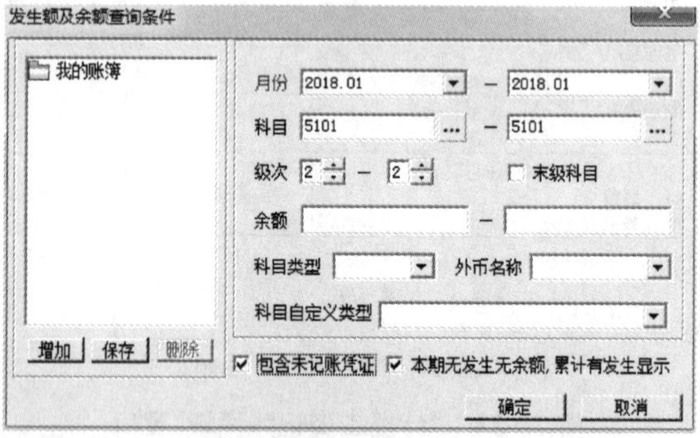

图 8－1　“发生额及余额查询条件”窗口

(2) 单击“确定”按钮,打开“5101 制造费用”发生额及余额表,如图 8－2 所示。

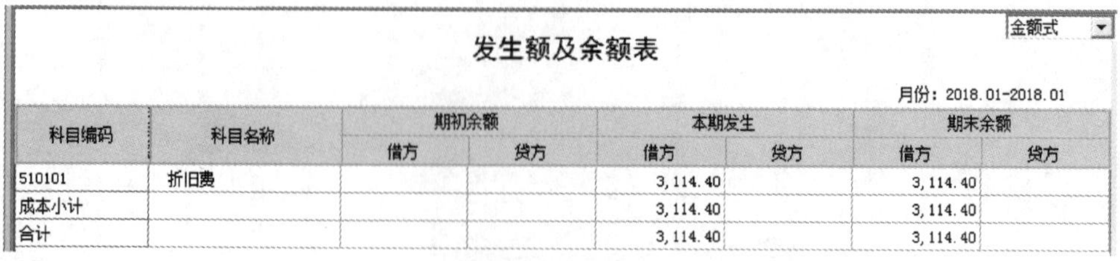

发生额及余额表

金额式

月份:2018.01-2018.01

科目编码	科目名称	期初余额		本期发生		期末余额	
		借方	贷方	借方	贷方	借方	贷方
510101	折旧费			3,114.40		3,114.40	
成本小计				3,114.40		3,114.40	
合计				3,114.40		3,114.40	

图 8－2　“制造费用发生额及余额表”窗口

(3) 执行“财务会计”→“总账”→“凭证”→“填制凭证”命令，打开“填制凭证”窗口，单击“增加”按钮。

(4) 选择凭证字为“记账凭证”，填制日期“2018 年 1 月 31 日”，录入摘要“结转制造费用”，分别录入会计科目及相应金额。

(5) 单击“保存”按钮，凭证保存成功，如图 8－3 所示。

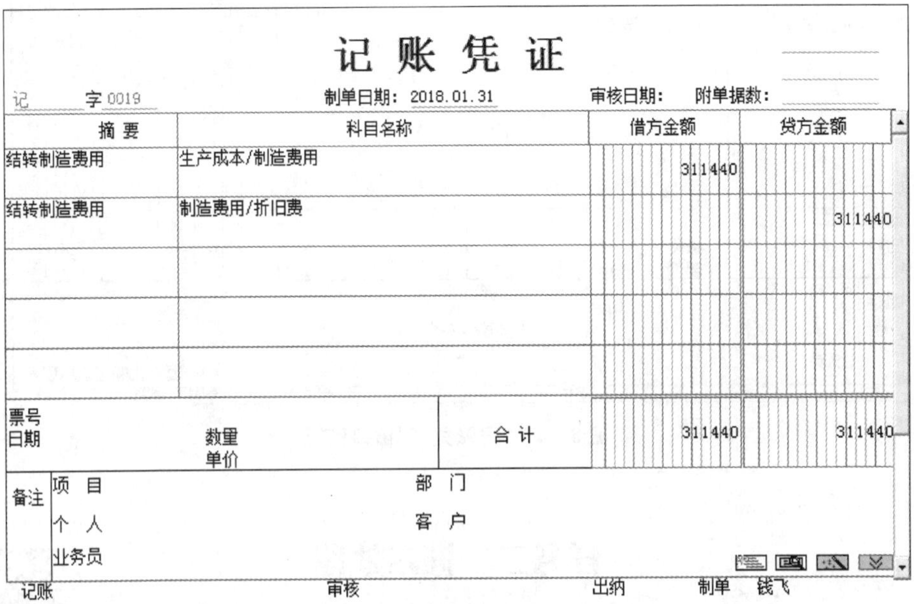

记账凭证
记　字 0019
制单日期：2018.01.31
审核日期：
附单据数：
摘要
科目名称
借方金额
贷方金额
结转制造费用
生产成本/制造费用
311440
结转制造费用
制造费用/折旧费
311440
票号
日期
数量
单价
合计
311440
311440
备注
项目
部门
个人
客户
业务员
记账
审核
出纳
制单
钱飞

图 8－3　“记账凭证”窗口(一)

(6) “001 钱飞”的身份登录企业应用平台，执行“财务会计”→“总账”→“账表”→“科目表”→“余额表”命令，打开“发生额及余额查询条件”窗口，在“科目”栏输入“5001－5001”，“级次”选择“2”，选中“包含未记账凭证”复选框，其他条件默认。

(7) 单击“确定”按钮，打开“5001 生产成本”发生额及余额表。

(8) 执行“财务会计”→“总账”→“凭证”→“填制凭证”命令，打开“填制凭证”窗口，单击“增加”按钮。

(9) 选择凭证字为“记账凭证”，填制日期“2018 年 1 月 31 日”，录入摘要“结转生产成本”，分别录入会计科目及相应金额。弹出“辅助项”，单击“取消”按钮。

(10) 单击“保存”按钮，凭证保存成功，如图 8－4 所示。

指导提示：

◆ 转账科目数据可以通过总账，查询凭证里面统计相关的数据，部门不能为空。

◆ 自定义期间损益记账凭证，系统也单独提供了结转期间损益的功能，用户需要选中本年利润才能继续操作。

◆ 在总账系统中，不能按客户，供应商辅助项进行结转，只能按科目总数进行结转。

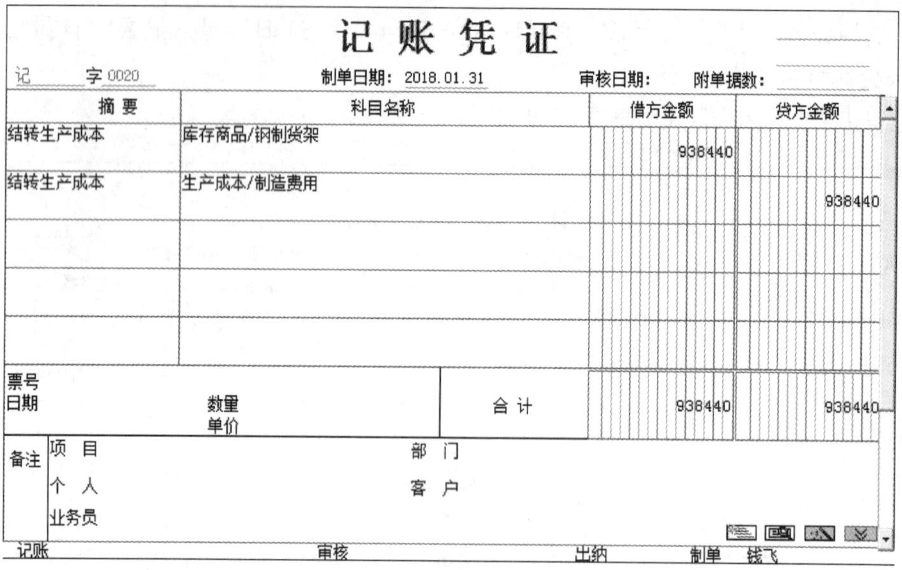

图 8-4 "记账凭证"窗口(二)

任务二 期末处理

项目八
任务二操作视频

【任务要求】

- 转账
- 结账

【任务资料】

2018 年 1 月 31 日，以 001 钱飞的身份登录企业应用管理平台，进行期末处理。

【任务准备】

以"001 钱飞"的身份，登录企业应用管理平台，登录日期为 2018 年 01 月 31 日。

【任务指导】

1. 转账

(1) 登录"002 李健"审核凭证，单击"财务会计"→"总账"→"凭证"→"审核凭证"，单击"确定"按钮，如图 8-5 所示。单击第一张凭证，进行凭证审核，单击"批处理"→"成批审核凭证"，单击"确定"按钮。

(2) 登录到"001 钱飞"，点击"财务会计"→"总账"→"凭证"→"记账"。单击"全选"，再单击"记账"。系统提示"记账完毕！"窗口。

(3) 执行"财务会计"→"总账"→"期末"→"转账生成"，打开"转账生成"对话框。

(4) "结转月份"选择"2018.01"。如图 8-6 所示。

(5) 点击对话框左侧的"期间损益结转"前的圆形复选框及"按科目＋辅助核算＋自定义项展开"。如图 8-7 所示。

凭证共 16张　已审核 16 张　未审核 0 张　凭证号排序　制单日期排序

制单日期	凭证编号	摘要	借方金额合计	贷方金额合计	制单人	审核人	系统名	备注	审核日期	年度
2018-01-05	记 - 0005	采购专用发票	5,650.00	5,650.00	周游	李健	应付系统		2018-01-31	2018
2018-01-05	记 - 0006	采购入库单	5,000.00	5,000.00	周游	李健	存货核算系统		2018-01-31	2018
2018-01-10	记 - 0007	采购专用发票	11,300.00	11,300.00	周游	李健	应付系统		2018-01-31	2018
2018-01-10	记 - 0008	红字回冲单	-10,000.00	-10,000.00	周游	李健	存货核算系统		2018-01-31	2018
2018-01-10	记 - 0009	蓝字回冲单	10,000.00	10,000.00	周游	李健	存货核算系统		2018-01-31	2018
2018-01-14	记 - 0010	销售专用发票	339,000.00	339,000.00	周游	李健	应收系统		2018-01-31	2018
2018-01-14	记 - 0011	销售专用发票	150,000.00	150,000.00	周游	李健			2018-01-31	2018
2018-01-31	记 - 0012	直接购入资产.	3,000.00	3,000.00	周游	李健	固定资产系统		2018-01-31	2018
2018-01-31	记 - 0013	评估资产	30,000.00	30,000.00	周游	李健	固定资产系统		2018-01-31	2018
2018-01-31	记 - 0014	计提第[1]期间折旧	3,816.40	3,816.40	周游	李健	固定资产系统		2018-01-31	2018
2018-01-31	记 - 0015	资产减少 - 累计折旧	12,000.00	12,000.00	周游	李健	固定资产系统		2018-01-31	2018
2018-01-31	记 - 0016	电脑清理收入	10,128.60	10,128.60	周游	李健			2018-01-31	2018
2018-01-31	记 - 0017	计提福利费	7,252.00	7,252.00	钱飞	李健	薪资管理系统		2018-01-31	2018
2018-01-31	记 - 0018	计提工资	51,800.00	51,800.00	钱飞	李健	薪资管理系统		2018-01-31	2018
2018-01-31	记 - 0019	结转制造费用	3,114.40	3,114.40	钱飞	李健			2018-01-31	2018
2018-01-31	记 - 0020	结转生产成本	9,384.40	9,384.40	钱飞	李健			2018-01-31	2018

图 8-5　“凭证审核”窗口

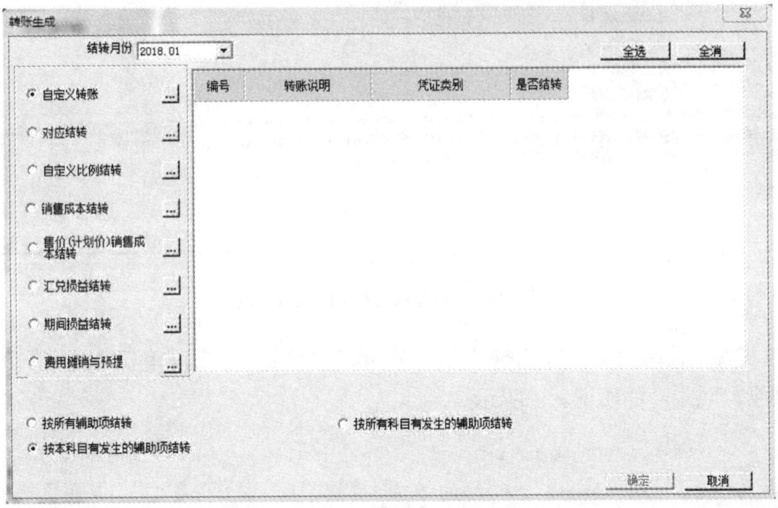

图 8-6　“转账生成”窗口(一)

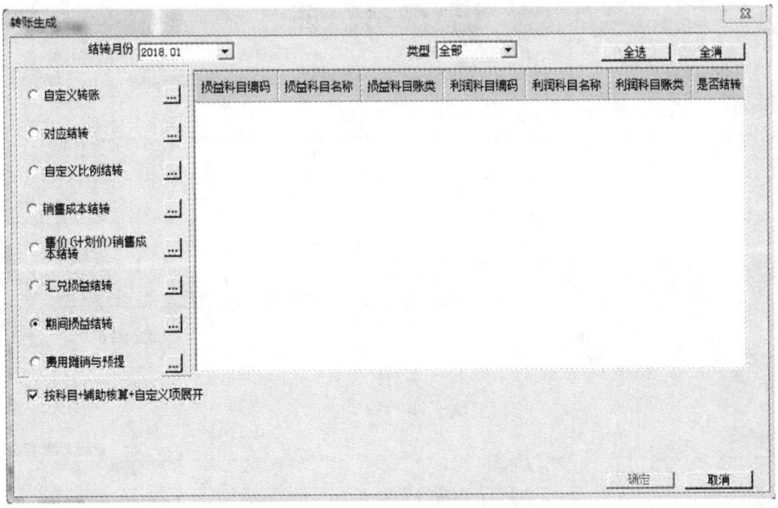

图 8-7　“转账生成”窗口(二)

(6) 单击“期间损益结转”后的“…”按钮,在“本年利润”栏后的对话框内输入“4103”,单击“确定”按钮。如图 8－8 所示。

图 8－8 “期间损益结转设置”窗口

(7) 下拉“类型”对话框,单击选择 “收入”,单击“全选”按钮,单击“确定”按钮,生成记账凭证。单击“保存”按钮,如图 8－9 所示。

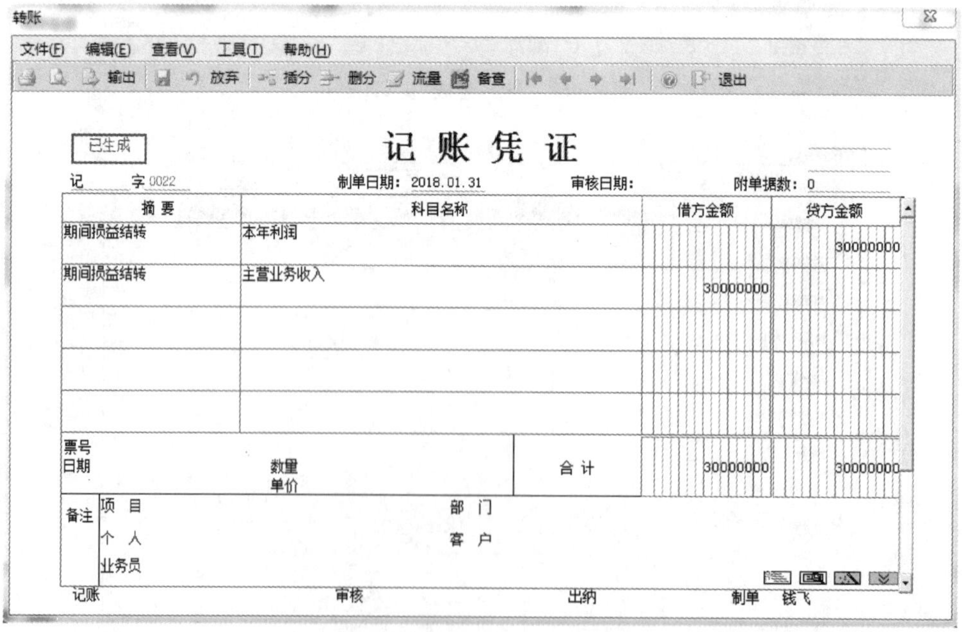

图 8－9 “记账凭证”窗口(一)

(8) 登录“002 李健”,执行“财务会计”→“总账”→“凭证”→“审核凭证”,进行凭证审核。

(9) 登录“001 钱飞”,执行“财务会计”→“总账”→“凭证”→“记账”,单击“全选”,再单击“记账”。

(10) 以上述方式,下拉“类型”对话框,单击选择“支出”,单击“全选”按钮,单击“确定”按钮,生成凭证。单击“保存”按钮。如图 8－10 所示。

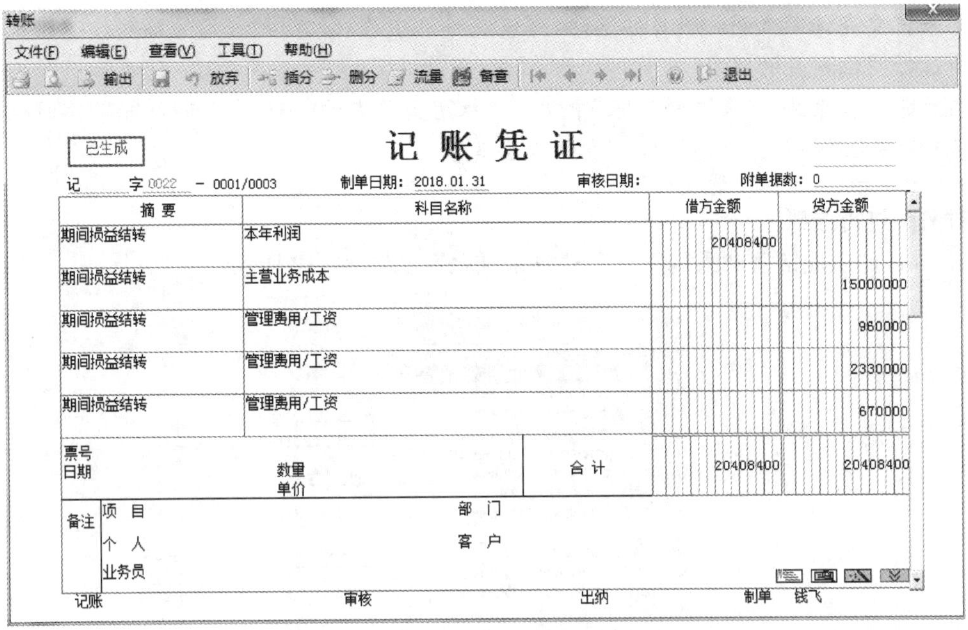

图 8－10 “记账凭证”窗口(二)

2. 结账

(1) 以“002 李健”的身份对凭证进行审核。

(2) 以“001 钱飞”的身份登录企业应用平台,执行“财务会计”→“总账”→“凭证”→“记账”。如图 8－11 所示。

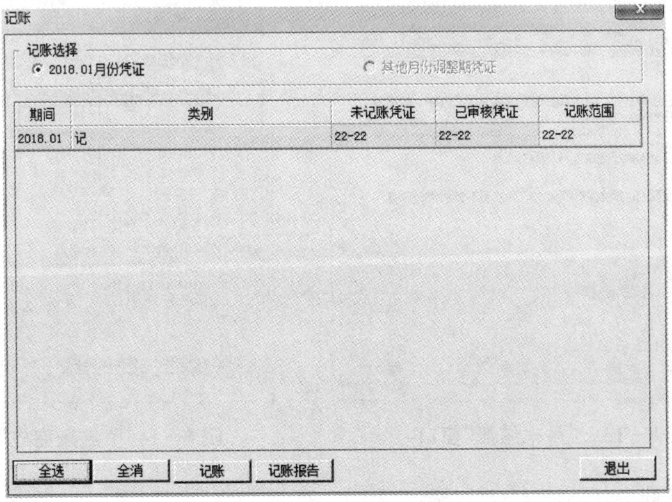

图 8－11 “记账”窗口

(3) 单击“全选”,单击“记账”按钮。

(4) 单击“确定”按钮,系统弹出“记账完毕!”窗口。

指导提示:

◆ 如果查询的科目涉及的会计凭证尚未记账,在查询条件中可以选中“包含为记账凭证”。如果需要查询某个明细科目的总账,可以在科目中录入该明细科目的编码,在“级次”栏中选择明细科目的级次。

◆ 在总账管理系统“账表”“科目账”中还可以根据需要查询“余额表”“明细账”“序时账”等多种账表,其查询方法与“总账”查询方法类似。

对采购进行结账

(1) 执行“供应链”→“采购管理”→“月末结账”,如图 8-12 所示。

图 8-12 “结账”窗口

(2) 选择“会计月份”为“1 月份”,单击“结账”按钮,系统自动弹出“月末结账”窗口,单击“否”按钮,单击“退出”按钮,结账完成。如图 8-13,图 8-14 所示。

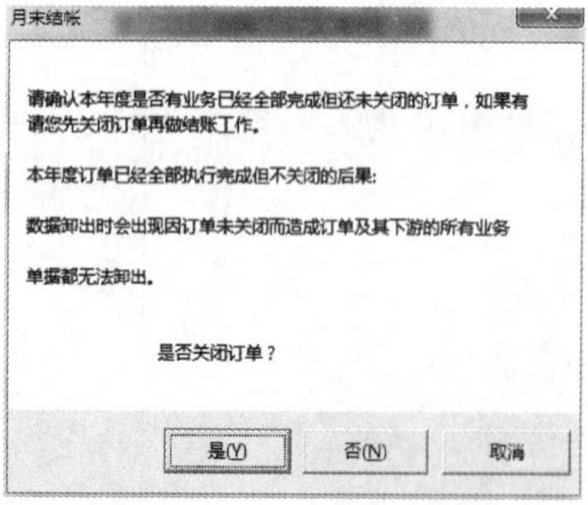

图 8-13 “月末结账”窗口

图 8-14 “结账完成”窗口

对销售进行结账

(1) 执行“供应链”→“销售管理”→“月末结账”,如图 8-15 所示。

图 8－15　“结账”窗口

(2) 选择“会计月份”为“1 月份”，单击“结账”按钮，系统自动弹出“销售管理”窗口，单击“否”按钮，单击“退出”按钮，结账完成。如图 8－16，图 8－17 所示。

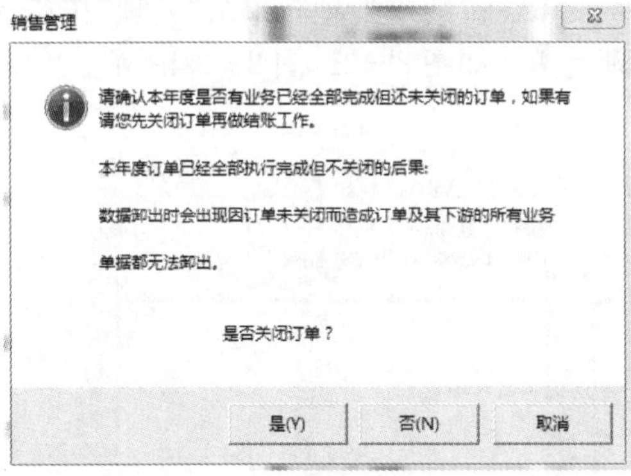

图 8－16　“销售管理”窗口

图 8－17　“结账完成”窗口

对库存进行结账

(1) 执行“供应链”→“库存管理”→“月末结账”如图 8－18 所示。

图 8－18　“结账”窗口

(2) 选择“会计月份”为“1 月份”,单击“结账”按钮,弹出“库存管理”窗口,单击“是”按钮,单击“退出”按钮,结账完成。如图 8-19,图 8-20 所示。

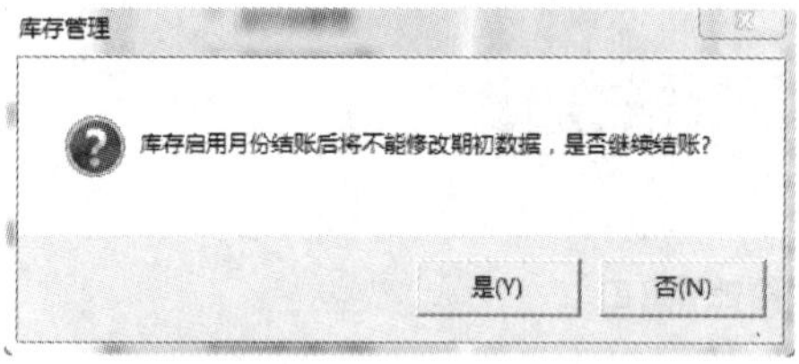

图 8-19 “库存管理”窗口

图 8-20 “结账成功”窗口

对存货进行结账

(1) 执行“供应链”→“存货核算”→“业务核算”→“期末处理”,单击“处理”按钮,弹出“月平均单价计算表”窗口,单击“确定”按钮,处理完毕。如图 8-21,图 8-22 所示。

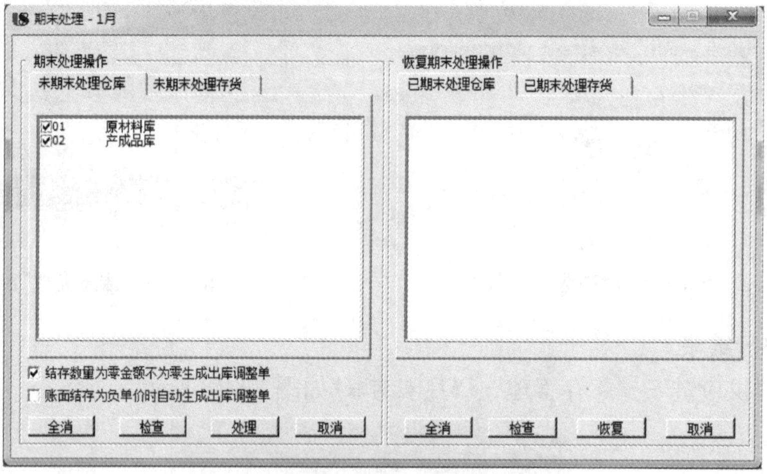

图 8-21 “期初处理”窗口

图 8-22 “期末处理完毕!”窗口

(2) 执行“业务核算”→“月末结账”。

(3) 选择“会计月份”为“1 月份”，单击“结账”按钮，弹出“存货核算”窗口，点击“确定”按钮，结账完成。如图 8－23，图 8－24 所示。

图 8－23　“结账”窗口

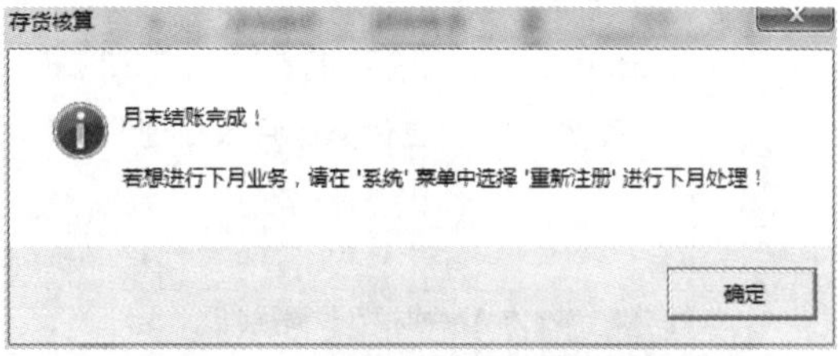

图 8－24　“月末结账完毕！”窗口

对应收进行结账

(1) 执行“财务会计”→“应收款管理”→“期末处理”→“月末结账”。

(2) 弹出“月末处理”窗口，选定一月结账标志，单击“下一步”，单击“完成”按钮，弹出“应收款管理”窗口，点击“确定”按钮，结账完成。如图 8－25，图 8－26 所示。

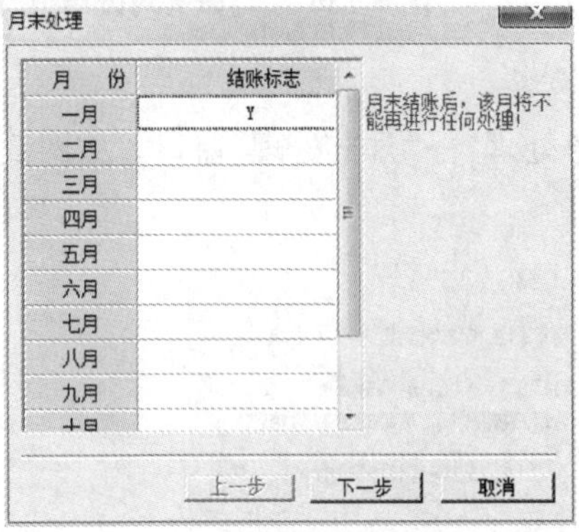

图 8－25　“应收账款月末处理”窗口

图 8－26　“1 月份结账成功”窗口

对应付进行结账

(1) 执行“财务会计”→“应付款管理”→“期末处理”→“月末结账”。

(2) 弹出“月末处理”窗口，选定一月结账标志，单击“下一步”，单击“完成”按钮，弹出“应付款管理”窗口，点击“确定”按钮，结账完成。如图 8－27，图 8－28 所示。

对固定资产进行结账

(1) 打开“财务会计”→“固定资产”→“处理”→“月末结账”，打开“月末结账”窗口。如图 8－29 所示。

(2) 单击“开始结账”，打开“与财务对账结果”窗口。

(3) 单击“确定”按钮，系统提示“试算平衡”，单击“确定”按钮，如图 8－30 所示。

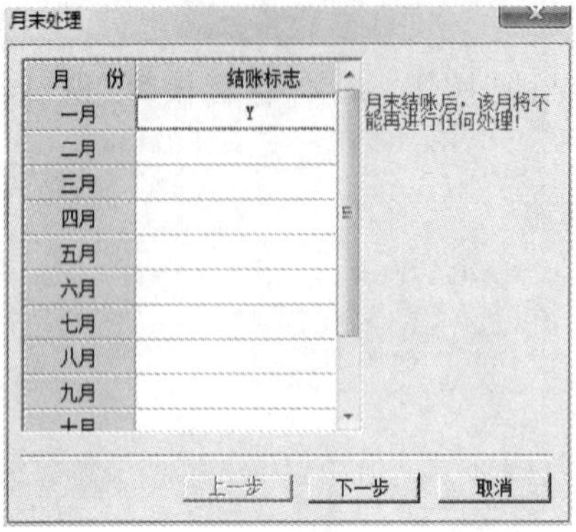
月末处理
月 份
结账标志
一月
Y
二月
三月
四月
五月
六月
七月
八月
九月
月末结账后，该月将不能再进行任何处理！
上一步
下一步
取消

图 8-27 “应付账款月末处理”窗口

应付款管理
1月份结账成功
确定

图 8-28 “1 月份结账成功”窗口

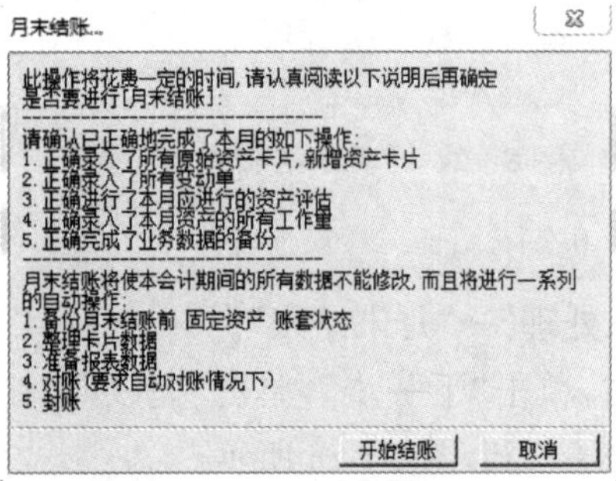
月末结账...
此操作将花费一定的时间，请认真阅读以下说明后再确定是否要进行[月末结账]:
请确认已正确地完成了本月的如下操作:
1. 正确录入了所有原始资产卡片，新增资产卡片
2. 正确录入了所有变动单
3. 正确进行了本月应进行的资产评估
4. 正确录入了本月资产的所有工作量
5. 正确完成了业务数据的备份
月末结账将使本会计期间的所有数据不能修改，而且将进行一系列的自动操作
1. 备份月末结账前 固定资产 账套状态
2. 整理卡片数据
3. 准备报表数据
4. 对账（要求自动对账情况下）
5. 封账
开始结账
取消

图 8-29 “月末结账”窗口

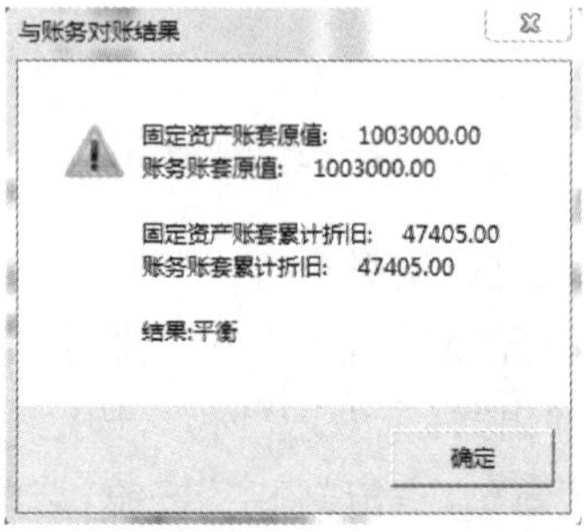
与账务对账结果
固定资产账套原值: 1003000.00
账务账套原值: 1003000.00
固定资产账套累计折旧: 47405.00
账务账套累计折旧: 47405.00
结果:平衡
确定

图 8-30 “与账务对账结果”窗口

对薪资进行结账

(1) 打开“人力资源”→“薪资管理”→“业务处理”→“月末处理”窗口。如图 8-31 所示。

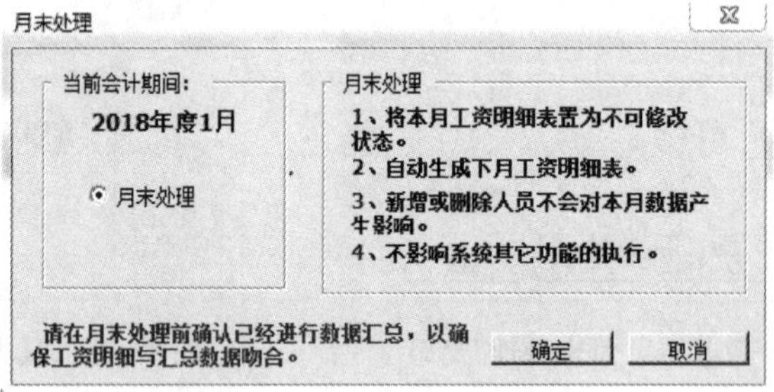
月末处理
当前会计期间:
2018年度1月
月末处理
月末处理
1、将本月工资明细表置为不可修改状态。
2、自动生成下月工资明细表。
3、新增或删除人员不会对本月数据产生影响。
4、不影响系统其它功能的执行。
请在月末处理前确认已经进行数据汇总，以确保工资明细与汇总数据吻合。
确定
取消

图 8-31 “月末处理”窗口

(2) 单击“确定”按钮，系统自动弹出“薪资管理”窗口，如图 8-32 所示。

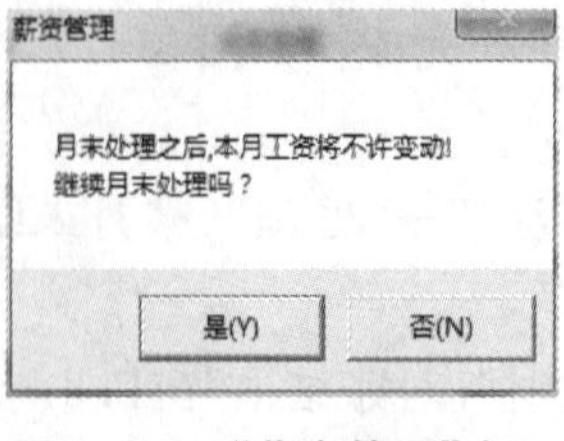
薪资管理
月末处理之后,本月工资将不许变动!
继续月末处理吗？
是(Y)
否(N)

图 8-32 “薪资管理”窗口

(3) 单击“是”,系统自动弹出“是否选择清零项?”,如图 8－33 所示。

(4) 单击“是”,单击“确定”按钮,结账完毕。如图 8－34 所示。

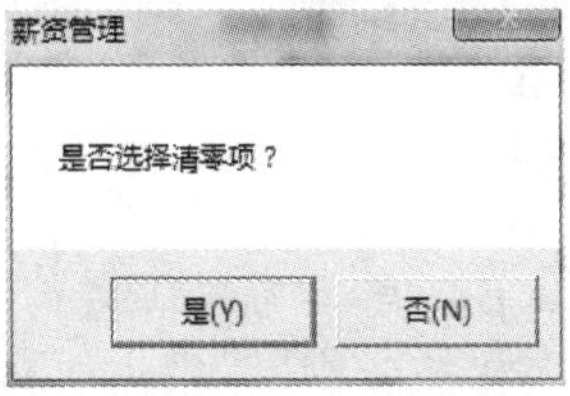

图 8－33　“是否选择清零项?”窗口

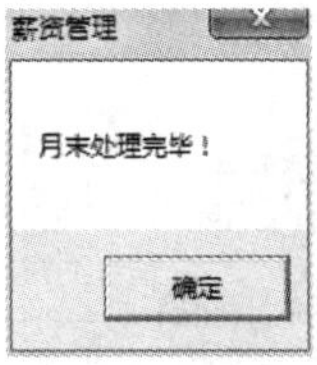

图 8－34　“月末处理完毕!”窗口

对总账期末结账

(1) 打开”财务会计” →“总账”→“期末”→“结账”,弹出“结账”窗口。如图 8－35 所示。

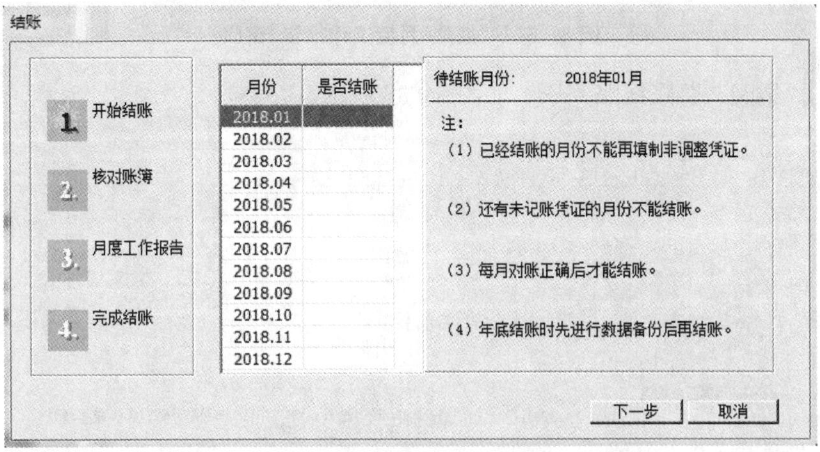

图 8－35　“结账-开始结账”窗口

(2) 单击“下一步”,与各账簿对账,单击“对账”,如图 8－36 所示。

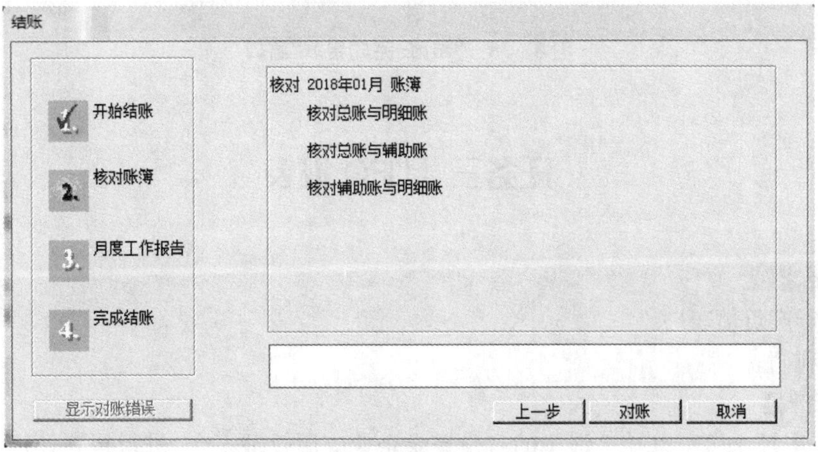

图 8－36　“结账-核对账簿”窗口

(3) 单击“下一步”,弹出“月工作报告”,确认无误单击“下一步”,如图 8－37 所示。

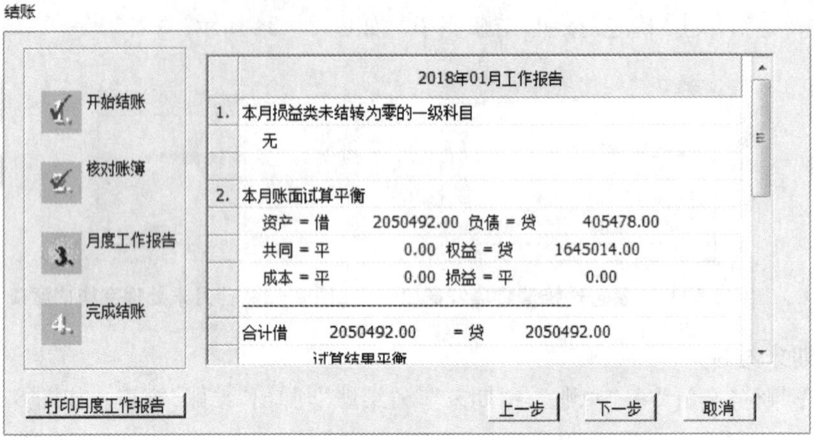

图 8－37 “结账-月度工作报告”窗口

(4) 单击“结账”,总账结账完毕。如图 8－38 所示。

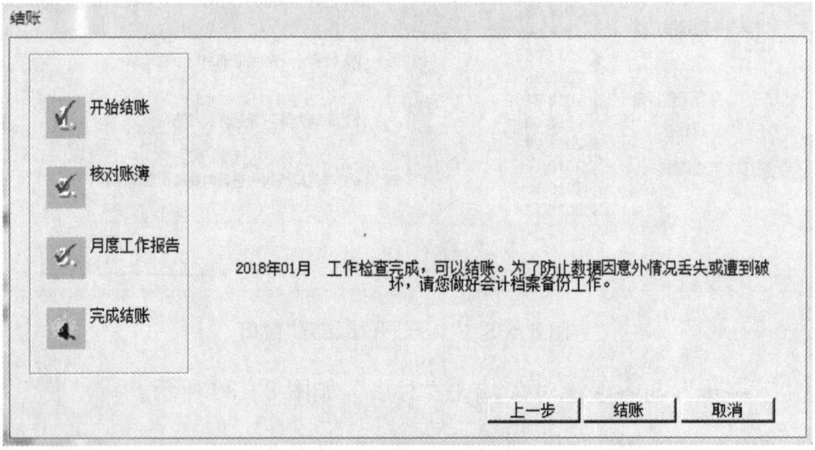

图 8－38 “结账-完成结账”窗口

任务三 UFO 报表

项目八
任务三操作视频

【任务要求”】

- 生成资产负债表
- 生成利润表

【任务资料】

2018 年 1 月 31 日,以 001 钱飞的身份登录企业应用管理平台,进行报表处理。

【任务准备】

以”001 钱飞”的身份,登录企业应用管理平台,登录日期为 2018 年 01 月 31 日。

【任务指导】

1. 资产负债表

（1）执行“财务会计”→“UFO 报表”，系统自动弹出“日积月累”窗口，单击“关闭”按钮。

（2）单击“新建空白文档”。

（3）执行“格式”→“报表模式”，图 8－39 所示。

（4）下拉您所在的行业：选择“2007 年新会计制度科目”，财务报表选择“资产负债表”，如图 8－40 所示。

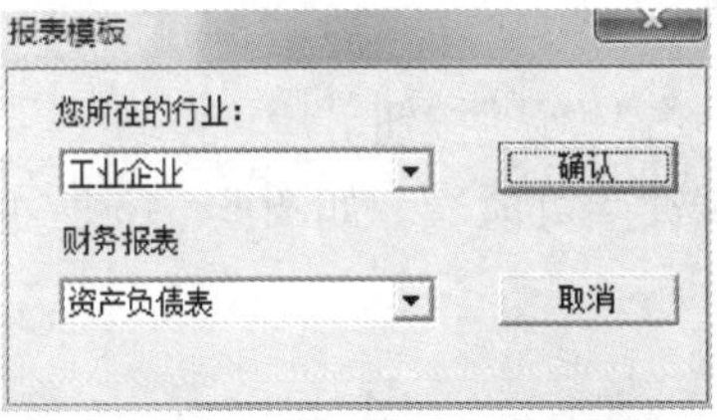

图 8－39　“报表模板”窗口

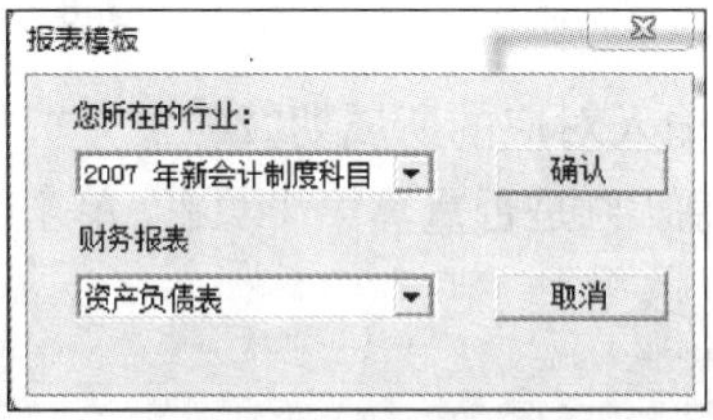

图 8－40　“报表模板”窗口

（5）单击“确定”按钮，系统自动弹出“模板格式将覆盖本表格式！是否继续？”，单击“确定”按钮。在“编制单位”后录入“江苏金腾商业设备有限公司”，如图 8－41 所示。

图 8－41　“资产负债表”窗口

（6）点击图表左下角“格式”，将图表格式转化成“数据”模式。

（7）单击选择“数据”→“关键字”→“录入”，弹出“录入关键字”窗口，如图 8－42 所示。

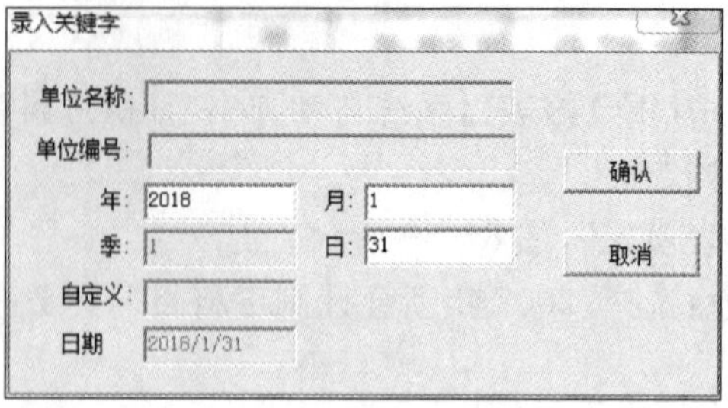

图 8-42 "录入关键字"窗口

(8) 输入对应的所属期"2018"年"1"月"31"日。单击"确认"按钮。

(9) 弹出"是否重算第 1 页?",单击"是"按钮,生成资产负债表。如图 8-43 所示。

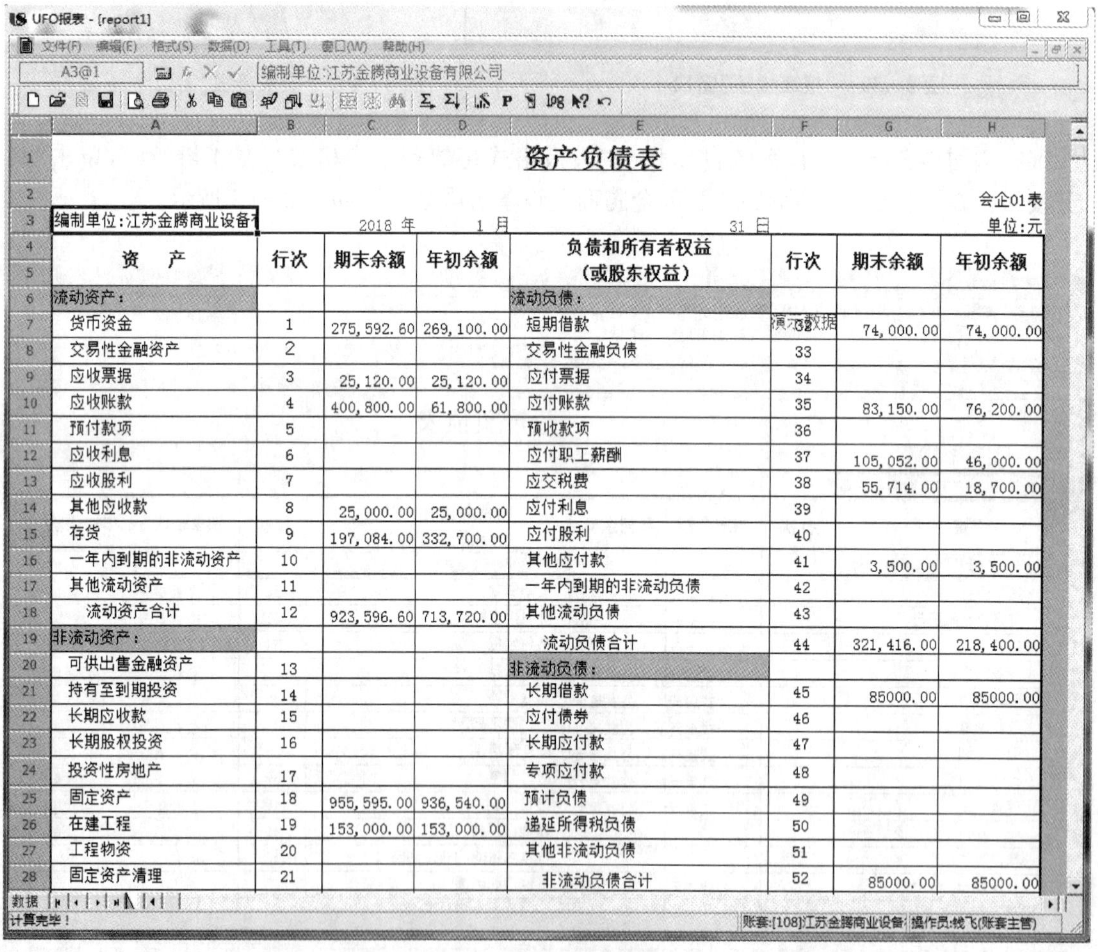

资产负债表

会企01表

编制单位:江苏金腾商业设备有 2018 年 1 月 31 日 单位:元

资 产	行次	期末余额	年初余额	负债和所有者权益(或股东权益)	行次	期末余额	年初余额
流动资产:				流动负债:			
货币资金	1	275,592.60	269,100.00	短期借款	32	74,000.00	74,000.00
交易性金融资产	2			交易性金融负债	33		
应收票据	3	25,120.00	25,120.00	应付票据	34		
应收账款	4	400,800.00	61,800.00	应付账款	35	83,150.00	76,200.00
预付款项	5			预收款项	36		
应收利息	6			应付职工薪酬	37	105,052.00	46,000.00
应收股利	7			应交税费	38	55,714.00	18,700.00
其他应收款	8	25,000.00	25,000.00	应付利息	39		
存货	9	197,084.00	332,700.00	应付股利	40		
一年内到期的非流动资产	10			其他应付款	41	3,500.00	3,500.00
其他流动资产	11			一年内到期的非流动负债	42		
流动资产合计	12	923,596.60	713,720.00	其他流动负债	43		
非流动资产:				流动负债合计	44	321,416.00	218,400.00
可供出售金融资产	13			非流动负债:			
持有至到期投资	14			长期借款	45	85000.00	85000.00
长期应收款	15			应付债券	46		
长期股权投资	16			长期应付款	47		
投资性房地产	17			专项应付款	48		
固定资产	18	955,595.00	936,540.00	预计负债	49		
在建工程	19	153,000.00	153,000.00	递延所得税负债	50		
工程物资	20			其他非流动负债	51		
固定资产清理	21			非流动负债合计	52	85000.00	85000.00

图 8-43 "资产负债表"窗口

(10) 单击"文件""另存为"在电脑 C 盘上新建文件夹名为"UFO"报表,文件名改为"资产负债表"。如图 8-44 所示。

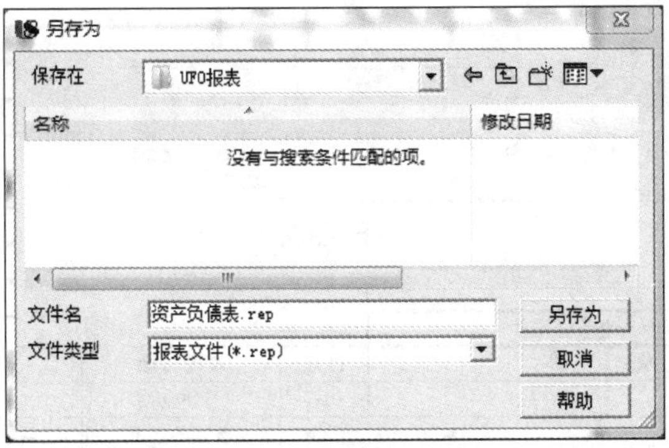

图 8－44　“另存为”窗口

2. 利润表

(1) 执行“财务会计”→“UFO 报表”。

(2) 单击“新建空白文档”。

(3) 执行“格式”→“报表模式”。

(4) 下拉您所在的行业：选择“2007 年新会计制度科目”，财务报表选择“利润表”，如图 8－45 所示。

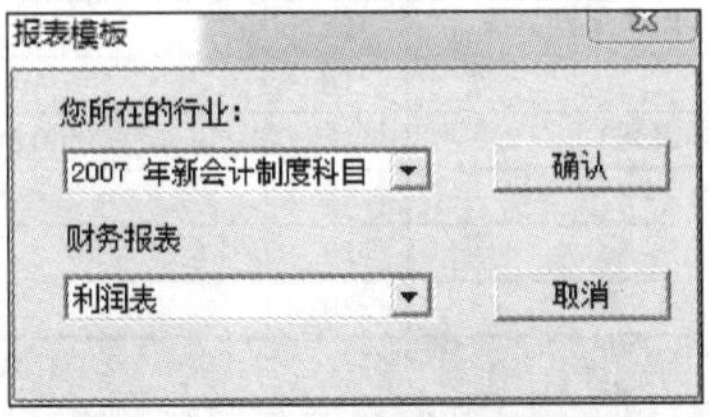

图 8－45　“报表模板”窗口

(5) 选中 A3 单元格，删除“编制单位：”文字，选择“数据”→“关键字”→“设置”弹出“设置关键字”窗口，选择“单位名称”，单击“确定”按钮。如图 8－46 所示。

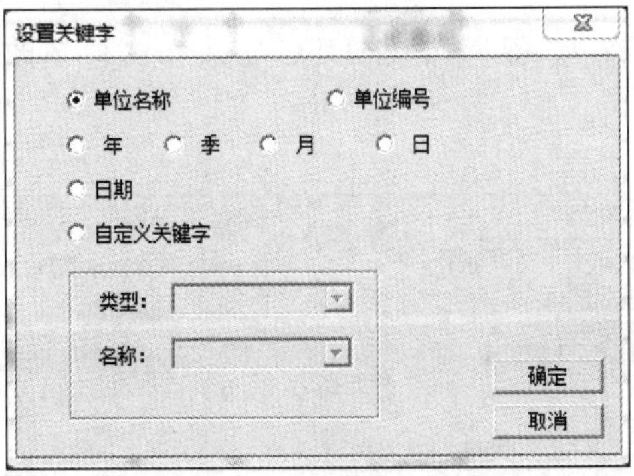

图 8－46　“设置关键字”窗口

(6) 点击图表左下角“格式”，将图表格式转化成“数据”模式。

(7) 选择“数据”→“关键字”→“录入”，弹出“录入关键字”，输入单位名称“江苏金腾商业设有限公司”年，“2018”月“1”，单击“确认”按钮。如图 8－47 所示。

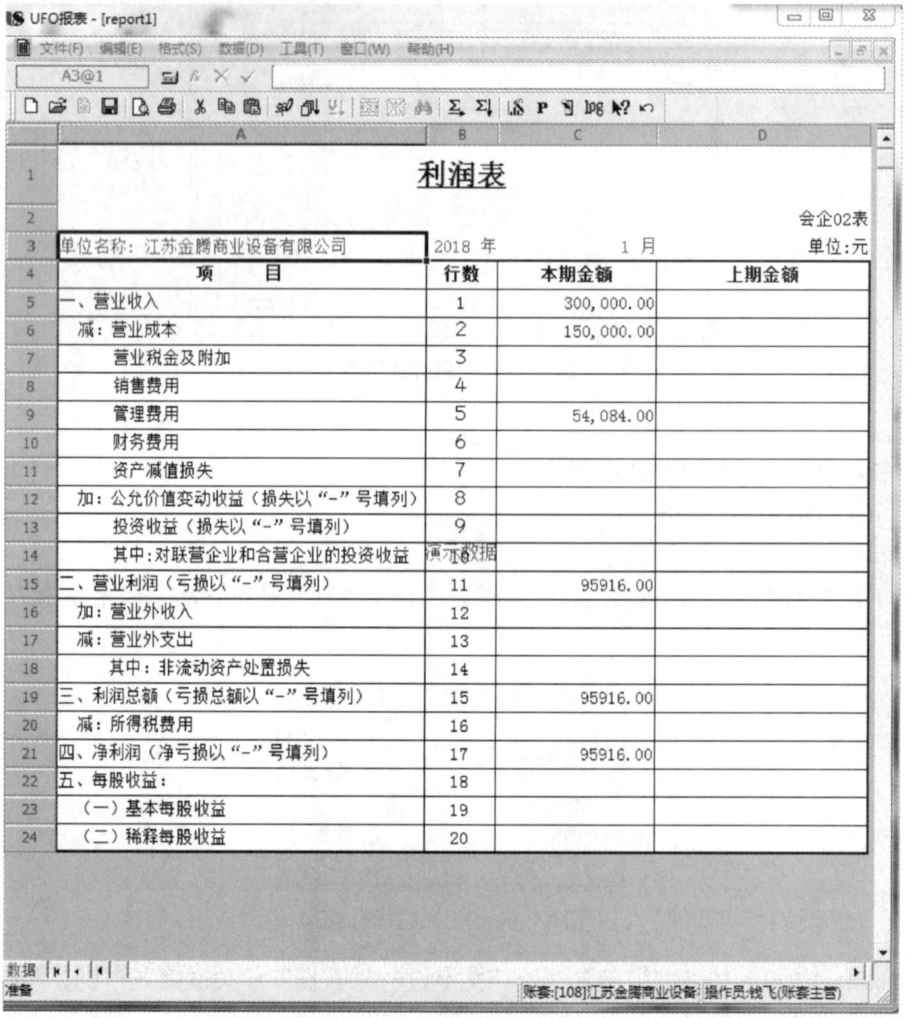

利润表

会企02表

单位名称：江苏金腾商业设备有限公司　2018 年　1 月　单位:元

项　目	行数	本期金额	上期金额
一、营业收入	1	300,000.00	
减：营业成本	2	150,000.00	
营业税金及附加	3		
销售费用	4		
管理费用	5	54,084.00	
财务费用	6		
资产减值损失	7		
加：公允价值变动收益（损失以“-”号填列）	8		
投资收益（损失以“-”号填列）	9		
其中:对联营企业和合营企业的投资收益	10		
二、营业利润（亏损以“-”号填列）	11	95916.00	
加：营业外收入	12		
减：营业外支出	13		
其中：非流动资产处置损失	14		
三、利润总额（亏损总额以“-”号填列）	15	95916.00	
减：所得税费用	16		
四、净利润（净亏损以“-”号填列）	17	95916.00	
五、每股收益：	18		
（一）基本每股收益	19		
（二）稀释每股收益	20		

演示数据

图 8 - 47　“利润表”窗口

(8) 单击“文件”→“另存为”保存在”C:UFO 报表”，文件名改为“利润表”。如图 8 - 48 所示。

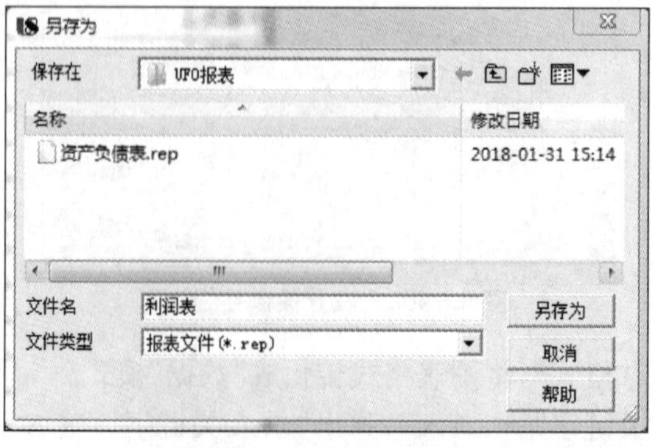

图 8 - 48　“另存为”窗口

指导提示：

◆ 在实际工作中，操作员也可以执行“格式”“报表模板”命令，从系统提供的会计报表中查找适合本企业的报表模板。报表模板是预先设立了标准格式的会计报表，模板中各单元的计算公式已设立，可大大减少报表格式设计和公式定义的工作量。

◆ UFO 报表系统有两种工作状态，一种是格式状态，一种是数据状态。两种状态的切换只需要单击窗口左下角以红色字体显示的“格式”或“数据”即可实现状态转换。

◆ 在数据状态下，执行“数据”“整表重算”命令，弹出”整表重算”对提示框，单击“是”按钮，系统自动利用设计的报表公式从相关系统或表页中取数，完成整表重算，获得报表数据。也可以执行“数据”“表页重算”命令，弹出生成当前表页的报表项目数据。

◆ 资产负债表中的相关项目数据提取的是资产、负责、所有者权益各项目不同时点的数据，它主要提取两个时点的数据，即期初数与期末数，各自对应的函数名为“QC”“QM”。而利润表各项目对应的账户为损益类账户，在提取项目金额时，应提取发生额，对应的函数名为“FS”。

任务四　财务指标分析

项目八
任务四操作视频

【任务要求】

● 制作“企业主要财务指标分析表”

● 设置单元公式

【任务资料】

2018 年 1 月 31 日，以 001 钱飞的身份登录企业应用管理平台，进行财务指标分析。

【任务准备】

以“001 钱飞”的身份，登录企业应用管理平台，登录日期为 2018 年 01 月 31 日。

【任务指导”】

1. 制作“企业主要财务指标分析表”

(1) 执行“财务会计”→“UFO 报表”。

(2) 单击“新建空白文档”。

(3) 设置表格尺寸，单击“格式”→“表尺寸”，行数“6”，列数“2”。

(4) 设置列宽，选择“A1:B6”，单击“格式”→“列宽”输入“60”，点击“确定”按钮。

(5) 设置网格线，选“A1:B6”，单击“格式”→“区域画线”→“网线”→“确认”。

(6) 在 A1 输入“企业主要财务指标分析”，A3 输入“评价指标”，B3 输入“评价结果”，A4 输入“资产负债率”，A5 输入“存货周转次数”，A6“净资产收益率”。

(7) 选中“A1:B1”，单击“格式”→“组合单元”→“整体组合”。

(8) 分别把“A1、A3、B3”内容居中显示，单击“格式”→“单元属性”→“对齐”→“水平方向居中”→“垂直方向居中”，单击“确定”按钮。

(9) 选中“A2”，选择“数据”→“关键字”→“设置”弹出“设置关键字”窗口，选择“单位名称”，单击“确定”按钮。单击B2单元格“数据”→“关键字”→“设置”弹出“设置关键字”窗口，选择“年”，单击“确定”按钮。

(10) 单击B2单元格“数据”→“关键字”→“偏移”选中年“－30”，单击“确定”按钮，单击B2单元格“数据”→“关键字”→“设置”，打开“设置关键字”窗口，点击“月”“确定”。如图8－49所示。

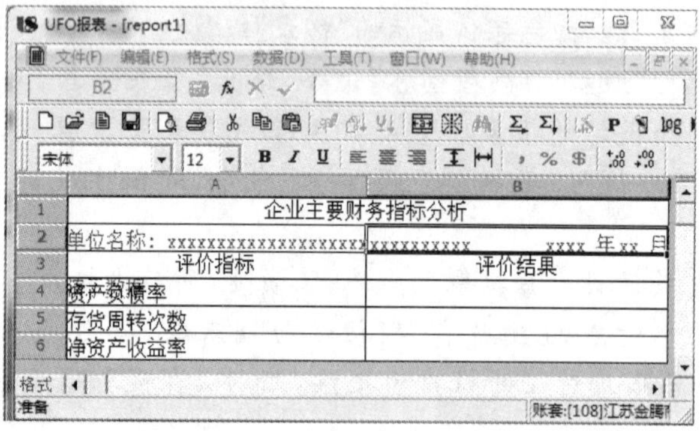

图8－49 “企业主要财务指标”窗口

2. 设置单元公式

(1) 选择B4单元格，执行“数据”→“编辑公式”→“单元公式”命令，打开“定义公式”窗口，在单元格中输入“"C:8－3UFO报表资产负债表.rep"->G29/"C:8－3UFO报表资产负债表.rep"->C38”，单击“确认”按钮，如图8－50所示。

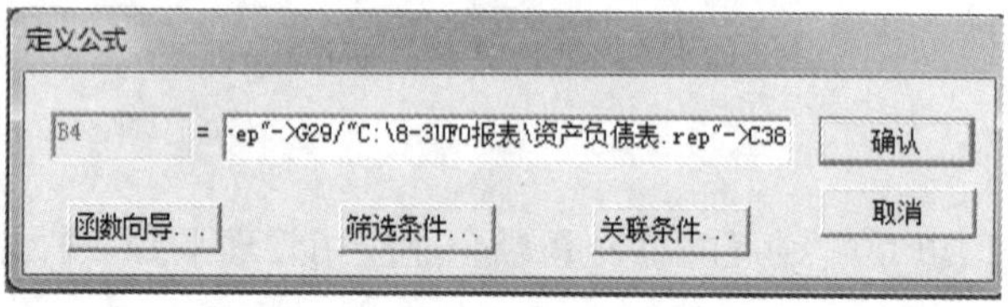

图8－50 “定义公式”窗口(一)

(2) 选择B5单元格，执行“数据”→“编辑公式”→“单元公式”命令，打开“定义公式”对话框。在单元格中输入“"C:8－3UFO报表利润表.rep"->C5/"C:8－3UFO报表资产负债表.rep"->C15”，单击“确认”按钮，如图8－51所示。

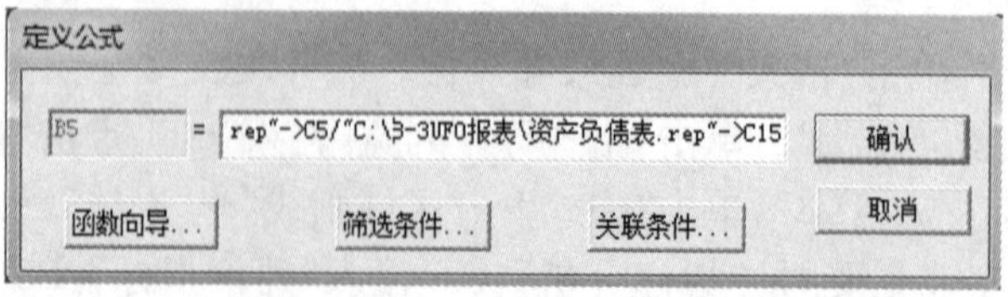

图8－51 “定义公式”窗口(二)

(3) 选择B6单元格，执行“数据”→“编辑公式”→“单元公式”命令，打开“定义公式”对话框。在单元格中输入“"C:8－3UFO报表利润表.rep"->C21/"C:8－3UFO报表资产负债表.rep"->G36”，单击“确认”按钮，如图8－52所示。

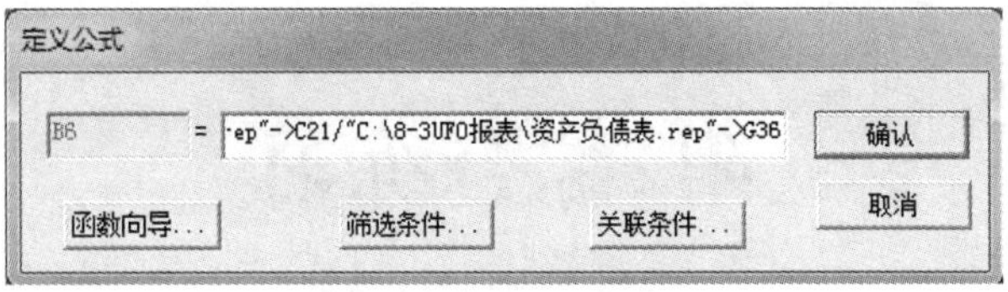

图 8－52　"定义公式"窗口(三)

(4) 单击图表左下角"格式",将图表格式转化成"数据"模式。

(5) 单击"B4"单元格,单击"数据"→"关键字"→"录入",弹出"录入关键字"窗口,录入"单位名称"为"江苏金腾商业设备有限公司","年"为"2018","月"为"1",如图 8－53 所示。

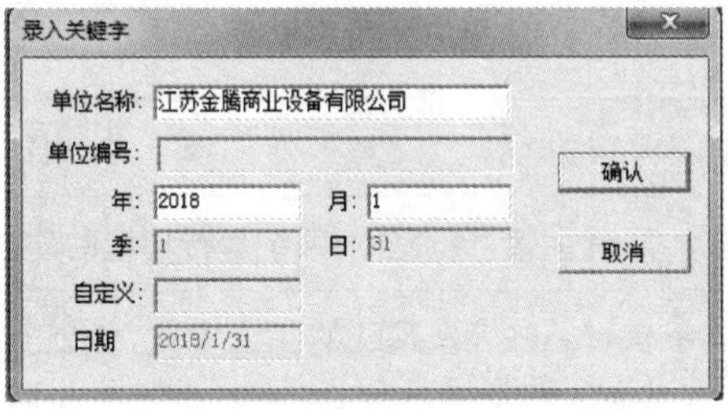

图 8－53　"录入关键字"窗口

(6) 单击"确认"按钮,系统自动弹出"是否重算第 1 页?"窗口,单击"是"按钮,得出企业财务指标分析结果,如图 8－54 所示。

	A	B
1	企业主要财务指标分析	
2	单位名称: 江苏金腾商业设备有限公司	2018 年 1 月
3	评价指标	评价结果
4	资产负债率	0.20
5	存货周转次数	1.52
6	净资产收益率	0.06

图 8－54　"企业财务指标分析"窗口

附:综合练习

一　系统管理

【任务资料】

1. 用户及用户权限

用户及用户权限

编码	用户姓名	部门	岗　位　任　务
001	郑浩	总经办	账套主管,负责公司系统运行环境的建立,以及各项初始设置工作
002	曹丹	财务部	负责总账管理系统的凭证审核、凭证查询、记账、期末对账结账工作、UFO 报表
003	谢颖	财务部	核算会计,负责填制记账凭证、凭证查询、记账、账表、期末、应收应付款管理(不含卡片编辑)、固定资产管理、薪资管理、存货核算管理
004	陈晨	财务部	出纳,负责应收应付款管理(收付款单填制及卡片编辑、选择收款和选择付款权限)、应收应付款票据管理、总账凭证的出纳签字和出纳所有权限
005	郑志龙	采购部	采购管理所有权限
006	胡薇	销售部	销售管理所有权限
007	顾磊	生产部	库存管理所有权限,公共单据所有权限

2. 账套信息

账套号:100;单位名称:全胜机械有限公司;单位简称:全胜公司

单位地址:无锡市安镇新北路 88 号

法人代表:郑浩

邮政编码:214100

税号:320213000157962

启用会计期:2018 年 1 月 1 日

企业类型:工业企业

行业性质:2007 新会计制度科目

账套主管:郑浩

联系电话:0510－84352282

基本信息:对存货进行分类,客户、供应商无分类,无外币核算

分类编码方案:科目编码 4－2－2－2,收发类别编码 1－2,结算方式编码 1－2,其他编码

采用系统默认。

数据精度:采用系统默认

启用总账、固定资产、薪资管理、应收款管理、应付款管理、采购管理、销售管理、库存管理、存货核算系统。

启用日期:2018 年 1 月 1 日

二　基础信息设置

【任务资料】

1. 机构人员信息

部门档案

部门编号	名称
1	总经办
2	财务部
3	采购部
4	销售部
5	生产部

人员类别

人员类别编码	人员类别名称
1011	企业管理人员
1012	销售人员
1013	采购人员
1014	生产人员

人员档案

职员编号	职员名称	性别	所属部门	是否操作员	是否业务员	人员类别
001	郑浩	男	总经办	是	是	管理人员
002	曹丹	男	财务部	否	是	管理人员
003	谢颖	男	财务部	否	是	管理人员
004	陈晨	女	财务部	否	是	管理人员
005	郑志龙	男	采购部	否	是	采购人员
006	胡薇	女	销售部	否	是	销售人员
007	顾磊	男	生产部	否	是	生产人员

2. 客商信息

客户档案

编号	名称	简称	客户分类	税号	开户银行	账号	电话	地址
01	正飞有限公司	正飞公司	0	320210611740537	中国工商银行南京分行	6217620187809562379	0521-87432537	苏州市解放路18号
02	伟捷有限公司	伟捷公司	0	320211622636528	中国工商银行苏州分行	6217620187809674591	0519-86375210	常州市迎宾路97号
03	中益有限公司	中益公司	0	320212633459430	中国工商银行北京分行	6217620187809722543	0571-85376728	杭州市亚太路388号

供应商档案

编号	名称	简称	供应商分类	税号	开户银行	账号	电话	地址
01	万佳钢材有限公司	万佳公司	0	320214645327631	中国工商银行上海分行	6217620187809829018	021-84732865	上海市黄浦路176号
02	兴宏钢材有限公司	兴宏公司	0	320215652752309	中国工商银行杭州分行	6217620187809943672	010-83568746	北京市光华路88号
03	德辉钢材有限公司	德辉公司	0	320215673928743	中国工商银行南京分行	6217620187809479280	025-82754673	南京市新浦路26号

三 总账系统

(一) 总账基础设置

【任务资料】

1. 增加修改会计科目

会计科目表

科目编码	科目名称	方向	辅助核算	备注
1001	库存现金	借	日记账	修改
1002	银行存款	借	日记账、银行账	修改
100201	工行存款	借	日记账、银行账	增加
1122	应收账款	借	客户往来、应收系统受控科目	修改
1123	预付账款	借	供应商往来、应付系统受控科目	修改
1221	其他应收款	借	个人往来	修改
1403	原材料	借	数量核算(个)	修改
140301	主要材料	借		增加

续表

科目编码	科目名称	方向	辅助核算	备注
140302	辅助材料	借		增加
140501	滑道	借	数量核算(个)	增加
140502	安全带支架	借	数量核算(个)	增加
2202	应付账款	贷	供应商往来、应付系统受控科目	修改
220201	一般应付款	贷	供应商往来、应付系统受控科目	增加
220202	暂估应付款	贷	供应商往来、应付系统受控科目	增加
2203	预收账款	贷	客户往来、应收系统受控科目	修改
221101	工资	贷		增加
221102	职工福利费	贷		增加
222101	应交增值税	贷		增加
22210101	进项税额	贷		增加
22210102	销项税额	贷		增加
22210103	进项税额转出	贷		增加
22210104	转出未交增值税	贷		增加
222102	未交增值税	贷		增加
222103	应交所得税	贷		增加
410401	提取法定盈余公积	贷		增加
410402	提取任意盈余公积	贷		增加
410403	未分配利润	贷		增加
500101	直接材料	借	项目核算	增加
500102	直接人工	借		增加
500103	制造费用	借		增加
510101	折旧费	借		增加
660101	工资	借		增加
660102	福利费	借		增加
660103	社会保险费	借		增加
660104	办公费	借		增加
660105	折旧费	借		增加
660106	装卸搬运费	借		增加
660201	工资	借	部门核算	增加

续表

科目编码	科目名称	方向	辅助核算	备注
660202	福利费	借	部门核算	增加
660203	社会保险费	借	部门核算	增加
660204	办公费	借	部门核算	增加
660205	折旧费	借	部门核算	增加
660206	业务招待费	借	部门核算	增加
660207	差旅费	借	部门核算	增加
660208	其他费用	借	部门核算	增加
660301	利息支出	借		增加
660302	其他	借		增加

项目目录表

项目编号	项目名称	所属分类编码
1	滑道	1
2	安全带支架	1
3	钢条	2
4	合金钢	2
5	镁合金	2
6	人工费	3

结算方式表

结算方式编号	结算方式名称
1	现金
2	支票
201	现金支票
202	转账支票
3	汇兑
301	信汇
302	电汇
4	银行汇票
5	银行本票
6	委托收款
7	托收承付
8	其他

开户银行信息

银行编码	01
本单位开户银行	中国工商银行无锡分行
银行账号	6212261103537738298
账户名称	金盛机械有限公司
币种	人名币

付款条件

付款条件码	01
信用天数	30
优惠天数 1	10
优惠率 1	2
优惠天数 2	20
优惠率 2	1

期初余额表

科目编码	科目名称	方向	期初余额
1001	库存现金	借	6 000.00
1002	银行存款	借	262 800.00
100201	工行存款	借	262 800.00
1121	应收票据	借	23 100.00
1122	应收账款	借	59 900.00
1221	其他应收款	借	23 000.00
1231	坏账准备	贷	400.00
1403	原材料	借	170 000.00
140301	主要材料	借	130 000.00
140302	辅助材料	借	40 000.00
1405	库存商品	借	180 000.00
140501	滑道	借	135 000.00
140502	安全带支架	借	45 000.00
1601	固定资产	借	979 000.00
1602	累计折旧	贷	51 449.00
1604	在建工程	借	150 000.00

续表

科目编码	科目名称	方向	期初余额
1701	无形资产	借	15 300.00
2001	短期借款	贷	76 000.00
2202	应付账款	贷	72 200.00
220201	一般应付款	贷	40 000.00
220202	暂估应付款	贷	32 200.00
2211	应付职工薪酬	贷	48 000.00
221101	应付工资	贷	25 000.00
221102	应付福利费	贷	23 000.00
2221	应交税费	贷	15 700.00
222102	未交增值税	贷	12 700.00
222103	应交所得税	贷	3 000.00
2241	其他应付款	贷	4 500.00
2501	长期借款	贷	83 000.00
4001	实收资本	贷	1 517 851.00

应收账款

日　期	客户名称	摘　要	方向	金额
2017 年 12 月 18 日	正飞公司	销售滑道	借	59 900

其他应收款

日　期	个人	摘　要	方向	金额
2017 年 12 月 18 日	顾磊	机器损坏理赔	借	23 000

应付账款

日　期	供应商名称	摘　要	方向	金额
2017 年 12 月 25 日	万佳公司	(一般应付款)采购钢条	贷	40 000
2017 年 12 月 25 日	兴宏公司	(暂估应付款)采购镁合金	贷	32 200

2. 指定会计科目

指定“1001 库存现金”为现金总账科目、“1002 银行存款”为银行总账科目

3. 凭证类别：

记账凭证

4. 项目目录：

项目大类:生产成本核算

项目分类:1 自产产品　2 原材料　3 人工

(二) 总账日常业务处理

【任务资料】

1. 凭证管理

经济业务:

(1) 1 月 1 日,财务部开出现金支票提取现金 1700 元备用(原始单据见图)

借:库存现金　　1 700

　　贷:银行存款　　1 700

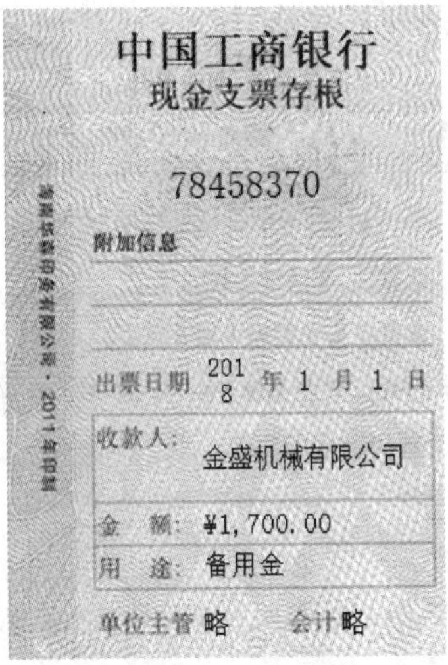

中国工商银行
现金支票存根

78458370

附加信息

出票日期　2018 年 1 月 1 日

收款人:金盛机械有限公司

金　额:¥1,700.00

用　途:备用金

单位主管 略　　会计 略

(2) 1 月 3 日,采购部门支付货物装卸搬运费,货款 1 000 元(原始单据见图)(6%)

借:销售费用——装卸搬运费　　1 000

　　应交税费——应交增值税——进项税额　　60

　　贷:库存现金　　1 060

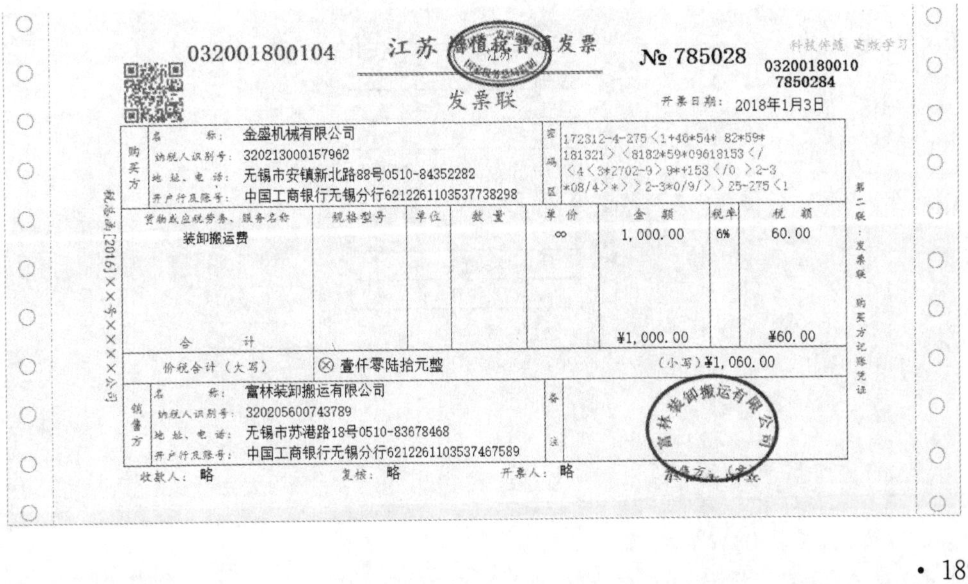

032001800104　　江苏增值税普通发票　　№ 785028　　03200180010 7850284

发票联　　开票日期: 2018年1月3日

购买方　名　　称: 金盛机械有限公司
纳税人识别号: 320213000157962
地 址、电 话: 无锡市安镇新北路88号0510-84352282
开户行及账号: 中国工商银行无锡分行6212261103537738298

密码区: 172312-4-275〈1+46*54* 82*59* 181321〉〈8182*59*09618153〈/ 〈4〈3*2702-9〉9*+153〈/0 〉2-3 *08/4〉*〉〉2-3*0/9/〉〉25-275〈1

货物或应税劳务、服务名称	规格型号	单位	数量	单价	金额	税率	税额
装卸搬运费				∞	1,000.00	6%	60.00
合　计					¥1,000.00		¥60.00

价税合计(大写) ⊗ 壹仟零陆拾元整　　(小写)¥1,060.00

销售方　名　　称: 富林装卸搬运有限公司
纳税人识别号: 320205600743789
地 址、电 话: 无锡市苏港路18号0510-83678468
开户行及账号: 中国工商银行无锡分行6212261103537467589

收款人: 略　　复核: 略　　开票人: 略　　销售方:(章)

费用报销单

科技伴随 高效学习

报销部门：采购部　　　　报销日期：2018 年 1 月 3 日

事由	项目	金额	总经理	郑浩
装卸货物搬运费		1,060.00		
			部门主管	
金额合计(大写)：壹仟零陆拾元整		小写：¥1,060.00 元	报销人	郑志龙
核实金额(大写)：		小写：　元		
已借/付款金额：　元	应退金额：¥-1,060.00 元		应补金额	¥1,060.00 元

注：1、此报销单用于：费用报销（除差旅费）、采购报账、外协报账、运输费报销、资产购置；2、签字流程：报销人→部门负责人→会计→总经理→财务流程。

会计：略　　　　会计主管：略　　　　出纳：略

(3) 1月4日，以银行存款支付财务部办公费800元(原始单据见图)(6%)

① 删除前：借：管理费用——办公费　　800

　　贷：银行存款　　800

② 冲销后增加：借：管理费用——办公费　　800

　　应交税费——应交增值税——进项税额　　48

　　贷：银行存款　　848

中国工商银
转账支票存根

65357984

附加信息

出票日期 2018 年 1 月 4 日

收款人：	理康办公设备有限公司
金　额：	¥800.00
用　途：	支付办公费

单位主管 略　　会计 略

3200151140　　江苏增值税专用发票　　№ 6643197　32001511 6643197

发票联　　开票日期：2018年1月4日

购买方	名称：金盛机械有限公司 纳税人识别号：320213000157962 地址、电话：无锡市安镇新北路88号0510-84352282 开户行及账号：中国工商银行无锡分行				密码区	172312-4-275<1+46*54* 82*59* 181321><8182*59*09818153</ <4<3*2702-9>9*+153</0.>2-3 *08/4>*>>2-3*0/9/>>25-275<1	
货物或应税劳务、服务名称	规格型号	单位	数量	单价	金额	税率	税额
办公费					754.72	6%	45.28
合计					¥754.72		¥45.28
价税合计（大写）	⊗捌佰元整				（小写）¥800.00		
销售方	名称：理康办公设备有限公司 纳税人识别号：320203000027782 地址、电话：无锡市旺庄路7号0510-82729722 开户行及账号：中国工商银行无锡分行				备注		

收款人：略　　复核：略　　开票人：略　　销售方：（章）

税总函[2016]××号××××公司

第三联：发票联　购买方记账凭证

2. 出纳管理

2018年1月5日，登记江苏金腾商业设备有限公司的支票，并与银行对账。

① 企业日记账余额262 800元，银行对账单期初余额260 800元，有企业已收二银行未收的未达账项2 000元(2017年12月27日)。

② 银行对账单：2018年1月2日，201现金支票，票号78458370，借方1 700元。

2018年1月5日，202转账支票，票号65357984，借方848元。

四　供应链系统管理

【任务资料】

1. 供应链基础设置

计量单位

计量单位组编码	计量单位组名称	计量单位组类别	计量单位编码	计量单位
01	自然单位组	无换算	01	个
01	自然单位组	无换算	02	根
01	自然单位组	无换算	03	台

存货分类

存货分类编码	存货分类名称
01	原材料
02	产成品
03	周转材料
04	资产
05	其他

存货档案

存货编码	存货分类	存货名称	计量单位	税率	存货属性
001	01	钢条	根	16%	外购、生产耗用
002	01	合金钢	根	16%	外购、生产耗用
003	01	镁合金	根	16%	外购、生产耗用
004	02	滑道	个	16%	自制、内销、外销
005	02	安全带支架	个	16%	自制、内销、外销
006	03	包装箱	个	16%	外购、生产耗用
007	04	传真机	台	16%	外购、生产耗用

2. 业务基础设置

仓库档案

仓库编码	仓库名称	计价方式
01	原材料库	先进先出法
02	产成品库	全月平均法
03	周转材料库	先进先出法

收发类别

收发类别编码	收发类别名称	收发标志	收发类别编码	收发类别名称	收发标志
1	正常入库	收	2	正常出库	发
101	采购入库	收	201	销售出库	发
102	采购退库	收	202	销售退库	发
103	盘盈入库	收	203	盘亏出库	发
104	产成品入库	收	204	材料出库	发

采购类型

采购类型编码	采购类型名称	入库类别
01	正常采购	采购入库
02	采购退货	采购退库

销售类型

销售类型编码	销售类型名称	出库
01	正常销售	销售出库
02	销售退货	销售退库

录入采购期初数据:2017 年 12 月 19 日,采购部郑志龙采购合金钢 100 根,不含税单价为 100 元/根,已入原料仓库,正常采购,入库类别为采购入库,购自德辉钢材有限公司,采购发票未到,款未付。

3. 存货基础设置

存货管理

存货编码	存货分类	存货名称	计量单位	税率	数量	单价	金额
1	1	钢条	根	16%	600	100	60 000
2	1	合金钢	根	16%	600	100	60 000
3	1	镁合金	根	16%	500	100	50 000
4	2	滑道	个	16%	900	150	135 000
5	2	安全带支架	个	16%	450	100	45 000
		合计			3 050		350 000

存货核算系统科目设置

(3) 设置存货科目

原材料的存货科目为"140301 原材料/主要材料"

产成品库的存货科目为"140501 库存商品/钢制货架"

周转材料库的存货科目为"1411 周转材料"

(4) 设置存货对方科目

采购入库的对方科目为"1402 在途物资",暂估科目为"220202 暂估应付款"

采购退货的对方科目为"1402 在途物资"

盘盈入库的对方科目为"1901 待处理财产损益"

产成品入库的对方科目为"140501 库存商品/钢制货架"

销售出库、销售退库对方科目均为"6401 主营业务成本"

盘亏出库的对方科目为"1901 待处理财产损益"

材料出库的对方科目为项目名称"钢制货架""500101 直接材料",项目名称"木质货架""500101 直接材料"

4. 应收应付款基础设置

应付款管理系统初始设置

基本科目设置:应付科目为【220201 应付账款/一般应付款】

预付科目为【1123 预付账款】

采购科目为【1402 在途物资】

税金科目为【22210101 应交税费/应交增值税/进项税额】

现金折扣科目为【660302 财务费用/其他】

票据利息科目为【660301 财务费用/利息支出】

控制科目设置:应付科目为【220201 应付账款/一般应付款】

预付科目为【1123 预付账款】

产品科目设置:原材料采购科目为【1402 在途物资】

原材料产品采购税金科目为【22210101 应交税费/应交增值税/进项税额】

原材料税率为【16】

资产采购科目为【1601 固定资产】

资产产品采购税金科目为【22210101 应交税费/应交增值税/进项税额】

资产税率为【16】

结算方式科目设置:现金结算方式科目为【1001 库存现金】

现金支票、转账支票、电汇、托收承付、委托收款、其他结算方式科目为【100201 银行存款/工行存款】

应付账款

日　期	供应商名称	摘　　要	方向	金额
2017 年 12 月 22 日	万佳公司	采购钢条 200 块,无税单价 200 元/块	借	40 000
2017 年 12 月 22 日	兴宏公司	采购合金钢,200 个,无税单价 161 元/个	借	32 200

应收款管理系统初始设置

基本科目设置:应收科目为【1122 应收账款】

预收科目为【2203 预收账款】

税金科目为【22210102 应交税费/应交增值税/销项税额】

现金折扣科目为【660302 财务费用/其他】

票据利息科目为【660301 财务费用/利息支出】

票据费用科目为【660301 财务费用/利息支出】

销售收入科目为【6001 主营业务收入】

销售退回科目为【6001 主营业务收入】

控制科目设置:应收科目为【1122 应收账款】

预收科目为【2203 预收账款】

结算方式科目设置:现金结算方式科目为【1001 库存现金】

现金支票、转账支票、电汇、托收承付、委托收款、其他结算方式科目为【100201 银行存款/工行存款】

应收账款

日　期	客户名称	摘　　要	方向	金额
2017 年 12 月 13 日	正飞公司	销售滑道,250 个,无税单价 239.6 元/个	借	59 900

五、供应链系统业务处理

【任务资料】

1. 普通采购业务

购 销 合 同

合同编号 CG0001

购货单位（甲方）： 金盛机械有限公司

供货单位（乙方）： 万佳钢材有限公司

根据《中华人民共和国合同法》及国家相关法律、法规之规定，甲乙双方本着平等互利的原则，就甲方购买乙方货物一事达成以下协议。

一、货物的名称、数量及价格：

货物名称	规格型号	单位	数量	单价	金额	税率	价税合计
钢条			40	100.00	4,000.00	16%	4,640.00
合计（大写） 肆仟陆佰肆拾元整							4,640.00

二、交货方式和费用承担：交货方式： 销货方送货 ，交货时间： 2018年11月4日 前，交货地点：金盛机械有限公司 ，运费由 销售方 承担。

三、付款时间与付款方式： 2018年1月31日前，转账支票

四、质量异议期：订货方对供货方的货物质量有异议时，应在收到货物后 30日 内提出，逾期视为货物质量合格。

五、未尽事宜经双方协商可作补充协议，与本合同具有同等效力。

六、本合同自双方签字、盖章之日起生效；本合同壹式贰份，甲乙双方各执壹份。

甲方（签章）： 乙方（签章）：

授权代表：郑浩 授权代表：李敏

地址：无锡市安镇新北路88号 地址：上海市黄浦路176号

电话：0510-84352282 电话：021-84732865

日期： 201 年 1 月 1 日 日期： 2018 年 1 月 1 日

购销合同

3200151140 江苏增值税专用发票 № 4544336 32001511 4544336

发票联 开票日期： 2018年1月1日

购买方	名称：金盛机械有限公司 纳税人识别号：320205600549925 地址、电话：无锡市安镇新北路88号0510-84352282 开户行及账号：中国工商银行无锡分行	密码区	172312-4-275 <1+46*54* 82*59* 181321 > <8182*59*09618153 </ <4 <3*2702-9 > 9*+153 </0 > 2-3 *08/4 > * > > 2-3*0/9/ > > 25-275 <1

货物或应税劳务、服务名称	规格型号	单位	数量	单价	金额	税率	税额
钢条			40	100.00	4,000.00	16	640.00
合计					¥4,000.00		¥640.00
价税合计（大写）	⊗ 肆仟陆佰肆拾元整				（小写）¥4,640.00		

销售方	名称：万佳钢材有限公司 纳税人识别号：320214645327631 地址、电话：上海市黄浦路176号021-84732865 开户行及账号：中国工商银行上海分行	备注	

收款人： 略 复核： 略 开票人： 略 销售方：（章）

税总函[2016]××号××××公司

第三联：发票联 购买方记账凭证

增值税专用发票

入　库　单

科技伴随 高效学习

No. 1713853

供货单位：万佳钢材有限公司　　2018 年 1 月 4 日

编号	品名	规格	单位	数量	单价	金额	备注
001	钢条			40	100.00	4,000.00	
合			计			4,000.00	

仓库主管：略　　记账：略　　保管：略　　经手人：略　　制单：略

入库单

2. 采购暂估业务

3200151140　　**江苏增值税专用发票**　　№ 049640　　32001511 0496400

发票联

科技伴随 高效学习

开票日期：2018年1月15日

购买方	
名称：	金盛机械有限公司
纳税人识别号：	320213000157962
地址、电话：	无锡市安镇新北路88号0510-84352282
开户行及账号：	中国工商银行无锡分行6212261103537738298

密码区：
172312-4-275 <1+46*54* 82*59*
181321 > <8182*59*09618153 </
<4 <3*2702-9 > 9*+153 </0 >2-3
*08/4 > * > > 2-3*0/9/ > > 25-275 <1

货物或应税劳务、服务名称	规格型号	单位	数量	单价	金额	税率	税额
合金钢			100	100.00	10,000.00	16	1,600.00
合计					¥10,000.00		¥1,600.00
价税合计（大写）	⊗壹万壹仟陆佰元整				（小写）¥11,600.00		

销售方	
名称：	德辉钢材有限公司
纳税人识别号：	320215673928743
地址、电话：	南京市新浦路26号025-82754673
开户行及账号：	中国工商银行南京分行

备注：

收款人：略　　复核：略　　开票人：略　　销售方：（章）

税总函[2016]××号××××公司

第三联：发票联　购买方记账凭证

增值税专用发票

3. 普通销售业务

购 销 合 同

合同编号 XS0001

购货单位（甲方）： 正飞有限公司

供货单位（乙方）： 金盛机械有限公司

根据《中华人民共和国合同法》及国家相关法律、法规之规定，甲乙双方本着平等互利的原则，就甲方购买乙方货物一事达成以下协议。

一、货物的名称、数量及价格：

货物名称	规格型号	单位	数量	单价	金额	税率	价税合计
滑道			800	300.00	240,000.00	16%	278,400.00
合计（大写）	贰拾柒万捌仟肆佰元整						278,400.00

二、交货方式和费用承担：交货方式： 购货方自行提货 ，交货时间： 2018年1月15日 前，交货地点： 正飞有限公司 ，运费由 购买方 承担。

三、付款时间与付款方式： 2018年1月31日前，转账支票 。

四、质量异议期：订货方对供货方的货物质量有异议时，应在收到货物后 30日 内提出，逾期视为货物质量合格。

五、未尽事宜经双方协商可作补充协议，与本合同具有同等效力。

六、本合同自双方签字、盖章之日起生效；本合同壹式贰份，甲乙双方各执壹份。

甲方（签章）：

授权代表： 黄萧

地　　址： 苏州市解放路18号

电　　话： 0521-87432537

日　　期： 2018 年 1 月 15 日

乙方（签章）：

授权代表： 郑浩

地　　址： 无锡市安镇新北路88号

电　　话： 0510-84352282

日　　期： 2018 年 1 月 15 日

购销合同

江苏增值税专用发票

3200151140　　№ 438033　　32001511 4380335

发票联

开票日期： 2018年1月15日

购买方
名　　称： 正飞有限公司
纳税人识别号： 320210611740537
地址、电话： 苏州市解放路18号0521-87432537
开户行及账号： 中国工商银行南京分行6217620187809562379

密码区
172312-4-275＜1+46*54* 82*59*
181321＞＜8182*59*09618153＜/
＜4＜3*2702-9＞9**153＜/0 ＞2-3
08/4＞＞＞2-3*0/9/＞＞25-275＜1

货物或应税劳务、服务名称	规格型号	单位	数量	单价	金额	税率	税额
滑道			800	300.00	240,000.00	16	38,400.00
合　计					¥240,000.00		¥38,400.00
价税合计（大写）	⊗ 贰拾柒万捌仟肆佰元整				（小写）¥278,400.00		

销售方
名　　称： 金盛机械有限公司
纳税人识别号： 320213000157962
地址、电话： 无锡市安镇新北路88号0510-84352282
开户行及账号： 中国工商银行无锡分行6212261103537738298

备注

收款人： 略　　复核： 略　　开票人： 略　　销售方：（章）

税总函[2016]××号××××公司

第三联：发票联　购买方记账凭证

增值税专用发票

出　库　单　　No. 19300901

购货单位：正飞有限公司　　2018 年 1 月 1 日

编号	品名	规格	单位	数量	单价	金额	备注
001	滑道		个	800	300.00	240,000.00	
合				计		240,000.00	

第一联 存根联

仓库主管：略　记账：略　保管：略　经手人：略　制单：略

出库单

六、固定资产管理

【任务资料】

1. 168 账套固定资产系统参数：

启用日期：2018 年 1 月

主要计提折旧方法：平均年限法(一)

汇总分配期间：1 个月，当(月初已计提月份＝可使用月份－1)将剩余折旧全部提足

类别编码：2－1－1－2，自动编码按“类别编号＋序号”

序号长度：3

要求固定资产系统与账务系统对账：固定资产对账科目为“1601 固定资产”，累计折旧对账科目为“1602 累计折旧”，减值准备缺省入账科目“1603 固定资产减值准备”，增值税进项税额缺省入账科目“22210101 进项税额”，固定资产清理缺省入账科目“1606 固定资产清理”，对账不平衡的情况下允许月末结账，业务发生后立即制单。

2. 基础信息设置

部门对应折旧科目

部门名称	对应折旧科目
总经办	660205“管理费用——折旧费”
财务部	660205“管理费用——折旧费”
采购部	660205“管理费用——折旧费”
生产部	510101“管理费用——折旧费”
销售部	660105“销售费用——折旧费”

固定资产类别

编码	类别名称	使用年限	净残值率	计提属性	折旧方法	卡片样式
01	房屋及建筑物	30年	5%	正常计提	平均年限法(一)	通用样式
02	办公设备	5年	3%	正常计提	平均年限法(一)	通用样式
03	机器设备	10年	3%	正常计提	平均年限法(一)	通用样式

固定资产增加方式

增加方式	对应入账科目
直接购入	100201"银行存款-建行存款"
在建工程转入	1604"在建工程"
盘盈	1901"待处理财产损溢"

固定资产减少方式

减少方式	对应入账科目
出售	1606"固定资产清理"
报废	1606"固定资产清理"
盘亏	1901"待处理财产损溢"

固定资产卡片

卡片编号	固定资产编号	固定资产名称	类别编号	部门名称	增加方式	使用状况
00001	01001	办公楼	01	总经办	在建工程转入	在用
00002	01002	厂房	01	生产部	在建工程转入	在用
00003	03001	机器设备	03	生产部	直接购入	在用
00004	02001	电脑	02	财务部	直接购入	在用
		合计				

使用年限(月)	开始使用日期	原值	净残值率	累计折旧	对应折旧科目
30年360月	2016-12-20	250 000	5%	8 576	管理费用——折旧费 660205
30年360月	2016-12-20	480 000	5%	16 466	制造费用——折旧费 510101
10年120月	2016-12-20	239 000	3%	25 114	制造费用
5年60月	2017-5-20	10 000	3%	1 293	管理费用——折旧费 660205
		979 000		51 449	

3. 固定资产业务处理

修改固定资产原始卡片:

将卡片编号“00003”的固定资产电脑的使用部门修改为“生产部”。

新增固定资产：

1月18日，购入传真机一台，交给财务部使用，原值2000元，使用年限5年，按平均年限法(一)计提折旧，净残值率为3%。

卡片编号	固定资产编号	固定资产名称	类别编号	类别名称	部门名称	增加方式
00005	02002	传真机	02	办公设备	财务部	直接购入

使用状况	使用年限	开始使用日期	原值	净残值率	残值
在用	5年	2018-1-20	2 000	3%	60

固定资产评估：

1月31日，对办公楼进行资产评估，评估结果为原值280 000元。

固定资产折旧：

1月31日，对固定资产计提折旧。

固定资产减少：

1月31日，电脑损坏，经领导批准，同意报废，并进行业务处理。

七、薪资管理

【任务资料】

1. 168账套薪资管理系统系统参数：

工资系统参数设置

控制参数	参数设置
参数设置	单个工资类别 不核算计件工资
扣税设置	代扣个人所得税
扣零设置	不进行扣零处理
人员编码	与公共平台保持一致

2. 基础信息设置

2018年1月05日，001郑浩 登录企业应用平台，增加人员档案、设置工资项目、设置系统公式、设置扣税依据、执行工资变动、工资分摊设置。

人员档案

人员编码	人员姓名	部门	人员类别	银行名称	银行账号
101	郑浩	总经办	管理人员	中国工商银行	6200581103000283011
201	曹丹	财务部	管理人员	中国工商银行	6200581103000283012
202	谢颖	财务部	管理人员	中国工商银行	6200581103000283013

续表

人员编码	人员姓名	部门	人员类别	银行名称	银行账号
203	陈晨	财务部	管理人员	中国工商银行	6200581103000283014
301	郑志龙	采购部	采购人员	中国工商银行	6200581103000283015
401	胡薇	销售部	销售人员	中国工商银行	6200581103000283016
501	顾磊	生产部	生产人员	中国工商银行	6200581103000283017

工资项目资料

项目名称	类型	长度	小数位	增减项
基本工资	数值型	8	2	增项
岗位工资	数值型	8	2	增项
奖金	数值型	8	2	增项
交通补助	数值型	8	2	增项
事假天数	数值型	8	2	其他
事假扣款	数值型	8	2	减项
代扣税	数值型	8	2	减项
扣款合计	数值型	10	2	减项
应发合计	数值型	10	2	增项
实发合计	数值型	10	2	增项
福利补贴	数值型	8	2	增项
五险一金 计提基数	数值型	8	2	其他
计税工资	数值型	8	2	其他
设定提存计划	数值型	8	2	减项
社会保险费	数值型	8	2	减项
住房公积金	数值型	8	2	减项

职工工资计算公式如下：

奖金＝iff(人员类别＝“采购人员”or 人员类别＝“销售人员”,1 000,600)

交通补助＝iff(人员类别＝”企业管理人员”,400,iff(人员类别＝”销售人员” or 人员类别”采购人员”,600,400))

应发工资＝基本工资＋岗位工资＋奖金＋交通补助＋福利补贴

事假扣款＝事假天数×50

实发工资＝应发工资－扣款合计

五险一金计提基数＝基本工资＋岗位工资

计税工资＝基本工资＋奖金＋交通补助＋岗位工资－设定提存计划－社会保险费

扣税依据设置:

“个人所得税”——计税工资,基数:3 000 附加费用:1 500

个人所得税税率表

级数	应纳税所得额(含税)	应纳税所得额(不含税)	税率(%)	速算扣除数
1	不超过3 000元的部分	不超过2 910元的部分	3	0
2	超过3 000元至12 000元的部分	超过2 910元至11 010元的部分	10	210
3	超过12 000元至25 000元的部分	超过11 010元至21 410元的部分	20	1 410
4	超过25 000元至35 000元的部分	超过21 410元至28 910元的部分	25	2 660
5	超过35 000元至55 000元的部分	超过28 910元至42 910元的部分	30	4 410
6	超过55 000元至80 000元的部分	超过42 910元至59 160元的部分	35	7 160
7	超过80 000元的部分	超过59 160元的部分	45	15 160

2018年1月职工资资料 单位:元

姓名	基本工资	岗位工资	奖金	福利补贴(替换)
郑浩	6 000	800	600	200
曹丹	5 500	700	600	200
谢颖	4 000	500	600	200
陈晨	4 000	500	600	200
郑志龙	3 500	400	400	200
胡薇	3 500	400	400	200
顾磊	3 000	300	300	200

(1月份工资变动如下:1月份谢颖请假5天,顾磊请假3天)

八、期末处理与UFO报表系统

·处理当月销售成本 ·期末处理 ·UFO报表处理

参考文献

[1] 牛永芹,杨琴,喻竹. ERP 财务业务一体化实训教程(用友 U8V10.1 版)[M],2 版,北京:高等教育出版社,2017.

[2] 赵佟倩.会计信息化[M],2 版,大连:大连理工大学出版社,2017.

[3] 牛永芹,刘大斌,杨琴. ERP 财务管理系统实训教程(用友 U8V10.1 版)[M],2 版,北京:高等教育出版社,2016.

[4] 王新玲,房琳琳.用友 ERP 财务管理系统实验教程[M],北京:清华大学出版社,2006.

[5] 徐海侠. 会计电算化 [M],北京:中国建材工业出版社,2017.